KB071761

꿈꾸는 20대,
사기 史記 에
길을 묻다

꿈꾸는 20대,
사기_{史記}에
길을 묻다

사마천 원저 | **이수광** 편저 | **이도헌** 그림

<사기열전>의 주된 시대배경은 춘추
전국시대다. 공자, 맹자, 노자, 장자 등
동양사상의 대부분이 이 시기에 알가
를 이루었으며 ... 같은 저서
... 그러나
...가들뿐 아
...들부터 중
...
...까지 다양
... 나누고 있으며, 특히
단순한 인물 일대기를 넘어 시대상을
조명하고 인간의 깊은 내면까지 살피
고 있어서 동양고전의 정수로 불린다.
<사기열전>은 기원전 1000년경인 주
무왕 시절부터 기원전 50년인 한무제
시대까지 약 1천 년의 역사를 다룬다.
...야말로 중국 고대 역사를 꿰뚫는다
고 해도 과언이 아니다.

C
추수밭

글머리에

내 인생을 바꾼 한 권의 책

누구에게나 인생을 바꿀 정도로 큰 영향을 받은 책이 한 권쯤은 있게
마련이다. 특히 책을 많이 읽은 식자識者층에게 그러한 경향이 두드러
지는데, 그들이 공통적으로 꼽는 책 가운데 하나가 바로 사마천의
《사기史記》이다.

왜 많은 사람들이 그토록 《사기》에 열광하는 것일까? 그 이유는
이 세상에 존재하는 다양한 인간 군상의 모습과 역사를 바라보는 사
마천의 독특하고도 올곧은 시선, 그리고 평생을 가지고 가야 할 참된
가치가 《사기》 속에 담겨 있기 때문이다. 그래서 나는 되도록 젊을
때 《사기》를 읽어보라고 권한다. 평생의 가치관이 정립되는 시기에
《사기》를 접하면 그 파급력은 더욱 클 것이기 때문이다.

나 역시 주경야독을 할 수밖에 없던 젊은 시절에 사마천의 《사기》
를 읽으며 꿈을 키웠다. 이 책에 나오는 인물은 모두 나보다 어려운
처지에 있었지만 결국 극복하고 무언가를 이루어냈다. 그들은 많은
말을 하지 않았다. 대신 온 생애에 걸쳐 자신들을 표현해냈다. 나는
《사기》를 읽으면서 1천 년의 중국 역사 속에 흐르는 도저함을 어렴풋

이 느낄 수 있었다. 그리고 그것은 내 청춘을 불타오르게 했다.

이 책에는 《사기》에 나오는 30명의 영웅이 전하는 여섯 가지 청춘의 지혜가 담겨 있다. 하나같이 꿈꾸는 청춘들이 꼭 갖추어야 할 덕목들로서, '내 인생의 사람 만들기', '내 안의 열정 깨우기', '신념에 충실하기', '타인의 마음 다루기', '내 인생의 원칙 세우기', '나만의 자신감 단련하기'가 그것이다.

사마천이 《사기》에서 첫 번째로 소개하는 영웅은 왕의 자리도 마다하고 수양산에서 고사리를 뜯어 먹으며 의를 실천한 백이와 숙제이다. 그들 형제는 사람보다 중한 것은 없다고 믿었다. 시공을 초월한 성인군자로 추앙받는 공자 또한 실제 삶은 고단하기 그지없었지만 주변에 사람을 많이 두었으며, 특히 제자를 양성하는 데 힘썼다. 그리고 자신의 가르침을 전파한 제자들로 인하여 지금의 자리에 오를 수 있었다. 내 인생의 사람을 만드는 것은 그만큼 귀중하다.

청춘은 꿈을 꾸고 열정을 불사르는 시기이다. 《사기》의 인물들은 대부분 보통 사람이라면 쉽게 경험할 수 없는 강렬한 생애를 살았다. 특히 오나라의 명장 오자서, 온갖 굴욕을 이겨내고 재상의 자리에까지 오른 범수, 진시황을 시해하려 했던 자객 형가와 스물네 해의 불꽃같은 삶을 살다 안타까운 죽음을 맞이한 청년 용장 곽거병 등은 자신의 생애를 열정과 맞바꾸었다고 할 만큼 인상 깊은 인물들이다. 이들을 통해서 열정의 삶이란 무엇인지 배울 수 있을 것이다.

　신념과 원칙을 바로세우는 것은 인생의 나침반을 준비하는 것과 같다. 그 신념과 원칙이 평생 동안 영향을 주기 때문이다. 흉노를 정벌하기 위해 10년을 빈틈없이 준비한 위청 장군과 다른 사람의 불평불만을 두려워하지 않고 법을 집행한 '대쪽 법관' 장탕은 그러한 신념과 원칙의 가치를 온 몸으로 역설한다. 특히 그 누구보다 《사기》를 집필한 당사자인 사마천의 삶은 그야말로 신념으로 똘똘 뭉쳐 있다고 해도 과언이 아니다. 그는 굳은 신념으로 궁형의 치욕을 감내하며 온갖 어려움을 이겨내고 결국 《사기》 집필을 완성했기 때문이다.

　이 밖에도 사람의 심리를 잘 간파하여 지혜롭게 문제를 해결하고 행복한 삶을 이어갔던 전단과 동방삭 등의 인물들은 '마음 읽기'의 중요성을 일깨우고, 송곳으로 허벅지를 찌르며 공부한 소진과 전설의 명의 편작 같은 인물들은 무엇보다 스스로를 믿는 자신감이 중요하다는 깨달음을 전해준다.

　《사기》의 백미는 〈사기열전〉이다. 이 책도 '열전'의 형식을 취하고 있다. 공감하기 쉽고 부담 없이 접근할 수 있는 인물 이야기는 《사기》라는 큰 세계 속으로 자연스럽게 발을 들여놓을 수 있도록 흥미를 불러일으킬 것이다. 또한 인물 이야기를 통해 《사기》를 단순한 역사 지식을 얻는 역사서가 아니라 그 너머의 메시지를 발견하고 울림을 찾는 책으로 받아들일 수 있다. 나는 독자들이 사마천의 《사기》를 머리가 아닌 가슴으로 먼저 만나기를 원한다.

많은 사람들이 작금의 현실을 개탄한다. 젊은이들이 새로운 것, 첨단의 것에만 열광한다고 말이다. 새로움을 추구하는 것은 좋은 일이다. 그러나 앞만 보는 그들이 항상 갈 길을 모르겠다며 불안해하고 답답해하는 것은 문제이다.

우리가 가고 있는 이 길은 2천 년 전 사마천이 살던 시대의 사람들이 걸어온 길이고, 《사기》에 등장하는 더 오래전 시대의 사람들도 걸었던 길이다. 우리는 분명 그들을 통해 지금 겪고 있는 문제의 해답을 찾을 수 있고, 또 그 틀 속에서 나만의 길을 창조할 수 있을 것이다.

'《삼국지》를 세 번 읽은 사람과는 함부로 다투지 말라'는 말이 있다. 그러나 나는 여기서 '《사기》를 세 번 읽은 사람과는 천하를 논하지 말라'고 말하고 싶다. 앞으로 펼쳐질 날들에 대한 막연한 기대감은 있지만 앞날을 몰라 불안해하는 20대가 이곳《사기》에서 길을 찾기를, 더 나아가《꿈꾸는 20대, 사기에 길을 묻다》를 통해 '내 인생을 바꾼 한 권의 책'《사기》를 가슴으로 만나게 되기를 진심으로 바란다.

이수광

차례

글머리에 내 인생을 바꾼 한 권의 책 … 5
역사 배경 동양 고전의 정수 〈사기열전〉과 중국 고대 역사 … 14

1장 꿈꾸는 20대, 내 인생의 사람 만들기

그 어떤 지위보다 사람이 중하다 … 25
덕을 위해 왕위마저 버린, 백이와 숙제

문명자쯔의 사람은 위기도 기회로 만든다 … 35
강대한 조나라를 만든 재상과 장군, 인상여와 염파

인재를 사람에 귀천을 따지지 마라 … 48
3천 명의 식객을 거느린 전국시대 사공자, 맹상군

나를 알아주는 단 한 사람이 있는가? … 64
중국 역사상 최고의 자객, 전제

나의 뜻을 전파할 사람을 키워라 … 76
시공을 초월한 성인군자, 공자

2장 꿈꾸는 20대, 내 안의 열정 깨우기

마지막 '하나'를 위해 모든 것을 던지다 … 95
아버지와 형의 복수를 위해 평생을 바친, 오자서

몸의 불편함이 열정을 쪼가하게 할 수는 없다 … 110
앉은뱅이의 몸으로 재상의 자리에 오른, 범수

처지는 궁핍해도 열정은 크게 가져라 … 121
미천한 관리에서 통일 진나라의 승상이 된, 이사

한번 마음먹은 일에 결코 후회는 없다 … 131
진시황의 간담을 서늘케 한 자객, 형가

백년의 삶도 짧고 강렬하게 살아라 … 145
청년 용장, 곽거병

3장 꿈꾸는 20대, 신념에 충실하기

내 인생의 가장 강렬한 에너지, 신념 … 155
모래를 품고 강으로 뛰어든 충직한 시인, 굴원

동서고금의 가장 위대한 신념은 사랑! … 166
2천 년 세월을 울리는 사랑의 주인공, 사마상여

젊은 날의 치욕은 큰 인생을 위한 밑거름이다 … 175
한나라를 통일하고도 결국 토사구팽을 당한, 한신

큰일을 이루려면 최소한 10년은 준비하라 … 183
한무제의 흉노 정벌 정책을 실현한 장군, 위청

포기와 성공은 신념의 차이에서 갈린다 … 191
궁형의 치욕을 견뎌내고 《사기》를 집필한 역사학자, 사마천

4장 꿈꾸는 20대, 타인의 마음 다루기

모든 성공의 길은 용인用人으로 통한다 … 201
춘추전국시대 최고의 지략가, 관중

먼저 경쟁자의 마음을 읽어라 … 221
복숭아 두 개로 세 명의 장수를 죽인 천재 재상, 안평중

크든 작든 세상사는 심리전이다 … 230
심리전으로 제나라를 되찾은 지장, 전단

소(小)를 취하여 대(大)를 이루는 지혜 … 243
진시황의 마음을 읽고 현명하게 대업을 이룬 장군, 왕전

권모술수에 대처하는 마음의 자세 … 252
삼천갑자의 전설, 동방삭

5장 꿈꾸는 20대, 내 인생의 원칙 세우기

첫 원칙이 미래를 좌우한다 … 265
《손자병법》을 완성한 춘추전국시대 최고의 군사전략가, 손자

원칙은 결코 흔들리지 않는다 … 275
춘추시대 '법가'의 정통을 세운, 위앙

다른 사람의 불평불만을 두려워하지 마라 … 287
'대쪽 법관'의 대명사, 장탕

원칙에도 원칙이 있다 … 298
나라와 자식 사이에서 고뇌한 비운의 장군, 악양

남이 가지 않은 길을 가라 … 312
남과 다른 생각으로 부를 모은 거상, 임공

6장 꿈꾸는 20대, 나만의 자신감 단련하기

지피지기면 백전불태다 … 323
앉은뱅이가 되어 통쾌한 복수를 성공한, 손빈

송곳으로 허벅지를 찌르며 공부하다 … 334
천하를 말로 조롱한 유세객, 소진

나보다 더 뛰어난 명의는 없다 … 347
'죽은 사람도 일어나게 한' 전설의 명의, 편작

기회를 포착하고 내 것으로 만드는 힘 … 358
역사상 가장 간 큰 장사꾼, 여불위

비록 시작은 미미하나 꿈은 크게 가져라 … 370
가난뱅이 서생에서 중국 최고의 부자가 된, 의돈

부록 주요 사기 연보 … 379

역사 배경

동양 고전의 정수 〈사기열전〉과 중국 고대 역사

중국 한나라 시대의 역사학자 사마천이 집필한 필생의 역작 《사기》는 중국 고대 5황제 시대부터 한나라 초기까지 제왕들의 역사를 다룬 〈본기本紀〉, 제왕들을 받드는 제후국들의 역사를 다룬 〈세가世家〉, 《사기》에 등장하는 영웅호걸을 비롯해 수많은 인물을 다룬 〈사기열전〉 등으로 구성되어 있다. 이 가운데 '백이숙제 편'을 시작으로 사마천 자신을 다룬 '태사공자서 편'까지 70권에 이르는 방대한 분량으로 편찬된 〈사기열전〉은 등장인물들이 후대 제왕이나 학자들에게 많은 영향을 미친 불세출의 명저로, 오늘날까지 처세서나 경영서로도 널리 읽히고 있다.

〈사기열전〉의 주된 시대 배경은 춘추전국시대다. 공자, 맹자, 노자, 장자 등 동양 사상의 대부분이 이 시기에 일가를 이루었으며, 그들의 주옥같은 저서들이 봇물처럼 터져 나왔다. 그러나 〈사기열전〉은 이러한 사상가들뿐 아니라 천하를 경영하는 재상들부터 중국을 뒤흔든 지략가, 책략가, 병법가, 영웅호걸, 악인, 혹리酷吏, 간신, 부자까지 다양한 인간 군상을 다루고 있으며, 특히 단순한 인물 일대기를 넘어 시대상을 조명하고 인간의 깊은 내면까지 살피고 있어서 동양 고전의 정수로 불린다.

〈사기열전〉은 기원전 1000년경인 주무왕 시절부터 기원전 50년인 한무제 시대까지 약 1천 년의 역사를 다룬다. 그야말로 중국 고대 역사를 꿰뚫는다고 해도 과언이 아니다. 중국 고대 역사는 하夏, 은殷, 주周나라로 이어졌다.

하나라는 신화 또는 전설의 시대로, 요 임금과 순 임금이 덕치를 베풀어 태평성대를 누린 동양의 이상향이라고 알려져 있다. 중국 역사상 이 시대가 가장 평화로웠으며, 등 따뜻하고 배부르게 살 수 있었던 백성은 요순의 덕치를 찬양하는 노래를 부르기까지 했다.

그러나 하나라에 걸왕이 즉위하면서 역사는 요동을 치기 시작한다. 걸왕은 즉위 초기 주변의 작은 나라들을 무자비하게 정복했는데, 유시국도 약탈을 당하고 많은 백성이 죽었다. 걸왕의 잔인한 정복을 견디다 못한 유시국에서 매희라는 절세미인을 바치자, 걸왕은 매희에 빠져 정사를 뒤로하고 사치와 향락에 몰두했다. 매희는 걸왕을 부추겨 술로 연못을 만들고, 연못 둘레에 고기 숲을 만들게 했다. 연못이 완성되자 걸왕과 매희는 술로 만든 연못에 배를 띄우고 나무에 매달린 고기를 뜯어먹었다. 여기서 '주지육림酒池肉林, 술로 연못을 이루고 고기로 숲을 이룬다는 뜻으로, 호사스러운 술잔치를 이르는 말'이라는 고사성어가 유래했다.

직언을 올리는 충신들이 잔인하게 살해되고 백성의 삶이 도탄에 빠지자 걸왕의 부하인 탕湯이 재상 이윤의 도움을 받아 반란을 일으켰다.

"오호라! 너희는 나의 말에 귀를 기울여라. 나 탕이 걸왕을 치는 것은 결코 반란을 일으키려 함이 아니다. 이는 하나라의 죄가 너무 커 그 죄가 하늘에 닿고, 걸왕이 황음무도하여 백성이 도탄에 빠졌기 때문이다. 그러나 나는 천제를 경외하여 그의 죄를 다스리지 않았다. 이제 천제께서 그의 폭정에 분노하여 나에게 걸왕을 치라는 명을 내리셨다."

이것이 유가의 오경五經 중 하나인 《서경書經》에 나오는 저 유명한 〈탕서〉다. 탕은 반란을 일으켜 하나라를 멸망시키고 은나라를 세웠다. 탕의 군사들은 걸왕을 체포하여 유배 보냈다가 죽였고, 요부 매희는 난도질한 뒤에 다투어 그 고기를 가져다가 먹었다. 중국은 이무렵부터 식인 문화가 시작되었으며, 당나라 시대에 이르러서는 저자에서 인육을 저울에 달아 팔기도 했다.

은나라는 상商나라로도 불린다. 탕왕은 은나라를 잘 다스렸으나, 말기에 이르러 폭군 주왕紂王이 등장했다. 주왕은 요부 달기에 빠져 폭정을 일삼고 충신들을 잔인하게 살해했다. 임신부의 배를 가르고 노인의 무릎을 자르는가 하면, 자신을 반대하는 충신들에게 불기둥

위를 걷는 포락炮烙의 형벌을 내리는 등 학정을 일삼았다.

그러자 주나라 무왕이 강태공 여상의 도움을 받아 반란을 일으켰다.

"나의 제후들이여! 천부장千夫長, 병사 1천 명을 거느린 장군, 백부장百夫長, 병사 1백 명을 거느린 장수이여! 구주九州, 전국 방방곡곡 이민족의 땅에서 온 병사들이여! 그대들의 창을 높이 들고 방패를 앞에 세우고 나의 말을 들으라. 나는 엄숙히 맹세한다. 옛사람은 이렇게 말했다. 암탉은 새벽에 울지 않는다. 암탉이 울면 집안이 망한다."

주나라 무왕은 반란을 일으키면서 주왕을 토벌하는 장문의 글을 발표했는데, 여기서 '암탉이 울면 집안이 망한다'라는 말이 널리 퍼졌다.

무왕의 군사들이 황궁으로 들이닥치자 주왕은 연못으로 뛰어들어 자살하고 달기는 대들보에 목을 매어 죽었다. 이로써 6백 년 동안 이

어진 은나라가 막을 내리고 주나라의 시대가 열렸다.

　주나라도 유왕 시대에 이르자 절세미인 포사가 등장하여 나라를 폭정으로 이끌었다. 지금으로부터 약 2천8백 년 전인 기원전 780년 대의 일이다. 포사는 유왕의 총애를 받아 아들 백복을 낳았으나 도대체 웃지를 않았다. 한번은 포사가 비단 찢는 소리를 듣고 웃자 유왕은 포사를 웃게 하려고 전국의 비단을 바치게 하여 계속 비단을 찢었다. 백성은 강제로 비단을 바쳐야 했기 때문에 고통스러워했다. 그러나 포사가 비단 찢는 소리도 싫증을 내자, 유왕은 외적의 침입도 없는데 위급을 알리는 봉화를 올려 제후들을 불러들였다. 군사를 이끌고 황급히 달려온 제후들이 평안한 왕국을 보고 어리둥절해하자 그 모습을 본 포사가 웃기 시작했다. 이에 유왕은 몇 번이나 봉화를 올리게 하여 포사를 웃게 했다. 그런 일이 반복되자 제후들은 봉화를 올려도 더 이상 오지 않았다.

　유왕이 포사에 빠져 폭정을 계속하자 신후가 기원전 771년 견융 등을 이끌고 쳐들어와 주나라를 멸망시켰다. 이때 유왕의 동생 평왕이 주나라의 도읍 호경에서 낙읍으로 달아나 다시 주나라를 열었으나, 주나라의 위세는 이미 완전히 기울었다. 역사가들은 무왕부터 유왕까지의 주나라를 서주, 평왕이 낙읍에서 부흥시킨 주나라를 동주라고 불렀다.

　동주 시대는 춘추전국시대라고도 부른다. 춘추시대는 기원전 770년부터 기원전 476년까지로, 그 명칭은 공자가 편찬한 노魯나라의 편년체 역사서 《춘추春秋》에서 유래했다. 또 전국시대는 기원전 475년부터 기원전 221년까지 제후국들이 합종연횡을 거듭하면서 잦은 전쟁을 벌인 데서 그 이름이 붙었다.

　춘추전국시대는 수많은 제후국이 흥망성쇠를 되풀이한 만큼 제자

백가의 시대라고 불릴 정도로 많은 학자가 등장하기도 했다. 유가儒家로 불리는 공자와 맹자, 법가法家로 불리는 상앙, 도가道家로 불리는 노자와 장자, 병가兵家로 불리는 손자와 오기, 묵가墨家로 불리는 묵자 등 동양 사상의 정수가 배출된 시기인 것이다. 그뿐 아니라 천하를 경영한 명재상 관중과 범려, 그리고 맹장 오자서 등 7백 년 동안 수많은 영웅호걸이 등장하며 도도한 역사의 흐름을 이어갔다.

폭군 주왕을 몰아내고 천하를 통일한 주나라 무왕은 자신을 도운 공신들을 각 지역의 제후로 책봉하고 다스리게 했는데, 강태공 여상은 제나라 제후로 책봉되었다. 이때부터 노, 연, 조, 위, 채, 정 등 여러 제후국이 활약하게 된다. 제후들은 모두 주나라 왕이 책봉한 신하들이었다. 왕은 주나라의 천자를 의미하고, 제후는 천자의 신하인 후侯에 해당한다. 다만 초나라와 오나라는 이 시기에 자신들의 군주를 왕으로 불렀는데, 이들 두 나라는 주나라에서 책봉하지 않았기 때문이다. 제나라의 재상 관중이 초나라를 침략해서는 초나라가 주나라 왕에게 조공을 바친다는 명분만 취하고 철군한 것도 초나라가 제후국이 아니라는 사실을 입증한다.

춘추시대의 제후들은 주나라 왕을 공경해야 했다. 전쟁을 해도 주나라 왕의 이름으로 하고, 제후들이 맹회를 할 때도 주나라 왕의 이름으로 했다. 주나라 왕은 춘추시대의 명분이었다. 그러나 주나라의 도읍과 제후국들이 멀리 떨어져 있어서 독자적으로 자신들의 봉지를 다스렸다. 춘추시대 초기에만 해도 제후의 서열이 주나라의 대신보다 낮았지만, 주나라가 쇠퇴하면서 제후국들은 주나라를 형식적으로만 받들게 되고 천자는 점차 영향력을 잃어갔다.

전국시대는 진晉나라가 위魏, 한韓, 조趙 세 개 나라로 분열하면서 시

작되었다. 이 시기에도 여불위, 맹상군, 악의, 전단 같은 수많은 영웅
호걸이 등장하여 역사를 다채롭게 장식한다. 전국칠웅으로 불리는
진, 위, 조, 제, 초, 연, 한나라가 합종연횡을 거듭하며 전쟁을 되풀이
하다가, 기원전 221년 진시황이 모두를 멸망시키고 천하를 통일하면
서 전국시대는 막을 내렸다.

그러나 통일 진나라는 분서갱유와 만리장성 축성 등의 폭정을 일삼
다가 내란 상태에 빠져들었으며, 그러던 중 유방과 항우가 천하의 패
권을 다투게 되었다. 이 시기에도 한신이나 장량 같은 영웅들이 등장
하여 천하를 뒤흔들고 역사를 다채롭게 장식했다. 결국 유방이 천하
를 통일하여 한제국을 건설하면서 역사는 전한의 시대로 들어선다.

전한 시대는 사마천이 활약한 시기이기도 하다. 주로 한나라 무제
때 활약한 그는 대대로 역사서를 집필하는 사관 가문에서 태어났는
데, 그의 아버지 사마담은 죽으면서 중국 고대 역사를 찬술하라는 유
언을 사마천에게 남긴다. 사마천이 아버지의 유언에 따라 《사기》를

춘추시대 기원전 770년~기원전 476년

전국시대 기원전 475년~기원전 221년

집필하고 있을 때 이능 장군이 군사 5천 명으로 흉노를 토벌하러 갔다가 8만 흉노 군에 포위되어 투항한 일이 일어났다. 한나라의 명장인 이능이 투항하자 조정이 들끓었으나 사마천은 상소를 올려 이능을 변호했다. 이에 무제가 대로하여 그를 궁형宮刑, 거세를 하는 형벌에 처했다.

"이것은 나의 죄로다. 나의 죄로다. 나는 이제 쓸모없는 불구의 몸이 되었구나."

사마천은 비통해하면서도 '일모도원日暮途遠, 갈 길은 먼데 해는 짧다'이라는 말을 남길 정도로 《사기》 집필에 온 생애를 바쳤다.

"정의를 돕고, 비범한 능력으로 때를 놓치지 않고 공명을 천하에 떨친 이들을 위하여 열전 70권을 지었다."

사마천이 〈사기열전〉 70권을 지으면서 '태사공자서 편'에 쓴 말이다.

사마천은 기원전 145년에 태어나 기원전 90년에 죽은 것으로 추정된다. 그러나 그가 남긴 《사기》는 2천 년 세월이 흘러도 많은 사람이 즐겨 읽고 삶의 지혜를 배우는 불후의 명저가 되었다.

진나라시황제 건국 기원전 221년~기원전 206년

서한한고조 유방 건국 기원전 202년~기원전 87년

| 1장 |

꿈꾸는 20대,
내 인생의 사람 만들기

그 어떤 지위보다 사람이 중하다

덕을 위해 왕위마저 버린, 백이와 숙제

> ### 백이(伯夷), 숙제(叔齊)
> 중국 상나라상나라 후기를 '은나라'라고도 함의 전설적인 형제성인兄弟聖人. 백이와 숙제는 고죽국 군주의 배다른 형제로, 왕위를 놓고 형제가 다투지 않고 둘 모두 왕위를 버리고 나라를 떠났다. 주나라 무왕이 은나라 주왕을 멸하자 신하가 천자를 토벌한다고 반대하며 주나라의 곡식을 먹기를 거부하고 수양산에서 굶어 죽었다. 후에 공자가 그들을 찬양하여 세상에 널리 알려졌으며, 사마천 또한 공자를 거울로 삼아 백이와 숙제의 높은 뜻을 기리고자 〈사기열전〉의 첫머리에 그들의 이야기를 담았다.

위정자의 도를 깨우치게 하다

나라를 다스리는 사람을 위정자라고 부른다. 다른 말로 바꾸면 지도자다. 우리는 때때로 사표師表가 될 만한 지도자가 없는 것을 한탄한다. 국민이 진심으로 존경하고 자라나는 아이들이 위인으로 본받을 만한 지도자가 없는 것은 불행한 일이다. 이는 우리 시대의 지도자에게 덕이 없기 때문이다. 그렇다면 지도자가 지녀야 할 덕목에는 무엇이 있을까? 사마천은 〈사기열전〉에서 "최선의 지도자는 백성의 마음에 따라 다스리고, 차선의 지도자는 이익을 미끼로 백성을 다스리고, 보통의 지도자는 도덕으로 백성을 설교하여 다스리고, 최악의 지도

자는 형벌로 공포 분위기를 조성하여 다스리고, 최하의 지도자는 백성과 다투면서 다스린다"라고 설파했다. 백성과 논쟁을 일삼는 지도자를 폭군보다 더 나쁘다고 본 것이다. 우리 시대의 지도자들을 사마천의 잣대로 비교하면 한결 평가하기가 쉬울 것이다.

백이가 요하로 쫓겨 가다

3천 년 전 지금의 요령 땅에서 5백 년 이상 존속한 고죽국은 발해만 북안에 있던 작은 나라로, 은나라 탕왕 때 제후국으로 책봉되었다.

은나라 말기 고죽국 왕 묵태는 두 아들 백이와 중자를 낳은 왕비가 죽자 새 왕비를 맞아들여 셋째 아들 숙제를 얻었다. 그런데 묵태의 계비 요희는 고죽국 제일의 미인이었으나 사악한 여인이었다.

'세자가 있으나 나는 반드시 내 아들에게 고죽국 왕위를 잇게 할 것이다.'

요희는 이미 세자로 책봉되어 있는 백이를 폐하고 자신의 아들 숙제를 세자로 세우기 위해 음모를 꾸몄다.

"요하는 선조의 종묘가 있는 땅입니다. 종묘가 있는 곳에 주인이 없으면 백성이 왕실의 위엄을 느끼지 못하고, 국경 지방에 주인이 없으면 오랑캐가 침략하여 나라가 위태로워집니다. 세자와 중자를 그곳에 보내 종묘를 지키게 하십시오."

요희가 아뢰자 묵태는 그럴듯하다고 생각하여 백이와 중자를 고죽국 서쪽 국경인 요하로 보냈다. 요하는 거칠고 황량한 땅이었다. 백이는 요하에 이르자 한숨부터 내쉬었다. 눈앞에 아득하게 펼쳐진 것은 잡초와 쑥대가 우거진, 거칠고 메마른 벌판뿐이었다.

요순처럼 어진 인물이 되어야 한다

백이는 황량한 요하 벌판에서 묘를 지키며 살면서도 요희와 왕을 원
망하지 않았다. 그는 천성이 어질고 순해서 삼황오제 때의 어진 임금
인 요 임금과 순 임금을 닮고 싶어했다.
　'나는 성인을 본받을 것이다.'
　요 임금은 천자의 지위에 있으면서도 쓰러져가는 움막에 살았다.
백성이 먹는 거친 쌀과 푸성귀만을 먹었으며, 여름이면 누더기 같은
옷을 걸치고 겨울에는 녹피鹿皮 한 장으로 버티면서 의복이 해어져 너
덜너덜해질 때까지 결코 새 옷으로 갈아입지 않았다. 그는 백성이 굶
주리면 같이 굶고 백성이 슬퍼하면 같이 울었다. 요 임금이 이처럼
어질고 검소하여 나라를 덕으로 다스리자 태평성대가 계속되었다.

　　우리 모두 먹을 것이 가득하여
　　배를 두드리며 잘 살고 있네

　요 임금의 덕치德治는, 먹을 것이 가득하여 배를 두드리며 산다는
뜻의 '함포고복含哺鼓腹'이라는 고사성어의 유래가 되었다.
　'아아, 나도 요순처럼 어진 인물이 되어야 한다.'
　백이는 백성을 사랑하고 자신의 몸을 돌보지 않은 요 임금을 시시
때때로 떠올리고 자신도 그와 같은 인물이 되기를 바랐다.

그러나 백이가 변경의 황량한 벌판에서 종묘를 지키고 있는 동안에도 요희의 모함은 그치지 않았다. 백이는 세자 자리에서 스스로 물러났다. 무엇보다도 아버지인 왕 묵태가 자신을 보는 눈빛을 견딜 수 없었다. 왕의 생신 때 하례를 드리기 위해 왕궁으로 올라가면 숙제를 편애하는 왕의 모습을 자주 볼 수 있었다. 왕은 요희와 숙제를 지극히 사랑했다. 그들을 보는 왕의 눈에는 한없는 사랑이 깃들어 있었다. 백이는 왕의 그런 눈빛을 볼 때마다 가슴이 타는 것 같았다.

"아버지가 막내를 사랑하시니 임금 자리는 막내에게 물려주시는 것이 좋다. 내가 왕위를 계승하면 아버지가 슬퍼하실 테니 이는 효도가 아니다."

어느 날 밤 백이는 고죽국을 탈출했다. 고죽국을 떠나자 자신을 옭아매고 있던 사슬을 벗어버린 듯 홀가분하고 자유로운 느낌이 들었다. 그러나 육신은 고달팠다. 산을 넘고 개울을 건너고 들판을 가로지르며 계속 걸었다. 비가 오면 비를 맞고 눈이 오면 눈을 맞았다. 자유로움은 쓸쓸함이고, 쓸쓸함은 슬픔이다. 슬픔은 눈물로 정화된다. 그는 천 개의 고원을 지나고 천 개의 늪을 지나면서 눈물을 흘리고 울었다. 그는 지팡이 하나를 짚고 천하를 방랑했다. 고죽국은 군사를 풀어 백이를 찾으려고 했다. 그러나 백이는 이미 나라를 떠나 찾을 수 없었다.

순의 아우 상과 같은 자가 되지 않으리라

"백이가 떠났으니 이제는 네가 왕이 되어야 한다."

요희가 흡족하여 숙제에게 말했다.

그러나 숙제는 백이가 떠난 뒤로 마음이 아팠다. 어머니인 요희가 배다른 형인 백이를 모함하는 것을 옆에서 지켜본 그는 자신 때문에 백이가 고통을 받았다고 생각했다.

"고죽국의 왕은 형님이 되어야 한다. 나는 순 임금의 아우 상과 같은 자가 되지 않을 것이다."

숙제는 어머니인 왕비의 뜻을 거스르고 밤이 되자 몰래 왕궁을 빠져나와 백이를 찾아 길을 떠났다.

순 임금은 오제의 하나인 전욱의 6세 손孫으로 아버지는 고수라는 인물이다. 고수는 어리석고 흉악한 자였다. 고수의 고瞽는 눈이 보이지 않는 자를 일컫는 말이고, 수叟는 장자를 일컫는 말이기도 하지만 눈이 없는 자를 뜻하기도 한다. 고수는 선악을 구별하지 못했기 때문에 붙여진 이름인 것이다.

고수는 부인이 순을 낳고 죽자 새로 부인을 얻어 상을 낳았는데, 순의 계모와 상은 어떻게든 순을 죽이려고 했다. 순이 지붕 위에 올라갔을 때 사다리를 치우고 불을 질러 태워 죽이려고 했는가 하면, 우물에 들어갔을 때는 우물을 메워 죽이려고 했다. 그러나 순은 계모와 상에게 반발하지 않고 효도를 다했다. 그가 어질고 효성이 지극했기 때문에 많은 사람이 그를 본받으려고 했다.

순은 기주에서 태어나 역산에서 농사를 짓고, 뇌택에서 물고기를 잡았으며, 하빈에서는 질그릇을 굽고, 부하에서 장사를 하여 크게 이익을 얻었다. 역산에서 농사를 지을 때는 사람들이 좋은 땅을 서로 양보했고, 뇌택에서 물고기를 잡을 때는 좋은 자리를 알려주었다. 질그릇을 구우면 깨어지거나 못쓰게 되는 것이 하나도 없었다.

요 임금이 순을 불러놓고 이야기를 나누어보니 과연 효와 덕이 출중하여 성인이라고 할 만했다. 요 임금은 순을 시험하기 위해 그에게 두 딸인 아황과 여영을 시집보내 집안에서 그의 행실을 관찰하게 했다. 순은 두 아내를 잘 거느리고 화목하게 살아 주위의 칭송을 한 몸에 받았다. 그가 머무는 마을은 1년이 지나면 촌락을 이루고, 2년이 지나면 읍을 이루고, 3년이 지나면 도회가 되었다. 사람들이 효와 덕이 출중한 순을 본받기 위해 구름같이 모여들었기 때문이다. 천자의 딸들인 아황과 여영도 아녀자의 도리를 다해 순을 받들어 집안이 언제나 화목했다.

난세에도 의를 존중한 백이와 숙제

숙제는 순을 괴롭힌 상과 같은 인물이 되고 싶지 않아 백이를 찾아 길을 나선 것이다. 그때 백이는 고죽국을 떠나 서쪽으로 향하고 있었다. 서쪽 제후국인 서백 창^{서주 문왕}이 어진 인물이라는 소문이 널리 퍼져 그의 나라에서 농사를 지으며 살아가려고 했다. 고죽국에서 주나라까지는 수천 리 길이었다. 지팡이 하나에 의지하여 묵묵히 걸으면서 백이는 살아온 반생을 되돌아보곤 했다.

요희는 걸핏하면 왕에게 백이와 중자를 모함했다.

"형님, 계모가 우리를 핍박하니 왕에게 고하십시오."

중자가 분개하여 백이에게 말했다.

"아버지는 계모를 사랑한다. 계모가 우리를 핍박하는 것을 알면 아버지는 슬퍼하실 것이다. 아버지를 슬프게 하는 것은 효가 아니다."

백이는 계모가 온갖 구박을 했으나 묵묵히 인내했다. 계모가 백이와 중자를 모함했기 때문에 왕도 그들을 불효한 자식이라고 생각하고 있었다.

"오오, 너는 숙제가 아니냐?"

백이가 천하를 유랑하기 시작한 지 수십 년이 지났을 때 우연히 숙제를 만났다.

"형님, 형님을 찾아 헤맨 지 수십 년이 되었는데 이제야 만나는군요."

숙제가 절을 하고 울었다.

"네가 왕위에 오르지 않고 이곳에 웬일이냐?"

"왕위에는 형님이 오르셔야 합니다. 그래서 고죽국을 떠나 형님을 찾아 떠돌아다닌 것입니다."

두 형제는 서로를 붙잡고 목 놓아 울었다.

"우리는 이제 늙었다. 고죽국으로 돌아가봐야 덧없는 일이다. 서백 창이 노인을 공경한다고 하니 그곳에서 여생을 보내자."

백이와 숙제는 늙은 몸을 이끌고 주나라로 들어갔다. 그러나 그들이 도착했을 때 서백 창은 이미 죽고 무왕이 즉위하여 강태공과 함께 은나라의 폭군 주왕을 치려 하고 있었다. 백이와 숙제는 무왕을 찾아갔다. 무왕의 진영은 군사들이 빽빽하고 기치창검이 삼엄했다.

"부왕의 장례를 치르기도 전에 전쟁을 일으키려고 하니 어찌 효라고 할 수 있겠습니까? 신하의 몸으로 군주를 시살하려고 하니 어찌 인이라고 할 수 있겠습니까? 무왕께서는 군사를 거두십시오."

백이와 숙제는 효와 인으로 설득하여 무왕의 출병을 막아보려고 했다.

"너희는 누구냐?"

무왕이 대로하여 눈을 부릅떴다.

"우리는 고죽국 제후의 아들인 백이와 숙제입니다."

"나는 폭군을 몰아내기 위해 군사를 일으켰다. 천명을 받아 도탄에 빠진 백성을 구하려 하는데 어찌 내 앞에서 효와 인을 논한단 말이냐? 이자들을 당장 끌어내어 목을 베라!"

무왕은 단호하게 영을 내렸다.

군사들이 일제히 백이와 숙제를 끌어내어 죽이려고 했다.

"저들을 죽여서는 안 됩니다."

강태공 여상이 무왕을 만류한 뒤에 백이와 숙제를 돌려보냈다.

백이와 숙제는 무왕이 주왕을 죽이고 주나라를 세우자 이를 부끄러워하여 수양산에 몸을 숨기고 고사리와 풀뿌리로 연명을 하다가 굶어 죽었다.

> 오늘도 수양산에 올라 고사리를 캔다
> 폭력을 폭력으로 바꾸고도
> 무왕은 잘못을 모르는구나
> 신농, 우虞, 하夏의 호시절은
> 꿈인 듯 홀연히 사라졌구나
> 이제 우리는 병든 몸을 이끌고 어디로 가야 하는가
> 아아, 가리라! 죽음의 길로
> 쇠잔한 나의 목숨이여

〈채미가采薇歌〉라는 노래다. 백이와 숙제는 성군으로 추앙을 받는

무왕까지 비난하여 후세에 이름을 얻었다. 사마천은 난세에는 누구든지 이익을 다투었으나 백이와 숙제는 한결같이 의를 존중하고 임금의 자리까지 양보했다고 하여 〈사기열전〉에서 이들을 첫 번째로 다루었다. 그들은 그 어떤 지위보다 사람이 중하다는 것을 몸소 보여준 형제성인이다.

백이와 숙제 형제의 고사古事 그림, 채미도采薇圖

남송 시대의 화가 이당이 그린 그림. 주나라 무왕의 불충과 불효를 부끄러워하며 수양산에 들어가 고사리로 연명하는 백이와 숙제 형제의 모습을 담았다. 그들 형제가 무언가 진지하게 토론을 벌이는 장면을 통해 자신들이 돌아가야 할 곳을 찾지 못한 채 굶어 죽은 이들의 충정을 나타냈다.

문경지교의 사귐은
위기도 기회로 만든다
강대한 조나라를 만든 재상과 장군, 인상여와 염파

인상여(藺相如)
환관의 우두머리인 무현의 문객이었다가 조나라의 명재상이 되었다. 진나라 소왕이 조나라 혜문왕에게 건 기싸움에서 슬기로움을 발휘해 한 번도 지지 않고 조나라의 위엄을 지켰다. 화씨벽이라는 옥돌에 얽힌 사절 활동으로 임금의 눈에 들었으며, 민지에서 회맹을 가졌을 때 혜문왕이 거문고를 뜯자 소왕에게 질장구를 치게 한 일화가 있다.

염파(廉頗)
조사趙奢, 이목李牧과 함께 조나라의 3대 명장으로 꼽히는 장군. 3대에 걸친 장군 집안에서 태어나, 전장에서 10여 년 이상을 보내고 무수한 공을 세우며 10만의 적을 섬멸하였다. 문관 인상여가 자신보다 높은 지위를 받자 이를 불쾌하게 여기었으나, '나와 염파가 싸우면 진나라에게만 이롭다'고 한 인상여의 말을 듣고 깨닫게 되어 그와 문경지교의 우정을 쌓게 된 '장상화將相和' 고사로 유명하다.

전국시대 조나라 혜문왕 때 염파와 인상여라는 인물이 있었다. 당시 염파는 조나라의 명장이었고, 인상여는 조나라 혜문왕의 신하인 무현의 가신이었다. 이때 혜문왕은 우연히 화씨벽和氏璧을 손에 넣었는데, 형산荊山의 옥玉이라는 이름으로 더 유명한 이 옥돌에 얽힌 이야기는 다음과 같다.

진귀한 옥돌을 바치려다 두 다리를 잃다

춘추전국시대 초나라 여왕 때의 일이다. 형산에 사는 변화卞和라는 사람이 뒷산에서 우연히 옥돌을 발견했는데, 세상에 하나밖에 없는 보물이라며 여왕에게 바쳤다. 변은 형산에 있는 마을 이름이고, 화는 성이었다. 여왕이 옥을 다듬는 옥장玉匠에게 이 옥돌을 보였는데, 옥장은 이리저리 살피더니 그냥 돌이라고 아뢰었다.

"옥돌이 아니라고? 그럼 변화라는 놈이 임금을 속였구나. 당장 그놈의 왼발을 잘라라."

여왕은 대로하여 변화의 왼발을 자르라는 영을 내렸다.

변화는 졸지에 왼발이 잘리고 말았다.

'아, 세상에 하나밖에 없는 옥을 돌이라고 하여 내 발을 자르다니, 너무나 원통하구나.'

변화는 되돌아온 옥돌을 끌어안고 비통한 눈물을 흘렸다. 그러나 세월이 흘러 여왕이 죽고 무왕이 즉위하자 그는 다시 옥돌을 임금에게 바쳤다.

"이 옥돌은 천하에서 둘도 없는 보배입니다. 이 돌을 세공하면 천하에서 가장 아름다운 구슬을 만들 수 있습니다."

무왕은 변화의 말을 듣고 옥장에게 보였다.

"이것은 옥돌이 아니라 평범한 돌에 지나지 않습니다. 변화는 여왕께도 이 돌을 옥돌이라고 바쳐서 임금을 기만한 죄로 왼발이 잘렸습니다."

옥장이 옥돌을 살핀 뒤에 무왕에게 아뢰었다.

"변화라는 놈이 대담하기 짝이 없구나. 지난번에는 선왕을 속이고 또다시 과인을 속였으니 용서할 수 없다. 이번에는 오른발을 잘라라."

무왕이 대로하여 영을 내렸다.

이번에도 변화는 오른발이 잘리는 벌을 받았다. 주위 사람들 모두 변화를 비웃었다.

다시 세월이 흘러 무왕이 죽고 문왕이 즉위했다. 문왕은 현명하여 초나라를 중흥시킨 왕이다. 변화는 문왕에게 옥돌을 바치고 싶었으나 두 다리가 없었기 때문에 옥돌을 품에 안은 채 형산에서 밤낮을 가리지 않고 울었다. 그가 어찌나 슬피 울었는지 눈에서 피눈물이 흘러내렸다. 이 모습을 본 사람들이 그를 동정하며 말했다.

"그대는 옥돌을 두 임금에게 바쳤으나 모두 옥돌이 아니라고 하여 두 다리를 잃었소. 당신의 돌이 설령 옥돌이라고 해서 상을 받으면 무슨 소용이 있소? 공연히 목숨을 잃지 마시오."

"상을 탐내서 우는 것이 아니오. 천하에 둘도 없는 보물을 알아주는 사람이 없어서 억울해 우는 것이오."

변화는 마을 사람들의 만류에도 밤마다 비통하게 울었다. 형산의 변화가 피눈물을 흘리며 운다는 소문은 초나라의 도읍 영도에까지 퍼졌다.

"형산에서 변화라는 자가 밤마다 울고 있다고 하는데, 그 연유를 들었는가?"

문왕이 재상인 투곡어도에게 물었다.

"변화는 평범한 돌을 옥돌이라고 하면서 선왕들께 바쳤다가 두 다리가 잘리는 벌을 받았습니다."

투곡어도가 공손히 아뢰었다.

"그런데 어찌하여 울고 있는가?"

"변화는 아직도 그 돌을 옥돌이라고 주장하고 있습니다."

"그렇다면 괴이한 일이 아닌가? 이미 두 다리가 잘리는 벌을 받았는데도 옥돌이라고 주장하는 데는 그만한 까닭이 있을 것이다."

문왕은 변화의 옥돌을 가져오게 하여 옥장에게 보여주었다. 옥장이 그 돌은 옥돌이 아니라고 하자 문왕은 쪼개보라는 영을 내렸다. 옥장이 영을 받고 변화가 가져온 옥돌을 쪼개자 오색찬란한 광채가 뿜어져 나왔다. 변화의 주장대로 그것은 진귀한 옥돌이었던 것이다. 문왕은 변화가 임금을 속이지 않았다는 사실을 세상에 널리 알리고, 옥을 가공해 만든 구슬에 화씨벽이라는 이름을 붙였다. '완벽完璧'이라는 말도 화씨벽에서 유래되었다.

진나라가 조나라의 화씨벽을 빼앗으려 하다

이 화씨벽이 우여곡절을 거쳐 조나라 혜문왕의 수중에 들어갔고, 이 사실을 강대한 진秦나라가 알게 되면서 다시 한 번 파란이 일어났다. 효공 이후 눈부시게 강대해진 진나라는 주변 나라들을 침략하기 일쑤여서 이웃 나라들이 전전긍긍하고 있었다. 진나라 소공은 조나라에 화씨벽이 있다는 말을 듣고 자기네 나라 열다섯 고을과 화씨벽을 바꾸자고 제안했다. 물론 고을을 진짜로 주려는 것이 아니라 화씨벽만 빼앗으려는 흉계였다.

진나라의 요구를 거절하면 분명 전쟁이 일어날 것이기 때문에 조나라 혜문왕은 애를 태웠다. 그는 염파를 비롯하여 여러 대신들을 불러놓고 상의했다.

"지용을 겸비한 사신을 진나라에 보내 약속한 성을 주면 옥을 주고, 성을 주지 않으면 옥을 다시 가져오는 수밖에 없습니다."

대신들이 의견을 내놓았으나, 진나라에 화씨벽을 가지고 갔다가 다시 가져온다는 것은 사실상 불가능했다. 오히려 사신의 목숨까지 잃을 가능성이 더 컸다.

"그렇다면 누가 진나라에 가겠는가?"

혜문왕의 말에 아무도 대답을 하지 않았다.

"신의 사인舍人, 가신 중에 인상여라는 자가 있습니다. 그는 무난히 이 일을 해낼 수 있을 것입니다."

무현이 자신의 사인인 인상여를 추천했다.

"인상여는 어떤 자인가?"

혜문왕이 무현에게 물었다. 그는 일개 사인에게 화씨벽을 맡기고 싶지 않았다.

"비록 신의 사인으로 있으나 강직하고 훌륭한 선비입니다. 신에게 많은 가르침을 주고 있습니다."

"그렇다면 과인에게 데리고 오라."

무현은 즉시 연락을 하여 인상여를 궁궐로 불러왔다.

인상여는 어전에 이르자 혜문왕에게 공손히 절을 했다. 절하는 태도며 범절이 모두 예에 맞아 혜문왕은 예사롭지 않은 인물이라고 생각했다. 인상여는 혜문왕의 질문에 한 가지도 막힘이 없이 답변을 하는데, 청산유수처럼 자연스러웠다. 혜문왕은 옷깃을 여몄다.

"진나라 왕이 고을 열다섯 개와 화씨벽을 바꾸자고 하는데, 선생의 생각은 어떻소?"

혜문왕이 인상여에게 정중하게 물었다.

"진나라가 우리나라보다 강하니 그들의 요구를 받아들이지 않을 수 없습니다."

인상여가 잠시 생각을 하더니 조용히 대답했다.

"하지만 진나라는 위계가 심하여 공연히 화씨벽만 빼앗기고 읍은 얻지 못할 수도 있소."

"일단 읍 열다섯 개를 주겠다고 했기 때문에 그들의 청을 받아들이지 않을 수 없습니다. 화씨벽이 아무리 훌륭한 구슬이라고 해도 그 값이 고을 열다섯 개에 이르지는 않을 것입니다. 고을을 받기 전에 옥을 바치면 우리 조나라가 공손히 예의를 다하는 것이고, 고을을 내놓지 않으면 진나라가 시비에 지는 것입니다. 시비만 분명히 가리면 일방적으로 당하지는 않을 것입니다."

"선생께서 화씨벽을 가지고 진나라에 가서 고을을 받아오는 중임을 맡아주겠소?"

"신에게 대임을 맡기시면 그렇게 하겠습니다. 고을을 내놓으면 화씨벽을 줄 것이고, 그렇지 않으면 반드시 화씨벽을 가지고 돌아오겠습니다."

혜문왕은 인상여의 말에 크게 기뻐하고, 그를 대부에 임명하여 진나라에 사신으로 보냈다.

담대함으로 화씨벽을 지키다

진나라 소왕은 조나라에서 화씨벽을 가져왔다는 말을 듣고 희색이 만면했다. 그는 장대^{章臺} 위에 엄중하게 위의를 갖추고 앉은 뒤에 여러 나라의 사신들까지 불러들였다. 조나라가 바치는 화씨벽을 여러 사신들이 보는 앞에서 받고 싶었던 것이다.

"조나라 사신이 대왕을 알현합니다."

인상여는 화씨벽을 비단 천에 싸가지고 장대로 올라갔다.

"원로에 수고가 많았소. 그래, 화씨벽은 가지고 왔소?"

소왕이 흐뭇하여 수염을 쓰다듬으며 물었다.

"그러하옵니다."

인상여는 장대에 올라 공손히 화씨벽을 바친 뒤에 재배했다. 소왕이 비단 천을 펼치니 영롱한 빛의 옥이 찬연한 자태를 드러냈다. 과연 천하에 둘도 없는 진귀한 보물이었다.

"오, 과연 천하의 진보로다. 경들도 이 아름다운 구슬을 구경하라."

소왕은 좌우에 시립해 있는 대신들에게 화씨벽을 구경시켰다. 진나라 대신들은 화씨벽을 감상하면서 연신 탄성을 내뱉었다. 그러고는 감상이 끝나자 일제히 무릎을 꿇고 만세를 불렀다. 소왕은 화씨벽을 비단 천에 싸서 후궁들에게까지 보이게 했다. 인상여가 아무리 기다려보아도 소왕은 고을 열다섯 개를 주겠다는 말을 꺼내지 않았다. 마침내 후궁 처소에서 화씨벽이 돌아와 소왕의 어탁에 놓이자 인상여가 소왕에게 아뢰었다.

"화씨벽이 희대의 보물이기는 합니다만 미세한 흠집이 하나 있습니다. 신이 대왕께 그 흠집을 지적해 올릴까 합니다."

"이 아름다운 구슬에 흠집이 있다는 말이오?"

소왕이 깜짝 놀라서 물었다.

"그러하옵니다. 신이 흠집을 찾아서 대왕께 보여드리겠습니다."

소왕은 인상여의 말을 믿고 화씨벽을 내주었다. 그러자 인상여는 화씨벽을 들고 재빨리 기둥 옆에 붙어 섰다. 그리고 두 눈을 부릅뜨고 소왕을 범처럼 사납게 쏘아보며 외쳤다.

"대왕! 화씨벽은 천하의 보물입니다. 대왕께서 저희 임금에게 국서를 보내 화씨벽을 달라고 하셨을 때 조정에서는 공론이 분분했습니다. 대신들은 진왕께서 고을 열다섯 개를 우리 조나라에 주지 않을 것이 분명하니 화씨벽을 보내서는 안 된다고 주장했습니다. 그러나 신이 말하기를, 진왕께서는 만승지존의 자리에 계신데 어찌 작은 나라에 위계를 사용하겠느냐고 했습니다. 저희 임금은 신의 말을 듣고 닷새 동안 목욕재계하고 부정한 것을 가까이하지 않은 뒤에 옥을 내주며 대왕께 바치라고 했습니다. 그런데 대왕께서는 천하의 진보인 이 화씨벽을 받으면서 정중하지 않았고 처음의 약조대로 읍을 줄 생각도 하지 않고 계십니다. 신이 엎드려 읍을 주겠다는 말씀을 기다린 지 오래되었으나 말씀이 없으신 것은 읍을 주지 않겠다는 뜻이라고 생각할 수밖에 없습니다. 대왕께서 강제로 신에게서 화씨벽을 빼앗으려 하신다면 당장 이 구슬을 부수고 신도 기둥에 머리를 짓찧어 자진하겠습니다."

인상여는 당장이라도 구슬을 던져 부숴버릴 듯한 태도를 취했다. 소왕이 대경실색하여 인상여를 만류했다.

"대부는 잠시 기다리라. 과인이 어찌 위계를 사용하겠는가?"

소왕은 좌우에 영을 내려 지도를 가져오게 한 뒤에 열다섯 읍을 조나라에 내어주라고 지시했다. 인상여는 소왕이 땅을 주는 것처럼 말하고 있었으나 내심은 그렇지 않을 것이라고 확신했다.

"저희 임금께서는 화씨벽을 바칠 때 5일간 목욕재계하신 뒤에 성대한 의식을 치르고 신에게 맡겼습니다. 대왕께서도 5일 동안 재계

하시고 의례를 마련해야 합니다."

"과인은 그대의 말대로 할 테니 공관에 돌아가 쉬도록 하라."

소왕이 마지못해 영을 내렸다.

인상여는 소왕에게 재배한 뒤에 화씨벽을 가지고 공관으로 돌아갔으나 안심이 되지 않았다. 그는 소왕이 화씨벽을 취한 뒤에도 고을을 내주지 않을 것이라는 생각이 들자 잠을 이룰 수 없었다.

'진왕은 화씨벽만 빼앗고 절대로 읍을 주지 않을 것이다. 화씨벽을 내가 지니고 있다가는 결국 진왕에게 빼앗기고 말 것이다.'

인상여는 생각이 거기까지 미치자 수행원 한 사람을 시켜 비밀리에 화씨벽을 조나라로 돌려보냈다.

진나라 소왕은 5일이 지나자 인상여를 다시 궁으로 불러들였다. 물론 소왕은 목욕재계 따위는 번거로워서 하지 않고 의식만 간략하게 치렀다. 그러나 인상여의 손에는 아무것도 들려 있지 않았다.

"사신은 어찌하여 빈손으로 왔는가? 감히 과인을 능멸하는가?"

소왕이 대로하여 인상여를 쏘아보았다.

"진나라는 목공穆公 이후 많은 임금들이 위계를 부려 이웃 나라를 속였습니다. 맹명시가 진晉나라를 속이고, 상앙이 위공자를 속이고, 장의가 초나라를 속였습니다. 지금까지 신의를 지킨 적이 거의 없으니 우리 조나라가 화씨벽을 바친다 해도 열다섯 고을을 받을 수 있을지 어떻게 알겠습니까? 신은 그러한 까닭으로 수하를 시켜 화씨벽을 먼저 조나라로 돌려보냈습니다."

인상여는 전혀 막힘없이 대답했다.

"나는 사신이 하라는 대로 재계하고 의식까지 준비했다. 사신이 과인을 이토록 기만할 수 있단 말인가? 저자를 당장 결박하여 해형解刑^{죽여}

서 <small>살로 젓갈을 담그는 형벌</small>에 처하라!"

소왕이 노기충천하여 영을 내렸다. 그러자 군사들이 일제히 달려 들어 인상여를 포박하려고 했다.

"대왕께서는 잠시 기다리십시오."

"네가 무슨 할 말이 있는가?"

"현재의 정세를 살피면 진은 강하고 조는 약합니다. 대왕께서 군이 화씨벽을 원하신다면 열다섯 고을을 먼저 떼어주십시오. 그리고 사신을 보내면 조나라가 어찌 화씨벽을 바치지 않겠습니까? 진나라가 강한 나라이니 조나라는 반드시 화씨벽을 바칠 것입니다."

인상여의 논리정연한 말에 소왕은 반박할 말이 없었다.

"인상여를 돌려보내도록 하라. 그를 죽여봤자 화씨벽을 얻지 못한다."

소왕은 오히려 담대한 인상여에게 감동하여 그를 후하게 대접한 뒤 돌려보냈다.

목이 잘려도 변치 않는 우정

조나라 혜문왕은 인상여가 화씨벽을 무사히 가지고 돌아오자 그를 상경<small>上卿</small>에 임명하고 국정을 모두 맡겼다. 그러자 조나라의 상장군인 염파는 일개 지방 관리가 자신보다 높은 조정의 내각수반이 되었다는 말을 듣고 대로했다.

"나는 조나라 상장군으로 오랫동안 전쟁터를 누비며 많은 공을 세웠다. 그런데 인상여는 혓바닥 하나를 잘 놀린 덕에 상경이 되었다.

내가 길에서 그를 만나면 반드시 치욕을 줄 것이다."

염파는 기세등등하여 인상여를 비난했다.

인상여는 염파와 부딪치지 않으려고 했다. 염파도 인상여가 조정에 있으면 병이라고 핑계 대고 나가지 않았다. 하루는 인상여가 수레를 타고 가다가 멀리서 염파의 수레가 오는 것을 발견했다. 인상여는 마부에게 일러 염파의 수레를 피하여 골목으로 들어가게 했다.

마부가 인상여에게 말했다.

"대신들이 주인을 섬기는 것은 주인의 지략이 뛰어나고 높은 벼슬에 있기 때문입니다. 그런데 지금 주인께서는 염파보다 서열이 높은데도 그를 보면 두려워하여 숨어버립니다. 이는 보통 사람도 부끄러워할 일인데 재상이라면 더욱 그렇지 않습니까? 저희는 주인의 벼슬이 아무리 높아도 창피하여 섬길 수가 없습니다."

"그대들이 염파와 진나라 소왕을 비교했을 때 누가 더 무서운가?"

인상여가 한숨을 내쉬고 마부에게 물었다.

"당연히 진나라 소왕이 더 무섭습니다."

"나는 진나라 소왕도 무서워하지 않았는데 염파를 무서워하겠는가? 강대한 진나라가 우리 조나라를 공격하지 못하는 것은 염파와 내가 있기 때문이다. 우리 둘이 싸워서 어느 한쪽이 몰락하면 진나라의 침략을 받게 된다. 내가 염파를 피하는 것은 사사로운 원수보다 국가의 위험을 생각하기 때문이다."

"대인의 말씀을 들으니 소인들이 우둔했습니다."

마부는 그 자리에서 엎드려 사과했다.

염파도 인상여의 말을 전해 듣고 크게 깨달았다. 그는 자신이 인상여를 공연히 비난했다는 사실을 알고 웃통을 벗고 가시나무 회초리를 등에 진 채 인상여의 집 앞에 가서 무릎을 꿇고 사죄했다.

"비천한 인간이 대인의 큰 뜻을 곡해하여 비난을 했습니다. 소인을 회초리로 때려서 가르침을 주십시오."

"장군, 어찌 이러는 것이오?"

인상여는 맨발로 뛰어나와 염파의 손을 잡아 일으켰다. 인상여와 염파는 서로에게 지극히 공손하게 예의를 다하면서 술을 마시고, 나중에는 의기가 상합하여 '문경지교^{刎頸之交}'를 나누었다. 문경지교는 목이 잘려도 변치 않는 우정을 일컫는 고사성어가 되었다.

인상여와 염파는 손을 잡고 조나라를 크게 번영시켰다. 자칫 적이 될 뻔한 사이를 우정으로 승화시킨 둘의 이야기는 살면서 '내 인생의 사람'을 만드는 것이 얼마나 중한 일인지 잘 보여준다.

서로 죽음을 함께할 수 있는 막역한 사이를 이르는 말, 문경지교

조나라 혜문왕 때의 재상 인상여와 염파 장군 사이의 일화에서 비롯된 고사성어. 목을 벨 수 있는 벗이라는 뜻으로, 생사를 함께할 수 있는 매우 소중한 벗을 이르는 말이다. 한때 인상여의 출세를 시기하는 염파로 인하여 둘 사이가 불화했으나, 끝까지 나라를 위하여 참는 인상여의 넓은 도량에 염파가 감격하여 깨끗이 사과하고 친한 사이가 되었다.

인재를 사람에
귀천을 따지지 마라
3천 명의 식객을 거느린 전국시대 사공자, 맹상군

> **맹상군(孟嘗君)**
> 제나라 사람으로 이름은 전문田文이다. 맹상군은 그가 죽은 뒤에 붙여진 시호다. 맹상군,
> 조나라의 평원군, 위나라의 신릉군, 초나라의 춘신군을 가리켜 전국 사공자라 부르며,
> 이들은 대개 수천 명이 넘는 식객을 거느려 그들로부터 갖가지 술수와 지략을 얻었다.
> 진秦나라, 제나라, 위魏나라의 재상을 역임하고 독립하여 제후가 되었다.

사람의 운은 하늘에서 받는가, 문에서 받는가

맹상군의 아버지 전영은 제나라 위왕의 막내아들이었다. 그러나 그
의 어머니는 비천한 하녀 출신이었다. 전영은 여러 여자를 통해 40여
명의 아들을 두었는데, 맹상군은 전영이 하녀와 정을 통해 낳았던 것
이다.

맹상군은 5월 5일에 태어났다. 애초 전영은 하녀가 임신한 사실을
알자 5월에는 아이를 낳지 말 것이며, 낳더라도 버리라고 지시했다.
그러나 하녀가 몰래 아들을 낳아 키웠다. 맹상군이 장성하자 하녀는
다른 형제들의 주선으로 맹상군을 아버지 전영과 만나게 했다.

전영이 하녀에게 호통을 쳤다.

"내가 너에게 5월에는 아이를 낳지 말라고 했다. 혹여 아이를 낳으면 버리라고 했는데 어찌하여 키웠느냐?"

맹상군은 아버지에게 머리를 숙여 절을 하고 다음과 같이 물었다.

"무슨 까닭으로 어머니께 5월에 자식을 낳지 못하게 하셨습니까?"

"5월에 낳은 자식의 키가 문^門처럼 크면 부모를 해친다고 했다."

전영이 맹상군의 말에 차갑게 대답했다.

"사람이 태어날 때 운을 하늘에서 받습니까? 문에서 받습니까?"

전영은 맹상군의 당돌한 질문에 대답을 하지 못했다.

"운을 하늘에서 받는다면 부친께서는 조금도 걱정하실 필요가 없습니다. 그렇지 않고 운을 문에서 받는다면 문을 높게 만들면 됩니다. 그러면 누가 그 문에 닿을 수 있겠습니까? 그러니까 5월에 태어난 아이가 문에 닿을 정도로 키가 크면 부모에게 해로운 짓을 한다는 것은 점쟁이들의 쓸데없는 말장난에 지나지 않습니다."

"과연 네 말이 옳다. 내가 공연히 의심을 했다."

맹상군의 말에 전영은 크게 웃고 말았다.

전영은 40명이 넘는 아들 중에 맹상군이 가장 총명하다는 사실을 알게 되어 속으로 그를 총애했다. 맹상군은 학문이 뛰어나고 사리에 밝았다.

귀천을 안 가리고 문객을 받아들이다

얼마 후에 맹상군이 전영에게 물었다.

"아들의 아들은 무엇이라고 부릅니까?"

"손자다."

"손자의 아들은 무엇입니까?"

"증손자다."

"증손자의 아들은 무엇이라고 부릅니까?"

"현손자다."

"현손자의 아들은 무엇이라고 부릅니까?"

"모른다. 왜 자꾸 그런 것을 묻느냐?"

"아버님은 이 나라의 왕자로 태어나 재상이 되어서 3대의 임금을 섬겼습니다. 이제 설읍에 봉해져 정곽군이 되어 재력은 천만 금을 갖고 있지만 아버님 밑에 한 사람도 어진 사람을 찾아볼 수 없으니 어떻게 된 일입니까? 장군을 배출한 집안에서 장군이 나오고 재상을 배출한 집안에서 재상이 나온다는데, 우리는 과연 재상이 나올 수 있겠습니까? 아버님의 후원에는 수많은 미인이 비단 치마를 끌고 다니고 맛있는 음식을 먹지만 문객들은 변변한 윗도리 하나 없습니다. 아버님의 노비들은 기름진 음식을 배불리 먹고 있으나 문객들은 배를 주리고 있습니다. 과연 아버님이 다스리는 나라가 강대해질 수 있겠습니까?"

맹상군의 말에 전영은 무릎을 치면서 감탄했다. 전영은 맹상군에게 가사를 일임하고 문객들을 접대하게 했다. 가사를 맡게 된 맹상군은 문객들을 정성껏 대접했다. 그러자 날이 갈수록 문객들이 늘어가고 맹상군의 명성이 높아졌다.

맹상군은 자신을 찾아오는 사람들을 모두 받아들였다. 죄를 짓고 찾아오는 사람부터 좀도둑까지 받아들이자 천하의 크고 작은 인물들이 모두 그에게 몰려왔다. 문객이 수천 명에 이르렀으나 귀천을 가리지 않고 대우했다. 처음 온 문객과 대화를 할 때는 하인을 병풍 뒤에 숨겨놓고 그의 친척이나 고향 등을 기록하게 했다. 문객이 물러갈 무렵에는 맹상군이 이미 사람을 보내 친척을 위문하고 선물까지 주곤 했다. 이에 문객들은 더욱 감동하여 맹상군을 받들었다.

하루는 맹상군과 문객이 식사를 같이하는데, 빛이 가려진 문객의 상이 어두워 보였다. 식단에 차별을 두는 것을 감추기 위해 일부러 불빛을 가린다고 생각한 그 문객은 기분이 상해서 식사를 멈추고 돌아가려고 했다. 맹상군이 일어서서 자신의 음식과 문객의 음식을 비교해 보여주었다. 문객은 자신이 맹상군을 오해한 것을 부끄러워하면서 스스로 목을 찔러 자결했다.

하찮은 재주로 주군을 구한 문객들

진나라는 맹상군이 훌륭한 인물이라는 사실을 알고 그를 재상으로 삼으려고 초청했다. 맹상군의 문객들도 진나라로 따라갔다.

진나라 대신이 맹상군을 모함했다.

"맹상군은 틀림없이 뛰어난 인재이기는 하나 제나라 왕족입니다. 진나라의 재상이 되더라도 제나라를 위하여 일을 할 것입니다."

소왕은 그 말이 옳다고 생각하여 맹상군을 연금했다. 이에 맹상군이 사람을 시켜 소왕의 애첩에게 석방을 부탁하자 그녀가 이렇게 말했다.

"나는 맹상군이 가지고 있는 호백구狐白裘, 여우 겨드랑이 흰털로 만든 옷를 갖고 싶어요."

호백구는 값이 천 금이나 나가는 천하의 명품이었다. 그러나 진나라에 들어오면서 이미 소왕에게 선물로 바쳤기 때문에 맹상군은 호백구를 갖고 있지 않았다. 그리하여 맹상군은 문객들에게 대책을 물었다.

"제가 호백구를 얻어 올 수 있습니다."

문객 중 한 사람이 말했다. 그는 개처럼 좀도둑질을 잘하는 사람이었다. 밤이 이슥해지자 그 문객은 개 짖는 소리를 내면서 진나라 대궐에 침입하여 호백구를 가지고 돌아왔다. 맹상군은 그 호백구를 소왕의 애첩에게 바치고 석방되어 제나라로 향했다. 소왕이 뒤늦게 자신의 호백구가 없어진 것을 알고 맹상군을 맹렬하게 추격했다.

맹상군은 소왕이 틀림없이 자신을 잡으러 올 것이라는 사실을 알고 쉬지도 않고 달려서 함곡관에 이르렀다. 그러나 함곡관은 첫닭이 울어야 성문을 열기 때문에 밖으로 나갈 수가 없었다. 맹상군이 초조해하자 문객 중 말석을 차지하고 있는 한 사람이 자기가 나서보겠다고 말했다. 그는 다른 재주는 없어도 닭 울음소리를 잘 냈다.

그 문객은 함곡관 관문 앞에 이르러 닭 우는 소리를 냈다. 그러자 부근의 닭들이 일제히 울었다. 관문을 지키는 병사들은 새벽이 온 줄알고 관문을 열었다. 맹상군은 문객들을 데리고 재빨리 관문을 빠져나왔다.

이때 좀도둑질을 잘한 문객과 닭 우는 소리를 잘 낸 문객 덕분에 맹상군이 진나라를 탈출한 일화에서 '계명구도鷄鳴狗盜'라는 고사성어가 유래되었다.

빚은 받지 못했으나 인심을 얻고 돌아온 풍환

맹상군의 문객 중에 풍환^{馮驩}이라는 인물이 있었다. 맹상군은 수많은 문객을 상중하로 나누어 접대했는데, 상등객사는 대사^{代舍}, 중등객사는 행사^{幸舍}, 하등객사는 전사^{傳舍}로 불렸다. 대사에는 명성이 쟁쟁한 문객이 머물렀으며, 그들은 고기 음식을 대접받고 외출할 때면 수레를 탈 수 있었다. 행사에 거처하는 보통 문객은 고기 음식은 대접받을 수 있었으나 수레는 제공받지 않았다. 전사에 머무는 문객은 신분이 낮은 사람들로 고기 음식이나 수레를 제공받지 못했다.

하루는 허름한 옷을 입고 장검을 든 사내가 짚신을 끌고 맹상군을 찾아왔다.

"선생께서는 무슨 가르침을 주려고 나를 찾아왔소?"

맹상군이 인사를 나누고 물었다.

"내 이름은 풍환이라고 합니다만, 공자께서 재주 있는 사람을 좋아한다고 하여 의탁하러 왔습니다."

"잘 오셨습니다. 내 집처럼 편히 지내시기 바랍니다."

맹상군은 풍환에게 어떤 재주가 있는지 알지 못해 일단 전사에 머물게 했다. 열흘 뒤에 맹상군은 전사의 장^長에게 물었다.

"풍환이라는 손님은 어찌 지내고 있는가?"

"그 손님은 무척 가난한데 한 자루의 칼을 가지고 있습니다. 때때로 그 칼을 손으로 쓰다듬으면서 '장검아, 장검아, 돌아가자. 밥을 먹으려고 해도 고기반찬이 없구나' 하고 노래를 부릅니다."

맹상군은 기이하게 생각하고 풍환을 행사로 옮겨주었다. 그리고 다시 얼마 후에 행사의 장에게 물었다.

"풍환이라는 손님은 잘 지내고 있는가?"

"잘 먹고 잘 자고 있습니다."

"특별히 하는 일은 없는가?"

"손님은 가난하고 말이 없습니다. 때때로 장검을 손가락으로 쓰다 듬으면서 '장검아, 장검아, 돌아가자. 외출을 하려 해도 수레가 없구 나' 하고 노래를 부릅니다."

행사의 장이 대답했다.

맹상군은 풍환을 다시 대사로 옮기게 했다. 대사에 있는 상객들은 맹상군에게 여러 가지 진언을 올리곤 했다. 그러나 풍환은 대사로 옮 긴 뒤에도 1년 동안이나 진언 한마디 올리지 않았다.

맹상군은 그 무렵 설읍을 봉지로 갖고 있었다. 설읍에서 나오는 조 세로 문객들의 뒷바라지를 했으나 턱없이 부족했다. 이에 맹상군은 설읍에 사는 사람들에게 금전을 빌려주고 그 이자를 조금씩 받아서 모자라는 부분을 충당했다. 그러나 원금은커녕 이자조차 갚지 않는 사람이 많아서 맹상군은 골머리를 앓았다. 하루는 맹상군이 풍환을 불러 그 일을 맡기기로 했다.

"선생께서 알다시피 내가 여러 문객들을 거느리다 보니 재정이 몹 시 어렵습니다. 수고스럽겠지만 선생께서 설읍에 가서 내가 금전을 빌려준 사람들에게 이자와 원금을 받아오는 것이 어떻겠습니까?"

맹상군이 정중하게 물었다.

"재상께서 그렇게 말씀하시는데 소인이 어찌 수고를 마다하겠습 니까? 다녀오겠습니다."

풍환은 맹상군의 제안을 승낙하고 그날로 설읍으로 출발했다.

맹상군이 문객을 보냈다는 소문을 듣고 많은 사람들이 이자와 원금을 갚아서 설읍의 공부公府에는 10만 냥이라는 많은 돈이 쌓였다. 풍환은 설읍의 공부에 앉아서 그 돈으로 술과 고기를 사서 잔치를 벌였다. 그리고 맹상군에게 빚이 있는 사람들을 모두 공부로 불러들였다.

"기한을 늦추어주면 이자를 갚을 수 있는 자는 채무증서를 갖고 오라. 기한을 늦추어도 이자를 갚을 수 없는 자도 채무증서를 갖고 오라."

풍환의 명을 들은 사람들은 저마다 채무증서를 가지고 왔다. 풍환은 그들에게 술과 고기를 배불리 먹게 하고 일일이 술을 따라주면서 이것저것 질문을 하여 채무를 변제할 수 있는지 여부를 낱낱이 파악했다. 그리하여 변제할 능력이 있으나 기한이 촉박한 자에게는 기한을 연장해주고, 도무지 변제할 능력이 없는 자의 채무증서는 불에 태워버렸다.

"재상께서 돈을 빌려준 것은 이자를 받기 위함이 아니라 가난한 너희들의 생계를 돕기 위해서였다. 하지만 그분에게는 수천 명의 문객이 있으니 그분의 재정도 넉넉하다고 할 수는 없다. 나라에서 받는 봉록만으로는 그 비용을 감당할 수가 없어서 부득이 이자라도 얻어서 충당하려는 것뿐이다. 그러나 변제할 능력이 없는 사람에게 강요하는 것은 그분의 본심이 아니다. 그래서 변제할 능력이 있는 사람에게는 기한을 연장해주고 변제할 능력이 없는 사람의 채무증서는 태워버린 것이다. 재상의 후덕한 마음을 깨닫기 바란다."

"재상께서 이처럼 후덕한 은혜를 베풀어주시니 부모처럼 섬기겠습니다."

사람들이 맹상군을 칭송했다.

그러나 풍환이 채무증서를 소각했다는 말이 곧바로 맹상군에게 보고되었다. 맹상군은 어이가 없어서 풍환을 불러늘였다.

"그래, 설읍에 갔던 일은 잘되었소?"

맹상군이 분노를 감추고 풍환에게 물었다.

"빚을 받지는 못했으나 대신 인심을 사서 돌아왔습니다."

풍환이 공손히 대답했다.

"나는 당장 3천 명의 문객을 먹일 돈이 필요하오."

"문객을 먹이는 돈은 재상께서 따로 마련하십시오. 재상께 돈을 빌린 사람들의 처지가 어려워 채무를 갚는 일이 여의치 않았습니다. 그러한 사람들에게 빚을 갚으라고 강요하는 것은 재상의 덕을 잃는 일입니다. 그들에게 강제로 빚을 갚으라고 했다면 모두 재상을 원망하면서 설읍을 떠났을 것입니다. 이제 그들은 재상에게 후덕한 은혜를 입었으니 목숨을 돌보지 않고 재상을 위하여 일할 것입니다."

풍환의 말에 맹상군은 더 이상 할 말이 없었다. 그러나 3천 명에 이르는 식객들을 먹여 살릴 일이 걱정이었다. 그때 다행히 제나라 민왕이 황금을 보내주어 맹상군의 재정을 메워주었다.

허무한 것이 사람들의 인심이로구나

얼마 지나지 않아 민왕은 간신들의 모함을 듣고 맹상군을 의심하여 파직했다. 맹상군의 문객들은 그가 파직되자 뒤도 돌아보지 않고 떠났다. 풍환만이 남아서 설읍으로 쓸쓸하게 낙향하는 맹상군을 수행했다.

'3천 명에 이르는 문객이 모두 떠나다니, 허무한 것이 사람들의 인심이로구나.'

맹상군은 탄식했다.

그러나 맹상군의 일행이 설읍에 못 미쳤을 때 수많은 설읍 사람들이 술과 음식을 싸가지고 와서 맹상군을 위로했다. 맹상군은 설읍 백성이 자신을 환영하는 것을 보자 눈물이 핑 돌았다.

"옛날에 선생이 인심을 사 왔다고 하더니 바로 이것이었구려."

맹상군은 풍환을 돌아보며 미소를 지었다.

"허허! 어찌 이것을 인심이라고 하겠습니까? 소인에게 수레와 약간의 노자를 빌려주시면 공자님께 훨씬 좋은 일이 있을 것입니다."

풍환이 웃으며 말했다.

"나는 선생의 의향대로 따르겠소."

맹상군이 수레와 노자를 마련해주자, 풍환은 그 길로 즉시 진나라 소왕에게 달려가서 유세를 했다.

"대왕께서는 천하의 현자를 누구로 보십니까?"

"그야 제나라의 맹상군이지."

"그렇다면 대왕께서는 어찌하여 맹상군을 불러다가 재상에 앉히시지 않습니까?"

"맹상군은 제나라의 재상인데 어찌 진나라의 재상으로 일을 하겠소?"

"맹상군은 제의 민왕에게 파직되어 봉지인 설읍에 내려가 있습니다. 민왕과 맹상군은 사이가 아주 나빠졌습니다. 이때에 맹상군을 초청하여 재상에 앉히면 진나라는 크게 강성해질 것입니다. 제나라가 진나라와 어깨를 나란히 할 정도로 강성한 것은 모두 맹상군이 있기 때문입니다. 맹상군은 설읍으로 낙향했기 때문에 민왕을 원망하고 있습니다. 그러니 대왕께서 많은 예물을 보내 조청하시면 감격하여 진나라에 와서 충성을 바칠 것입니다."

진나라는 때마침 재상이 병으로 죽었기 때문에 재상 자리가 비어 있었다. 풍환의 말을 들은 소왕은 크게 기뻐했다. 소왕은 사신에게 많은 예물을 주어 설읍으로 떠나보냈다.

풍환은 제나라로 돌아와 이번에는 민왕을 찾아가 유세를 했다.

"천하의 정세를 살펴볼 때 진나라와 제나라가 가장 강하다는 것은 대왕께서도 알고 계실 것입니다. 이들 두 나라 중에 인재를 얻는 나라가 천하를 통일할 것입니다. 요즈음 시정에 진나라가 설읍으로 사신을 보내 맹상군을 초청하여 재상에 앉히려고 한다는 소문이 파다하게 나돌고 있습니다. 맹상군을 모셔 가려는 진나라 사신이 황금을 수레에 가득 싣고 비밀리에 설읍으로 오고 있다고 합니다. 맹상군이 진나라로 가면 제나라는 어찌 되겠습니까? 제나라는 진나라의 군사에 짓밟힐 것이고 도읍 임치는 남의 땅이 될 것입니다."

풍환의 말에 제나라 민왕의 얼굴이 하얗게 변했다.

"그러면 어찌하는 것이 좋겠소?"

"진나라 사신이 설읍에 도착할 날이 멀지 않았습니다. 진나라 사신이 도착하기 전에 맹상군을 불러 다시 재상에 임명하신 뒤에 더 많은 봉록과 봉지를 하사하십시오. 맹상군은 진나라가 탐을 내는 현자입니다."

민왕은 풍환의 말을 반신반의했다. 그는 즉시 국경으로 사자를 보내 진나라 사신이 오고 있는지 조사하게 했다. 과연 진나라 사신이 수레 10승을 거느리고 설읍을 향해 비밀리에 오고 있었다. 사자는 밤낮으로 말을 달려 민왕에게 돌아와 사실대로 보고했다.

"하마터면 큰일 날 뻔했구나."

민왕은 맹상군을 재상에 복직시키고 봉록을 더 올려주었다. 그리고 봉지도 1천 호나 늘려주었다. 맹상군이 재상에 복직되자 3천 명에 이르는 문객이 다시 돌아왔다.

"나는 문객을 성심 성의껏 대접했는데 저들은 내가 어려울 때 약속이나 한 듯이 나를 버리고 떠났소. 그런데 내가 복직을 하자마자 염치도 없이 다시 찾아오니, 세상에 이런 법이 어디 있소? 나는 저들을 받아들이고 싶지 않소."

맹상군은 문객들이 돌아오자 그들을 거들떠보지도 않고 풍환에게 서운한 감정을 털어놓았다.

"영고성쇠榮枯盛衰의 변화는 자연의 이치입니다. 도읍의 저자를 보아도 마찬가지입니다. 아침에는 사람들이 발 디딜 틈도 없이 몰려들어 북새통을 이루지만 저녁이 되면 썰물처럼 빠져나갑니다. 시장에 사려는 물건이 없기 때문입니다. 그러니 문객들을 탓해서 무슨 소용이 있겠습니까?"

풍환이 말했다.

"참으로 지당한 말씀입니다. 선생께서는 저를 언제나 가르치십니다."

맹상군은 풍환에게 감복하여 절을 했다.

온갖 잡인이 모여 악인촌이 된 맹상군의 땅

오랜 세월이 흘러 사마천이 설읍을 방문했는데, 뜻밖에도 간악하고 도둑질을 하는 자들이 많았다. 사마천은 설읍에 유난히 도둑과 악인,

온갖 잡인들이 많은 것을 기이하게 여겨 사람들에게 물었다.

"맹상군이 천하의 협객이나 간악한 사람들을 불러들였기 때문에 그들이 6만여 가(家)나 됩니다. 설읍은 악인촌이 되었습니다."

맹상군은 협객들을 좋아하여 도둑이나 악인들까지 사귀었기 때문에 설읍에 그런 인물들이 6만여 가구나 된다는 것이었다. 맹상군은 그들 덕분에 훗날 제나라의 제후가 되고 천하를 다스릴 수 있었으나 뜻밖의 부작용이 생긴 것이니, 역사의 아이러니라고 할 수밖에 없다.

맹상군과 관련된 사자성어

계명구도鷄鳴狗盜 : 맹상군이 의심을 받아 살해 위기에 처했을 때, 좀도둑질 잘하는 식객과 닭 울음소리 잘 내는 식객의 도움으로 위기를 모면한 일화에서 나온 말. 고상한 학문은 없고 천박한 꾀를 써서 남을 속이는 사람을 이르거나, 천한 재주를 가진 사람도 때로는 요긴하게 쓸모가 있음을 비유하여 이르기도 한다.

교토삼굴狡兎三窟 : 맹상군의 식객 풍환의 세 가지 활약과 관련된 일화에서 유래했으며, 꾀 많은 토끼가 굴을 세 개나 가지고 있었기 때문에 죽음을 면할 수 있었다는 뜻. 불안한 미래를 위해 미리 준비를 해야 한다는 말로, 완벽한 준비 뒤에는 뜻하지 않은 불행이 찾아오지 않음을 보여준다.

전국시대의 사공자四公子

전국시대의 사공자는 귀족 중의 귀족으로, 강대국인 진나라에 대항하기 위해 저마다 식객을 두고 현명한 선비를 극진한 예로 대하며 인물로 길렀다. 제나라의 맹상군, 위나라의 신릉군信陵君, 조나라의 평원군平原君, 초나라의 춘신군春申君을 모아 사공자로 부르며, 모두 한 시대를 살면서 서로 관계를 맺고 정치 상황에 상당한 영향력을 행사했다.

맹상군 : 자신의 모국인 제나라에는 영향력을 행사하지 못한 채 여러 제후국을 유랑했지만 마지막에는 제나라로 돌아와 유종의 미를 거두었다. 그러나 그의 자손들이 가문을 망쳤다고 전해진다.

신릉군 : 빈객을 접대하는 방면에서 가장 뛰어났고 조나라를 구한 업적이 있으나, 자신의 나라인 위에서 왕에게 중용되지 못한 채 폭음으로 병들어 죽었다.

평원군 : 조나라 혜문왕 밑에서 활약했으며, 그의 유명한 빈객 모수毛遂가 세 치 혀와 지모로 초나라 왕을 설득한 모수자천毛遂自薦이야기가 남아 있다.

춘신군 : 진나라에서 초나라의 태자를 보호했으며, 스스로 볼모가 되어 태자를 무사히 귀국시키고 초나라 재상으로 나라를 잘 다스렸다. 그러나 자신의 빈객 이원李園에게 암살당했다.

나를 알아주는
단 한 사람이 있는가?

중국 역사상 최고의 자객, 전제

> **전제(專諸)**
> 오나라 당읍堂邑 출신. 오자서에 의해 자객으로 발탁되었다. 초나라에 원한을 가지고 있던 오자서가 오나라의 군사를 이용해 초나라 평왕을 치기 위한 계획을 세웠고, 오나라의 군사를 빌리기 위해 공자 광을 오나라 왕으로 만들기로 한다. 때문에 당시 오나라 왕이었던 요를 벨 인물이 필요했고, 전제는 자신을 알아준 오자서를 위해 기꺼이 목숨을 바쳤다.

중국의 역사에서 유명한 자객으로 전제, 예양像讓, 형가荊軻 등이 있다. 형가는 진시황을 시해하려다가 실패한 인물로, 〈역수한〉이라는 시를 남겨 더욱 유명해졌다. 예양은 진晉나라 사람으로 지백의 가신이었다. 지백이 조양자, 위 씨, 한 씨의 반란으로 죽자 조양자를 세 번이나 암살하려고 했으나 끝내 실패하여 자결했다. 전제는 오나라 사람으로 오왕 요를 시해했다.

오자서와 공자 광이 손을 잡다

오자서가 오왕 요에게 군사를 빌려 자신의 부모를 죽인 초나라 평왕에게 복수를 하려고 했으나, 오왕은 오나라 군사력이 초나라만 못하다면서 차일피일 미루기만 했다.

'오왕에게는 군사를 빌릴 수가 없다. 차라리 공자 광이 어떨까?'

오자서는 공자 광을 은밀히 탐색했다. 그러다가 공자 광이 오나라 왕이 되고 싶어한다는 사실을 알게 되었다.

"제가 공자의 뜻을 이루어드릴 테니 공자께서는 제 소망을 이루어주실 수 있겠습니까?"

오자서는 공자 광을 찾아가서 물었다.

"장군의 소망은 무엇이오?"

"제 소망은 오나라의 군사를 빌려 초나라를 멸망시키고 부형의 원수를 갚는 것입니다."

"그대가 내 뜻을 이루게 해준다면 반드시 그대의 소망도 이루어질 것이오."

공자 광이 크게 기뻐하면서 말했다.

공자 광과 굳게 손을 잡은 오자서는 즉시 전제를 찾아갔다.

오자서와 검객 전제가 벗으로 사귀다

오자서가 전제를 처음 만난 것은 그가 소현산을 넘어 오나라에 들어왔을 때였다. 초나라에서 도망쳐 나온 오자서가 오추라는 읍의 시장에 이르렀을 때 큰 싸움이 벌어져 있었다. 그는 장터에 가득 모인 사람들 틈에서 싸움을 구경했다.

한 장정이 여러 명의 무뢰한과 어울려 싸우고 있었는데, 장정은 봄이 가냘팠으나 어찌나 주먹이 빠르고 발이 민첩한지 그림자가 움직이는 것 같았다. 그의 몸놀림에 무뢰한들은 순식간에 피투성이가 되어 나뒹굴었다. 그러자 또 한 무리의 사내들이 칼을 들고 달려와 장정을 공격했다. 이에 장정은 길에서 작대기 하나를 주워 들더니 그것을 마치 칼처럼 사용했다. 작대기 하나를 들었을 뿐인데도 그에게서 무시무시한 검기가 뿜어져 나왔다. 그는 눈도 깜박하지 않고 칼을 든 무뢰한들을 순식간에 쓰러트렸다.

'저 사람은 보기 드문 검객이구나.'

오자서는 장정의 무술 솜씨에 감탄했다. 그때 한 노파가 문 앞에서 인자하게 장정을 불렀다.

"전제야, 싸우지 말고 들어오너라."

"예."

전제라고 불린 장정은 갑자기 온순한 양이 되어 허리를 공손히 숙이고 대문 안으로 들어갔다. 시장에서 구경을 하던 사람들은 그제야 웅성거리면서 흩어지기 시작했다.

"말씀 좀 묻겠습니다. 장정은 어떤 사람이고 노파와 무슨 관계인데 저렇듯 공손한 것이오?"

오자서가 시장의 노인에게 물었다.

"장정의 이름은 전제고, 노파는 그의 어머니라오. 전제는 효성이 지극해서 어머니 말이라면 양처럼 온순해집니다."

노인이 허연 수염을 쓰다듬면서 말했다.

오자서는 전제가 의인이라고 생각했다. 그는 옷차림을 깨끗하게 하고 전제의 집을 찾아갔다.

"저는 초나라에서 온 사람으로 오자서라고 합니다. 오늘 시장에서 선생을 처음 보았는데, 기개가 걸출하여 벗으로 사귀고 싶습니다."

오자서가 정중하게 허리를 숙여 절을 했다.

"손님이 그 유명한 초나라의 대장군이시군요. 저는 일개 무부에 지나지 않지만 장군의 명성은 오래전부터 듣고 흠모해왔습니다."

전제가 공손히 맞절을 했다. 오자서는 그때부터 전제를 아우처럼 돌보고 전제의 어머니를 자신의 어머니처럼 모셨다. 몇 년 동안 오자서가 전제에게 지극하게 대하자 전제는 크게 감동했다.

"장군께서 저와 같이 미천한 자를 알아주시니 감격하여 몸 둘 바를 모르겠습니다. 그동안 받은 은혜가 태산 같으니 장군을 위해 목숨을 바치겠습니다."

전제가 깊숙이 고개를 숙이면서 말했다.

"내가 어찌 그대에게 목숨을 바치라고 하겠습니까?"

오자서가 웃으면서 손을 내저었다.

"옛사람이 말하기를 남자는 자기를 알아주는 사람을 위하여 죽고 여자는 자기를 기쁘게 하는 사람을 위하여 치장을 한다고 했습니다."

"그대가 그렇게 말하니, 어려운 일이 있으면 반드시 부탁하겠습니다."

공자 광이 보검을 내놓다

오자서는 진심을 다해 전제와 사귀었다. 전제는 오자서를 통해 공자 광과도 교분을 나누었다. 공자 광도 전제에게 항상 공손하게 대했다. 전제는 그들을 몇 년 동안 사귀면서 공자 광이 무엇을 원하는지 짐작

할 수 있었다.

'이들이 나처럼 보잘것없는 검객을 벗으로 삼는 것은 내 목숨이 필요하기 때문이다.'

전제는 오자서와 공자 광이 친절을 베풀수록 불안해졌다. 그 무렵 오나라가 마침 초나라와 전쟁을 하기 위해 많은 군사를 출동시켰다. 오자서는 기회가 왔다고 생각하고 공자 광을 찾아갔다.

"공자께서는 좋은 비수를 준비해두셨습니까? 마침내 전제에게 큰 일을 부탁할 때가 왔습니다."

"나에게 명검이 한 자루 있소. 이름은 어장검漁腸劍이라고 하오. 이 검에 대해서 들어본 적이 있소?"

공자 광이 품속에서 한 자 길이의 비수 한 자루를 꺼내어 오자서에게 보여주었다. 오자서는 고색창연한 비수를 보자 눈이 크게 떠졌다. 공자 광이 품속에서 꺼낸 어장검에서는 시퍼런 검광이 뿜어져 나오고 있었다. 오자서가 손을 날 가까이 가져가자 가슴이 서늘할 정도로 예기가 느껴졌다. 어장검이 신물神物이라는 것을 한눈에 알아볼 수 있었다.

"과연 훌륭한 비수입니다."

"이 검은 월나라의 윤상이라는 임금이 구야자라는 명장을 시켜 주조한 검으로, 다섯 자루 가운데 세 자루를 우리나라에 선물했소. 이 검은 그중 하나요. 쇳조각을 무 자르듯 하는 검이라오."

"이러한 보검이 있는데 어찌 일을 성사시킬 수 없겠습니까? 이 검을 전제에게 주십시오."

"전제가 이 검을 보면 내 뜻을 알아듣겠소?"

"분명히 알아들을 것입니다."

오자서가 웃으면서 말했다.

아들의 대사를 위해 자결한 노모

공자 광은 이튿날 아침 전제를 찾아갔다.

"공자께서 어인 일로 미천한 사람을 찾아오셨습니까?"

전제가 무릎을 꿇고 물었다.

"이 검을 그대에게 주겠소."

공자 광은 품속에서 어장검을 전제에게 내주었다. 어장검을 본 전제는 갑자기 가슴이 뛰었다. 마침내 올 것이 왔다는 생각이 뇌리를 스쳤기 때문이다.

"공자께서 보검을 하사하시는 뜻을 잘 알겠습니다. 그러나 이 몸의 사생死生에 관계되는 일이라 혼자서 결정할 수 없습니다. 노모에게 말씀을 드리고 나올 테니 잠시만 기다려주십시오."

전제는 공자 광을 앉아 있게 한 뒤 내실에 들어가 노모에게 절을 했다. 그러고는 차마 말을 꺼내지 못하고 하염없이 울기만 했다. 전제의 노모는 효성이 지극한 아들이 우는 까닭을 눈치 챘다.

"말을 하지 않아도 나는 네가 무슨 일을 하려는지 알고 있다. 기어이 해야 할 일이 아니냐?"

전제의 노모가 차분한 목소리로 물었다.

"예. 소자가 반드시 해야 할 일입니다."

"너는 시장 사람들이 모두 협객으로 알고 있다. 협객이 대사를 도모하는 차에 어미 때문에 주저해서는 안 된다."

"소자가 일을 하면 어머니께서는……."

"가서 시원한 물이나 떠 오너라."

노모가 인자하게 웃으면서 말했다.

전제는 공손하게 대답하고 우물에 가서 시원한 물을 길어가지고 돌아왔다. 그러나 그가 방으로 돌아왔을 때 노모는 이미 목을 매어 자살한 뒤였다.

'아, 어머니께서 먼저 목숨을 끊으시다니……'

전제는 통곡을 하고, 성문 밖 산에 노모를 안장했다. 공자 광과 오자서도 장례에 참석했다.

어자로 왕을 초청하다

"대왕께서는 생선요리를 좋아하신다고 합니다. 공자께서 대왕을 초청하시면 소인이 요리사로 변장하겠습니다."

장례를 마치자 전제가 계획을 말했다.

공자 광과 오자서는 전제의 계획대로 하기로 합의했다. 오자서는 광의 집에 군사를 매복시키고, 광은 오왕을 초청하기 위해 대궐에 들어갔다.

"제 집에 새로 온 요리사가 생선요리를 아주 잘합니다. 태호에서 진기한 생선을 잡았는데 요리를 하여 대왕께 올리려고 합니다."

공자 광이 오왕에게 아뢰었다.

"어자魚炙도 잘하오?"

오왕이 광에게 물었다. 어자는 생선구이를 말한다.

"저희 요리사의 어자는 천하에서 짝을 찾기가 어려울 것입니다."

"그런 요리사가 어찌 그대의 집에 있게 되었소? 내가 오늘 밤에 친히 방문하여 맛을 보리다."

오왕은 입맛을 다시며 약속했다. 오왕은 어자를 유난히 좋아했다. 공자 광은 인사를 하고 집으로 돌아갔다.

"대왕께서는 공자 광의 집에 가시면 안 됩니다. 그의 집에 수상한 자들이 드나들고 있다고 합니다."

오왕의 시종이 걱정스러운 표정으로 아뢰었다.

"공자 광이 반역을 한다는 말인가?"

"지금 대왕의 충신들은 모두 전쟁터에 나가 있습니다. 공자 광이 기회를 노려 반역을 일으키면 어떻게 하겠습니까?"

"공자 광을 의심하지 말라. 그는 나의 사촌이다."

오왕은 시종의 말을 무시했다.

나를 알아주는 사람을 위하여 죽으니 무슨 여한이 있겠는가

공자 광은 집으로 돌아와 오자서와 전제에게 오왕이 연회에 온다는 사실을 알렸다. 전제는 생선을 준비하고 오자서는 장사들을 지하실에 매복시켰다.

밤이 되자 오왕은 갑옷을 세 벌이나 껴입고 공자 광의 집에 도착했다. 오왕을 호위하는 군사들이 공자 광의 집을 빽빽하게 에워싸고 출입자들을 엄격하게 통제했다. 그뿐이 아니었다. 공자 광이 연회를 베푸는 누각의 입구며 계단에까지 창검을 든 군사들을 도열시키고, 하인이며 요리사들의 몸을 샅샅이 수색했다. 음식을 바치는 요리사들은 음식 접시를 머리 위에 높이 받들고 기어서 상으로 올라가야 했다. 오왕의 뒤에는 역사 10여 명이 도열하여 만일의 사태에 대비했다. 그야말로 물샐틈없는 경비였다.

"초나라와 전쟁을 하느라 대왕께서는 얼마나 노고가 많으십니까? 신이 먼저 술을 올려 대왕의 노고를 위로하고자 합니다."

공자 광은 오왕에게 정중하게 술을 따라 올렸다. 오왕에 대한 경호는 그야말로 도산검림刀山劍林처럼 삼엄했다. 공자 광은 등줄기에 식은땀이 흘러내리는 것을 느꼈다.

"엄여와 촉용에게 구원군을 보내야 하는데, 걱정이오."

오왕이 술을 마신 뒤에 근심스럽게 말했다.

"그 일은 내일 날이 밝을 때 생각하시고 오늘은 마음껏 드십시오."

"하하하! 그렇게 하리다! 그런데 어자는 언제 상에 올라오는 것이오?"

오왕이 군침을 삼키며 광에게 물었다.

"신이 나가서 살펴보고 오겠습니다."

공자 광은 오왕에게 허리를 숙여 보이고 연석에서 물러나온 뒤에 지하실로 내려가 오자서와 합류했다. 그때 전제는 잘 구운 생선을 접시에 받쳐 들고 오왕 앞으로 나아가고 있었다. 접시 위에는 길이가 한 자도 넘는 생선이 놓여 있어 대신들이 찬탄하면서 웅성거렸다.

"멈춰라!"

오왕을 호위하는 역사들이 일제히 달려들어 전제의 몸을 수색했다. 그러나 전제의 몸에서 흉기는 발견되지 않았다.

"태호의 명산물 어자를 진상하옵니다."

전제가 오왕을 향해 외치고 무릎걸음으로 조심스럽게 연석

으로 다가갔다.

"오, 이제야 어자가 나오는구나. 어서 가져오라."

오왕이 흡족하여 대답했다.

전제는 조심스럽게 다가가서 어자가 담긴 접시를 연석에 내려놓았다. 등줄기로 식은땀이 흘러내렸다. 연석에 가득한 사람들이 모두 전제의 동작을 살피고 있었다. 전제는 접시를 내려놓자마자 전광석화처럼 생선의 뱃속에서 날이 시퍼런 어장검을 꺼냈다. 오왕의 뒤에서 경호를 하던 역사들은 경악했다. 그러나 그들이 미처 손을 쓰기도 전에 전제는 오왕을 향해 몸을 날려 어장검을 오왕의 가슴에 깊숙이 꽂았다. 어장검은 과연 명검이었다. 오왕이 만일의 사태에 대비하여 갑옷을 세 벌이나 껴입었는데도 몸을 관통하여 등줄기까지 뾰족한 날이 뚫고 나왔다.

"자객이다!"

오왕을 경호하던 병사들은 대경실색하여 칼과 창으로 전제를 공격했다. 전제에게 어장검 외에는 아무 무기도 없었다. 오왕의 병사들은 전제를 창으로 찌르고 칼로 난도질했다. 전제는 순식간에 피투성이가 되었다.

"하하하! 장부로 태어나 나를 알아주는 사람을 위하여 죽으니 무슨 여한이 있겠는가?"

전제는 앙천광소仰天狂笑를 터트린 뒤에 장렬한 최후를 맞았다. 그러나 오왕 요도 이미 낭자하게 피를 흘리고 싸늘한 시체가 되어 있었다.

이때 오자서가 지하실에 매복하고 있던 장사들을 이끌고 나와 오왕의 병사들을 도륙하기 시작했다. 그는 천하의 용장이었다. 그가 장창을 휘두를 때마다 오왕의 병사들이 처절한 비명을 지르며 나뒹굴었다. 게다가 그들은 사기까지 떨어져 있었다. 오왕이 죽어 사태가 불리해지자 그들은 뿔뿔이 흩어져 달아났다.

"이제는 궁으로 들어가셔야 합니다."

오자서는 공자 광을 수레에 태우고 입궐했다. 오왕 요가 죽었다는 소문을 들은 오나라 대부들이 모두 달아나서 대궐은 텅텅 비어 있었다.

공자 광은 대부들을 불러 자신이 오왕 요를 시해했다고 선포하고, 이는 반역이 아니라 잘못 계승된 왕위를 바로잡은 것이라고 말했다. 이어 왕위에 올라 오왕 합려가 되고 오자서를 대부로 임명했다. 자객 전제에게는 후한 장례식을 치러주었다. 젊은 날에 단 한 사람이라도 믿을 만한 사람을 만나고, 또한 나를 알아주는 단 한 사람을 만나는 것만큼 아름다운 일은 없다는 것을 이들은 보여준다.

오자서가 키운 또 다른 자객, 요리要離

자객 전제의 활약으로 공자 광은 오나라 왕 합려가 되었다. 목숨을 잃은 오나라 왕 요에게는 아들 경부慶父가 있었는데, 그는 위나라로 도망 가서 합려를 죽일 기회만을 호시탐탐 노리며 아버지의 원수를 갚고자 했다. 이에 오자서는 합려에게 요리라는 또 다른 자객을 추천하였고, 요리는 위나라로 가서 경부의 친구가 되었다. 그리고 요리는 경부가 오나라를 공격하기 위해 강을 건널 때 그를 찔렀다. 경부는 '하루에 두 사람의 용사를 잃을 수는 없다'는 말을 남기며 자신의 친구 경부를 풀어주고 죽었고, 요리는 오나라에 돌아와 합려에게 관직을 하사받았으나 스스로 목숨을 끊고 말았다.

나의 뜻을 전파할 사람을 키워라

시공을 초월한 성인군자, 공자

> **공자(孔子)**
> 중국 역사상 가장 위대한 사상가이자 유교의 시조. 자는 중니仲尼, 이름은 구丘이며, 공자의 '자子'는 존칭이다. 최고의 덕을 인仁이라고 보았으며, '극기복례克己復禮, 자기 자신을 이기고 예에 따르는 삶'를 그 핵심으로 여겼다. 또한 위대한 교육가로서 3천여 명의 제자를 거느렸다고 전해지며, 그 가운데 가장 우수한 제자들을 공문십철孔門十哲이라 부른다. 그가 일으킨 유가는 2천여 년 동안 중국 역사에 큰 영향을 미쳤고, 중국 문화의 뿌리가 되었다.

공자는 춘추시대 인물로 기원전 551년 노魯나라에서 태어났으며, 그의 가계에 대해서는 그다지 잘 알려져 있지 않다. 공자가 유교를 창시한 것은 아니나, 그는 유교의 종사宗師로 불린다.

생전에도 그를 따르는 제자가 많긴 했지만, 공자는 오히려 사후에 동양의 사상가들에게 더 큰 영향을 끼쳤다. 특히 조선은 유교를 국교로 삼으면서까지 그를 성인으로 받들었다. 그러나 그가 태어나고 활약하던 춘추시대에는 주목할 만한 활동을 하지 못했다.

현문을 들어 올린 천하의 역사, 숙량흘

공자의 아버지 숙량흘_{叔梁紇}은 노나라의 대장군으로 명성을 떨쳤다. 그가 한창 전성기일 때 중원의 패권국인 진나라는 제후들에게 소집령을 내리고 송나라를 공격하기로 했다. 그러나 송나라로 가는 길목에 있는 핍양국이 길을 내주지 않았다. 이에 제후국들이 연합하여 핍양국을 공격했다. 노나라는 대부 중손멸이 상장군 숙량흘과 진근부, 적사미 같은 쟁쟁한 장수들을 거느리고 핍양성 북쪽에 진을 쳤다.

"노나라 졸장부들아, 여기가 어디라고 함부로 침략해 왔느냐?"

노나라 군대가 진을 친 지 얼마 되지 않았을 때 핍양성의 성문이 열리고 한 장수가 창을 휘두르면서 달려 나왔다.

"네놈은 누구냐?"

진근부가 눈알을 부라리면서 대뜸 반박했다.

"나는 핍양국 대부 선반이다. 나와 자웅을 겨루는 게 어떠냐?"

"오냐, 기다리고 있던 바다."

진근부는 말을 마치기가 무섭게 방천극을 휘두르며 선반에게 달려갔다. 진근부와 선반은 핍양성 밖 벌판에서 어우러져 10여 합을 정신없이 싸웠다. 양군의 병사들도 서로 베고 찔러 죽였다. 병장기 부딪치는 소리에 천지가 진동했다. 시간이 흐를수록 선반의 군사들에게 패색이 짙어갔다.

"퇴각하라!"

선반이 병거를 돌리면서 소리를 질렀다. 선반의 군사들은 그 소리를 기다렸다는 듯이 성 안으로 썰물처럼 빠져 들어갔다.

"추격하라! 성문이 닫히기 전에 핍양군을 추격하라!"

진근부는 성문이 열려 있는 것을 보고 질풍처럼 성 안으로 달려 들어갔다. 적사미와 노나라 병사들도 일제히 진근부의 뒤를 따랐다.

'성으로 들어가면 복병이 있을 것이다.'

숙량흘은 노군이 핍양군을 따라 노도처럼 성 안으로 밀려들어가자 뒤따르며 생각했다.

"현문을 내려라!"

아니나 다를까, 선반이 고함을 지르자 도르래에 쇠사슬로 매달아놓은 현문이 쿵하고 떨어져 내려 노나라 병사들을 성 안에 가두어버렸다.

"함정이다!"

노나라 병사들은 대경실색했다. 핍양군이 쏘아대는 화살이 그들을 향해 빗발치듯 날아들고 돌덩어리가 굴러 떨어졌다. 그때 땅이 진동하는 소리와 함께 핍양성 문이 위로 올라가기 시작했다. 죽음의 위기에 처했던 노나라 병사들은 희색이 만면했다.

"상장군이다!"

병사들이 일제히 함성을 질렀다. 기골이 장대한 숙량흘이 벼락 치는 소리를 울리며 핍양성 현문을 번쩍 들어 올리고 있었다. 그 틈에 노나라 병사들은 금을 울리면서 일제히 성 밖으로 달아나기 시작했다.

"추격하라!"

선반은 군사를 휘몰아 노나라 군대를 추격하려다가 깜짝 놀랐다. 천 근이 넘는 현문을 노군의 한 장수가 들어 올린 채 버티고 서 있었던 것이다.

'저토록 무서운 장수가 노나라에 있었다니, 우리가 이기기는 어렵겠구나.'

선반은 속으로 탄식했다.

"나는 노나라 상장군 숙량홀이다. 누구든지 성 밖으로 나가고 싶으면 이리로 나오너라!"

숙량홀이 현문을 들어 올린 채 소리를 질렀다. 그의 고함 소리에 성루의 서까래가 들썩거리고 흔들렸다. 픕양군은 숙량홀 때문에 노나라 군대를 추격하지 못했다. 이후 노나라는 진나라를 비롯한 제후국들과 함께 일제히 픕양성을 공격해 열흘 만에 함락하고 픕양국을 멸망시켰다. 숙량홀은 픕양국 대부 선반을 죽이는 대공을 세웠다.

용과 선녀의 도움으로 공상에서 아들을 낳다

숙량홀은 픕양성 전투에서 공을 세운 뒤 추읍에서 대부를 지내면서 시施 씨의 딸과 혼례를 올려 딸만 여섯을 낳았다. 아들을 얻지 못한 숙량홀은 안顔 씨에게 다시 청혼을 넣었다. 안 씨는 숙량홀이 나이가 많은 것을 걱정하여 다섯 딸을 불러놓고 물었다.

"너희 중에 누가 추 대부에게 시집을 가겠느냐?"

숙량홀의 고향이 추읍이었기 때문에 추 대부로 불린 것이다. 딸들은 아무도 대답하지 않았다.

"아무도 추 대부에게 시집을 가지 않을 작정이냐?"

"여자가 태어나서 시집을 가면 남편을 따라야 하고 시집을 가지 않았으면 부친을 따라야 한다고 했습니다. 그러니 굳이 저희들에게 물으실 일이 아니라고 생각합니다."

안 씨의 막내딸 징재徵在가 다소곳이 말했다. 징재는 천하의 역사인 숙량홀에게 은근히 마음이 있었던 것이다.

"그러면 네가 숙량흘에게 시집을 가겠느냐?"

안 씨는 징재의 속뜻을 파악하고 웃으며 물었다.

징재는 여자로서는 드물게 학문이 높고 정절이 뛰어난 여인이었다.

"예."

징재는 숙량흘에게 시집을 갔으나 아들을 낳지 못했다. 숙량흘과 징재는 근심 끝에 추읍의 뒷산인 니산^{尼山}에 들어가서 백일기도를 드리기로 했다. 징재가 산에 오를 때는 풀과 나뭇잎들이 모두 일어섰고, 백일기도를 마치고 산을 내려올 때는 일제히 드러누웠다.

백일기도를 마치고 추읍으로 돌아와 숙량흘과 동침한 징재는 그날 밤 흑제^{黑帝, 오행설에서 북쪽 겨울의 신}의 부름을 받는 꿈을 꾸었다.

"너는 이제 성자^{聖子}를 낳을 것이다. 그러나 해산은 반드시 공상^{空桑}에서 해야 한다."

흑제가 징재에게 말했다.

그로부터 얼마 지나지 않아 징재에게 태기가 있었다. 징재가 하루는 낮잠을 자다가 꿈을 꾸었다.

"우리는 오성지정^{五星之精}이다."

어디선가 홀연히 두런거리는 말소리가 들려서 눈을 뜨자 마당에 다섯 노인이 줄지어 서 있었다. 노인들은 이상한 짐승을 하나 데리고 있었는데, 덩치는 송아지만 하고 온몸이 용의 비늘로 덮여 있었다. 머리에는 외뿔이 하나 있었다. 짐승이 징재를 향해 엎드려 절을 한 뒤에 입에서 옥척^{玉尺}을 토해냈다. 이어서 다섯 노인과 짐승이 연기처럼 사라졌다.

'참으로 이상한 일이다.'

징재는 옥척을 자세히 살펴보았다. 옥척에는 다음과 같은 글귀가

씌어 있었다.

水精之子繼衰周而素王

'수정지자계쇠주이소왕水精之子繼衰周而素王'이란 글귀의 내용은 물의 정령이 쇠잔한 주周를 이어 왕이 된다는 뜻이었다. 소왕素王은 왕이 될 만한 덕성을 갖춘 사람을 뜻하는데, 훗날의 대성大聖 공자를 의미한다.

잠에서 깬 징재는 남편 숙량흘에게 꿈 이야기를 했다.

"그 짐승은 분명히 상서로운 기린일 거요."

숙량흘이 기뻐하면서 말했다.

징재는 점점 배가 불러왔다.

"추읍에 공상이라는 곳이 있습니까?"

해산할 날이 임박해지자 징재가 숙량흘에게 물었다.

"남산에 동굴이 하나 있는데 사람들은 그곳을 공상이라고 부르오."

"첩은 그곳에서 해산을 하겠습니다."

징재는 해산을 하기 위해 추읍에 있는 남산의 동굴로 들어갔다.

그날 밤의 일이었다. 하늘에서 용 두 마리와 선녀 둘이 내려오더니 용은 사악한 기운이 침범하지 못하도록 남산을 좌우에서 지키고, 두 선녀는 향로로 징재를 목욕시킨 뒤 다시 하늘로 올라갔다. 징재는 곧바로 산통이 시작되어 아들을 순산했다. 그때 신기하게도 석문에서 따뜻한 물이 흘러내렸다. 징재가 태를 끊고 아기를 목욕시키자 샘물은 저절로 말라버렸다. 이때 징재의 몸을 빌려 태어난 아기가 공자였다.

뛰어난 학문으로 벼슬을 받다

공자는 어려서 아버지를 여의고 어머니 징재의 슬하에서 자랐다. 공
자의 키가 9척 6촌이나 되었기 때문에 사람들은 그를 키다리長人라고
불렀다. 공자는 어릴 때부터 성인의 덕을 갖추고 학문에 정진했다.
하나를 배우면 열을 아는 신동이었던 공자는 추읍에 있는 모든 고서
를 독파했다. 노나라 명문세가의 하나인 맹손 가에서는 공자의 학문
이 깊다는 이야기를 듣고 장자長子 맹손무기孟孫無忌를 보내 학문을 배
우게 했다. 공자는 약관의 나이에 많은 제자를 거느렸다.

공자가 노나라에 있을 때 맹손무기는 노나라 정권을 잡고 있는 계
손사溪孫斯에게 공자를 천거했다. 계손사는 공자를 불러다가 학문의
깊이를 알아보기로 하고 여러 가지 질문을 던졌다. 공자는 계손사의
질문에 막힘없이 답변을 했다. 뿐만 아니라 공자의 학문이 너무 깊어
서 계손사로서는 도무지 알아들을 재간이 없었다. 그때 비읍에서 온
사람이 계손사에게 이상한 소식을 전했다.

"비읍에서 어떤 사람이 우물을 파다가 항아리를 발견했는데, 그 항
아리에 양이 한 마리 들어 있었답니다. 그런데 그 양이 무슨 양인지
도무지 알 수 없다고 합니다."

계손사는 그 말을 듣고 공자를 시험해보기로 했다.

"내가 아는 사람이 우물을 파다가 땅속에서 개를 한 마리 발견했다
는군요. 선생께서는 그 개를 무엇이라고 부르는지 알고 계십니까?"

계손사가 공자에게 물었다.

"허허. 개가 아니라 양일 것입니다."

공자가 빙그레 웃으며 대답했다.

"아니, 선생께서는 어떻게 양이라는 것을 알고 계십니까?"

계손사가 깜짝 놀라서 물었다.

"제가 듣기로 산에 있는 괴물은 기夔, 전설 속의 외발 짐승의 망량魍魎, 도깨비이고, 물에 있는 괴물은 용龍의 망상罔象, 용을 닮은 괴물이며, 땅속에 있는 괴물은 분양墳羊, 전설 속 땅의 괴물이라고 했으니, 그것은 분양입니다."

"어째서 그 양을 분양이라고 하오?"

분양은 암수를 구별할 수 없는 짐승을 일컫는 말이기도 했다.

"형상은 양의 모습을 갖추었으나 실제로는 암컷도 아니고 수컷도 아니기 때문입니다."

계손사는 공자의 말을 듣고 크게 놀랐다.

"노나라에는 공자의 학문을 따를 사람이 없을 것이다."

계손사는 공자에게 중도재中都宰라는 벼슬을 내렸다.

노나라를 떠나 위나라에 잠시 머물다

공자는 벼슬이 높아지면서 자신의 이상을 노나라의 정치에 반영하기 시작했다. 공자는 나라의 기강을 바로세우고 예의를 진작하는 데 힘썼다. 노나라의 풍속은 빠르게 변화되었다. 시장에서 물건을 파는 상인은 협잡질을 하지 않았으며, 백성은 길을 갈 때 남녀가 유별하여 좌우로 나뉘어 걷고 손님에는 친절했다. 부모에게 효도하고 부부간에 예의가 있었다. 이렇게 하여 노나라에는 도둑이 없어지고 온 백성이 태평가를 부르게 되었다.

노나라가 부강해지는 것을 본 제나라가 이를 견제하기 위해 미녀들을 보냈다. 노나라 정공定公은 제나라에서 바친 미녀들에게 빠져 정사를 돌보지 않았다. 공자는 정공에게 실망하여 노나라를 떠나기로 했다.

공자가 굳이 노나라를 떠나기로 결심한 것은 이 기회에 좀 더 넓은 천하를 견문하기 위해서이기도 했다. 그러자 수많은 제자가 그의 뒤를 따르거나 눈물로 작별을 고했다. 공자는 그들에게 아무 말도 하지 않고, 수제자인 자로에게 서쪽으로 수레를 몰게 했다.

공자가 처음 찾아간 나라는 위衛였다. 위나라는 혼군昏君, 사리에 어둡고 어리석은 임금 영공靈公이 재위에 있었다.

"성인이 위나라를 방문하니, 참으로 기쁜 일입니다."

영공은 공자에게 군사軍事에 대해 가르침을 청했다.

"저는 군사에 대해 아무것도 모릅니다."

공자는 영공이 혼군이라는 것을 알고 이튿날 위나라를 떠났다. 위나라의 현신이라 일컬어지는 거원蘧瑗을 만나고 싶었으나 마침 출타 중이어서 만날 수 없었다.

위나라를 떠난 공자가 두 번째로 방문한 곳은 송나라였다. 송나라의 광읍 사람들은 계손사 밑에서 읍재 노릇을 하던 양호를 미워했다. 그런데 공자가 광읍을 지날 때 사람들은 그를 양호로 착각하고 몰려와서 죽이려고 했다. 자로가 대로하여 그들과 싸우려고 했다.

"자로는 싸우지 마라. 내가 이들과 원수진 일이 없는데 왜 나를 해치겠느냐?"

공자는 자로를 제지한 뒤에 정좌하여 금을 탔다. 이때 공자는 중년의 나이였다. 청수한 중년 문사의 면모를 갖춘 공자가 정좌하여 금을 타자 사람들의 고개가 저절로 수그러졌다.

때마침 공자가 위나라를 떠났다는 말을 들은 영공이 황급히 사람을 보내 공자를 청했기 때문에 그제야 사람들은 공자를 알아보고 사죄했다. 공자는 그들의 청으로 광읍에서 예와 덕을 강의했다. 공자의 강의는 아침부터 저녁까지 계속되었다. 공자의 강의를 들은 광읍 사람들이 주위에 소문을 퍼트려 사람들이 구름처럼 몰려왔다.

공자는 광읍에서 강의를 마치고 다시 위나라 도읍으로 들어갔다.

"성인께서 갑자기 떠나시니, 저희의 대접이 소홀했다고 생각할 수밖에 없습니다."

영공은 한사코 공자에게 위나라에 머물러주기를 청했다. 공자는 영공이 간곡하게 부탁하고 출타했던 거원이 돌아왔기에 거원의 집에 머물기로 했다.

공자는 위나라 도읍에서도 강의를 했다. 위나라의 수많은 문인이 공자의 강의를 들었다. 강의를 들은 문인들은 공자의 학문이 바다처럼 깊은 것을 알고 감동하여 돌아갔다. 공자에 대한 소문은 위나라에 널리 퍼졌다.

위나라 영공의 부인은 송나라 출신의 남자南子라는 여인이었다. 그녀는 송나라에 있을 때 송나라의 공자 조朝와 비밀리에 정을 통했는데, 영공에게 시집와서 세자 괴귀蒯聵를 낳은 뒤에도 조를 계속 만났다.

한편 영공은 남색男色을 했으며, 미자하를 총애하여 언제나 곁에 두었다. 미자하는 위나라 대부들 앞에서 복숭아를 먹다가 영공의 입에 넣어줄 정도로 방자했다.

"미자하는 충신이야. 복숭아를 먹다가 맛이 있으니 자기가 먹지 않고 나에게 먹여순단 말이야.¨

어리석은 영공은 미자하가 먹던 복숭아를 맛있게 먹으며 오히려 그를 칭찬했다. 위나라 대부들은 모두 고개를 외로 꼬았다.

영공의 부인 남자는 성인이라는 소문이 파다한 공자를 존경했다. 공자가 위나라에 온 지 여러 달이 지난 어느 날, 공자는 영공과 남자가 탄 수레에 동승하게 되었는데 수레가 거리를 지날 때 백성이 손가락질을 하며 노래를 불렀다.

수레에 동승한 자는 인물이 고와서 동승했는가
수레에 동승한 자는 덕이 많아서 동승했는가

공자는 백성이 부르는 노랫소리를 알아들었다.
"영공은 색色 때문에 민심을 잃었구나."
공자는 탄식하고 다시 위나라를 떠나 송나라에 이르렀다.

예와 덕을 설파하며 천하를 떠돌다

송나라의 백성들은 성인이 왔다는 말을 듣고 공자의 가르침을 듣기 위해 구름처럼 몰려왔다. 공자는 큰 나무 아래서 송나라 사람들에게 예법을 가르쳤다.

공자의 예법을 배우려는 사람들이 점점 많아졌다. 이에 송나라의 사마司馬 환퇴桓魋가 공자를 죽이려고 하자 공자는 정나라로 떠났다. 그러나 정나라에도 오래 있지 못하고 진晉나라로 가려고 황하에 이르렀을 때 진나라의 조앙趙鞅이 어진 신하들을 죽였다는 소식을 들었다.

"새나 짐승도 동류를 살상하지 않는데, 하물며 현신을 죽일 수 있단 말인가?"

공자는 다시 위나라로 돌아왔다.

위나라는 그동안 영공이 죽고 세자 괴귀의 아들인 첩輒이 군위에 올라 출공出公이 되어 있었다. 세자 괴귀는 음탕한 어머니인 남자를 죽이려다가 실패하여 진나라로 망명해 있었다. 그러나 영공이 죽자 군위를 찾기 위해 진나라의 군사를 빌려 척읍을 공격하여 점령했다. 출공은 제나라 경공에게 군사를 청하여 아버지 괴귀와 일전에 나섰다.

"대권을 놓고 부자간에 살상을 벌이고 있으니 금수와 다를 바가 없구나. 이런 나라에 어찌 예가 통하랴."

공자는 위나라를 떠나 진陳나라로 들어갔다. 그러나 진나라도 그의 마음에 흡족하지 않았다. 그는 가는 곳마다 백성에게 예와 덕을 설파했으나 위정자들은 그를 위험인물로 간주했다. 공자는 채나라로 가려고 했다. 그때 초나라 소왕이 공자가 열국을 표랑한다는 말을 듣고 사람을 보내 모셔 오라는 영을 내렸다.

"초나라가 성인인 공자를 중용하면 우리에게 큰 위협이 될 것이오."

"맞소. 공자가 초나라로 가는 것을 막아야 하오."

진나라와 채나라의 대부들은 사람을 보내 광야에서 공자 일행을 포위했다. 공자의 일행은 오도 가도 못하게 되고 말았다. 공자는 사흘 동안 아무것도 먹지 못하고 굶었다. 그런데도 그는 단정하게 앉아서 금을 타며 노래만 불렀다.

공자가 광야에서 굶주리고 있던 어느 날 밤이었다. 홀연히 사방이 캄캄해지고 일진광풍이 불더니 9척 장신의 이인異人이 나타나서 긴 장으로 공자를 공격하려고 했다. 공자의 좌우에 있던 제자들이 삼싹 놀라서 맞서 싸웠는데, 이인은 용력이 비상했다. 이인은 검은 옷을 입고 검은 관을 쓰고 있었다. 제자들이 이인을 당적하지 못하자 자로가 칼을 뽑아 들고 맞서 싸웠다.

"자로야, 이인의 옆구리를 깊이 찔러라."

공자가 이인을 자세히 살피다가 말했다.

"어찌하여 옆구리를 깊이 찌르라고 하십니까?"

공자의 말에 자로는 의아해하면서도 이인의 옆구리를 칼로 깊이 찔렀다. 그러자 이인은 갑자기 기운이 빠져 바닥에 쿵하고 쓰러져 커다란 점어鮎魚, 메기로 변했다. 공자의 제자들은 모두 두려워하면서 괴이하게 생각했다.

"너무 오래 산 점어가 영물이 되어 하늘로 올라가려고 한 것이다. 이 고기를 삶아서 시장기를 메우도록 해라."

공자가 자로에게 말했다.

"이는 하늘이 성인에게 내리신 것이다."

제자들은 크게 기뻐하며 소리쳤고, 점어를 삶아서 다 함께 요기를 했다.

이튿날 초나라 사신이 군사들을 이끌고 달려오자 공자 일행을 에워싸고 있던 진나라와 채나라 백성들은 모두 달아났다. 공자는 제자들을 이끌고 초나라로 들어갔다.

초나라 소왕은 공자를 극진히 영접하고 2만 5천 호의 봉읍을 주려고 했다. 그러나 공자는 이를 정중히 사양했으며, 많은 백성에게 예와 덕을 설파했다.

공자의 표랑은 약 13~14년이나 계속된다. 참으로 장구한 세월을 표랑했으나 학문과 인생의 철리를 깨닫는 계기가 되었다.

공자가 정나라에 있을 때다. 제자들과 헤어져 방황하던 공자가 정나라의 동곽문에 이르렀을 때 정나라 사람이 그의 몰골을 보고 제자 자공에게 다음과 같이 말했다.

"동문에 사람이 하나 있는데, 이마는 요堯, 요 임금와 같고 어깨는 자산子産, 정나라의 어진 재상 공손교과 같으나 지친 모습은 상가지구喪家之狗와 같다."

상갓집 개를 뜻하는 '상가지구'라는 고사성어가 여기서 유래했다.

위대한 성인의 생을 마감하다

공자는 오랜 편력을 마치고 위나라를 거쳐 노나라로 돌아왔다. 그러나 노나라의 국정에는 관여하지 않고, 제자들을 양성하고 《춘추春秋》를 집필하는 일에 혼신의 정열을 쏟았다. 또한 말년에 이를 때까지 육경六經을 집필하고 중용中庸을 가르쳤다. 그의 제자는 수천 명에 이르렀으며, 중요한 제자 중에는 맹자孟子도 있었다. 춘추전국시대는 중국 역사상 최고의 암흑기인데도 불구하고 이처럼 위대한 성인이 탄생한 것이다.

공자는 애제자 자로가 죽은 뒤에 시름시름 앓기 시작했다. 공자의 나이도 어느덧 73세였다. 노나라 추읍에서 태어나 성인으로 칭송을 받고, 현실 정치에 참여했으나 뜻을 이룰 수 없자 자신의 이상을 실천할 나라를 찾기 위해 천하를 주유했다. 정나라에서는 상갓집 개라는 오명을 입기도 했다. 그러나 오랫동안 천하를 표랑하면서 대도大道가 무엇인지 깨우쳤다. 그리하여 노나라로 돌아와 많은 제자를 양성하고 육경을 집필했다. 뜻을 세우는 것만큼, 나의 뜻을 전파할 사람을 키우는 것도 중요함을 몸소 실천한 것이다. 그 덕분에 그의 학문과 사상은 맹자에 이르러 더욱 빛을 발했으며, 이에 후세 사람들은 유교 사상을 공맹지도孔孟之道라고까지 불렀다.

병석에 누운 공자는 끝내 일어나지 못했다. 공자의 제자들은 노나라 북쪽 땅에 그를 안장했다. 동양의 위대한 성인인 그의 무덤에는 새도 감히 내려앉지 못했다고 한다.

공자가 남긴 명언

기소불욕己所不欲, **물시우인**勿施于人 : 자기가 싫은 것은 남에게도 강요하지 마라.

지지자불여호지자知之者不如好之者, **호지자불여락지자**好之者不如樂之者 : 아는 사람은 좋아하는 사람만 못하고, 좋아하는 사람은 즐기는 사람만 못하다.

예지용禮之用, **화위귀**和爲貴 : 예를 응용하는 것에는 서로의 어울림이 소중하다.

삼인행三人行, **필유아사언**必有我師焉, **택기선자이종지**擇基善者而從之, **기불선자이개지**其不善者而改之 : 세 사람이 같이 걸어가면 반드시 그들 가운데 스승이 있게 마련이다. 그중 좋은 점을 택하여 따르고, 좋지 못한 점은 고친다.

공자의 저서 '육예'와 공자 사후에 제자들이 남긴 《논어》

공자는 만년에 하·상·주 등 선대로부터 전해져 온 고서와 문헌들을 정리하고 예의 제도를 연구하기 시작해, '육예六藝'라고 불리는 유가의 주요 경전을 남겼다.

《시경詩經》 : 춘추시대의 민요를 중심으로 하여 모은, 중국 최초의 시가집. 원래 3천여 편이나 공자가 그중 중복된 것을 빼고 예의 교화에 어울리는 것을 골라 305편으로 편찬했다.

《서경書經》 : 상서尙書라고도 하며, 58편으로 이루어졌다. 우서虞書·하서夏書·상서商書·주서周書 등 중국 고대의 기록이다.

《예기禮記》 : 예법禮法의 이론과 실제를 풀이한 책. 49편으로 엮어졌으나, 공자 사후 한나라의 제후인 헌왕獻王이 131편으로 정리하였다. 주나라 시대의 예의를 참고하고 종합한 것으로 전해진다.

《악기樂記》 : 음악 교재라고 하나 지금은 전하지 않는다.

《주역周易**》** : 인간의 운명을 점치는 점복술의 원천으로 알려진 《주역》은 주나라 때의 경서로, 공자는 만년에 《역경》을 즐겨 읽어 〈단사〉,〈계사〉,〈설괘〉,〈문언〉 편을 상세히 해석했다.

《춘추春秋**》** : 중국에서 처음으로 편찬된 편년체 사서. 노나라 은공 원년기원전 722년부터 노나라 애공 14년기원전 481년까지의 역사를 기술했다.

《논어》 : 공자 사후에 제자들이 그의 어록과 가르침을 담은 유가의 성전聖典으로, 공자와 제자의 문답을 주로 하여 인생의 교훈이 되는 말들을 간결하고 함축성 있게 담았다. 공자의 가르침을 전하는 가장 확실한 옛 문헌이다.

| 2장 |

꿈꾸는 20대,
내 안의 열정 깨우기

마지막 '하나'를 위해
모든 것을 던지다

아버지와 형의 복수를 위해 평생을 바친, 오자서

> **오자서**(伍子胥)
> 춘추시대 초나라 사람으로 이름은 원員이다. 아버지와 형이 초나라 평왕平王에게 피살되
> 자 오나라를 도와 초나라를 쳐서 원수를 갚았다. 오나라 왕 합려를 섬기고 나라의 발전
> 에 큰 공헌을 하였으나, 합려가 죽은 뒤 그의 아들 부차가 왕이 되었을 때 모함을 받고
> 왕과 척을 지게 된다. 부차는 오자서에게 촉루屬鏤라는 명검을 내려 자결하도록 명하였
> 으나, 9년 후 월나라의 공격으로 패망하게 되자 오자서의 말을 따르지 않은 것을 후회하
> 며 자결하였다.

초나라 평왕 시절, 충신 오사伍奢와 간신 비무기費無忌가 있었다. 두 사람은 당시 초나라의 막강한 실세로 평왕의 총애를 받으면서 조정을 좌지우지했다.

오사는 조부 오거 이후 초나라를 강성하게 만든 명문가 출신이었으며, 성품이 강직해 태자에게 학문을 가르치는 태부에 임명되어 있었다. 그에게는 두 아들이 있었는데, 큰아들 상尙은 문에 밝고 작은 아들 원은 문무를 겸비한 열혈 장부였다. 그중 오원은 자가 자서여서 오자서로 불렸다. 오자서는 전쟁에 출정할 때마다 공을 세우고 당읍에 봉해져 국경을 경비하고 있었다.

이때 비무기는 태자소부의 벼슬을 맡고 있었다.

군주의 뱃속을 헤아린 간신, 비무기

초의 평왕은 태자 건을 진秦나라의 무상공주와 혼인시키려고 했으나, 그녀가 절세미인이라는 말을 듣고는 호색한 마음이 일어났다. 그러는 동안 비무기가 진나라를 방문하여 예물을 바치고 태자와 혼인시키기 위해 공주를 모시고 왔다.

"공주가 과연 미인인가?"

평왕이 호기심 가득한 목소리로 물었다. 며느리 될 여자의 미모를 시아버지 될 사람이 굳이 알아야 할 필요는 없다. 그러나 국혼이 가까워져 무상공주의 미색이 성 안에 화제가 되면서 평왕은 안절부절 못했다.

"신은 절색이라는 미인을 많이 보았으나 무상공주처럼 아름다운 여인을 본 일이 없습니다."

비무기가 무상공주의 미모를 침이 마르도록 칭찬했다.

비무기의 말에 평왕의 눈이 커졌다. 눈알이 번들거리고 탐욕스러운 빛을 띠었다.

"공주가 그토록 아름다운가?"

평왕이 비무기를 향해 얼굴을 바짝 들이밀었다. 아들의 부인이 될 여자라지만 무상공주를 보고 싶다. 비무기가 말한 것처럼 절세가인이라면 단 하룻밤이라도 그녀를 품고 싶다. 호색한 평왕은 몸이 달아올라 어쩔 줄을 몰랐다.

"공주가 어찌 용모만 아름답겠습니까? 목소리 또한 꾀꼬리 같아서 말을 하면 그대로 노래가 되고, 살결은 희어서 백옥 같습니다."

비무기의 말을 들은 평왕은 땅이 꺼질 듯이 한숨을 내쉬었다.

"나는 복이 없고 우리 태자는 복이 많구나."

"대왕마마, 어찌하여 그런 말씀을 하십니까?"

"태자가 그토록 아름다운 여인을 부인으로 맞이하니 복이 많은 것이 아니냐? 나는 이 나라의 왕인데도 어찌 미인을 만날 수 없는고?"

"대왕께서 무상공주를 원하십니까?"

비무기가 주위를 살핀 뒤에 낮은 목소리로 물었다.

"공주는 태자비가 될 사람인데, 내가 어찌 원할 수가 있겠느냐? 얘기도 꺼내지 말라."

마음은 있으나 차마 그럴 수 없다는 뜻이다. 군주가 이 정도 복심을 내비치면 신하 된 자는 알아서 처리해야 한다. 심복이라는 말은 뱃속의 마음을 아는 자라고 하지 않는가.

"공주는 대왕께서 거느리십시오. 신이 손을 쓰겠습니다."

비무기가 평왕의 심중을 눈치 채지 못하면 간신이 아니다. 비무기는 꾀를 내어 무상공주의 시녀를 공주로 위장시켜 태자에게 시집보내고 무상공주는 평왕에게 바쳤다. 무상공주나 태자에게는 비밀로 했다. 평왕은 태자인 체하면서 무상공주와 첫날밤을 보냈다.

"신랑이 초나라의 태자인데 이상하게 늙었구나."

무상공주는 괴이하게 생각했으나 아침이 되어서야 첫날밤을 지낸 남자가 평왕이라는 사실을 알았다. 공주는 너무 기가 막혀 눈물조차 나오지 않았다. 그러나 평왕이 왕비로 세우고 아들을 낳으면 태자로 삼겠다고 달래자 자신의 기구한 팔자를 탓할 수밖에 없었다. 초나라 군사들이 겹겹이 에워싸고 있는 왕궁에서 빠져나갈 수도 없으려니와, 진나라로 돌아간다고 해도 엎질러진 물이라 주워 담을 수 없었다.

'내 팔자가 이런 것을 어찌하랴?'

무상공주는 이미 벌어진 일이라 어쩔 수 없이 초나라 평왕의 왕비가 되었다.

협박에 못 이겨 두 아들에게 편지를 쓰는 충신, 오사

초의 평왕은 며느리 될 여자를 빼앗아 부인으로 삼았으나 태자가 반발할 것이 두려웠다. 이에 태자가 반란을 일으키려 했다고 누명을 씌워 폐위시키고 그를 죽이라고 군사를 보냈다.

'아들의 여자를 빼앗은 것도 부족하여 이제는 죽이려고 군사까지 보냈구나. 세상에 이토록 비정한 아버지가 어디에 또 있는가?'

태자는 비통해하면서 외국으로 달아났다. 평왕과 간신 비무기는 태자가 외국으로 달아나자 태자의 스승이었던 오사가 걱정되었다. 그는 강직한 대신이었기 때문에 태자가 죄 없이 폐위된 것을 알면 그냥 있지 않을 것이라고 생각했다. 이에 오사를 초나라 도읍 영도로 불러 감옥에 가두었다.

"오사의 두 아들 또한 강직하기 때문에 아버지가 옥에 갇힌 것을 알면 복수하려고 들 것입니다. 특히 오자서는 호랑이를 맨손으로 때려잡고 백발백중의 명사수니 반드시 제거해야 합니다."

비무기가 다시 평왕에게 아뢰었다. 호랑이같이 사나운 오자서를 떠올리자 비무기는 잠이 오지 않았다.

결국 평왕은 감옥에 있는 오사에게 명을 내려 두 아들에게 편지를 쓰라고 지시했다.

"신에게는 아들이 둘 있는데 큰아들은 상, 작은아들은 원이라고 무릅니다. 상은 천성이 어질고 온화하지만, 원은 경전에 두루 통달하여 문으로는 나라를 다스리고 무로는 천하를 평정할 기개를 지녔습니다. 또한 천리를 파악하여 화를 억제할 줄 알고 고난을 견딜 줄도 압니다. 그러므로 제가 부르면 상은 달려오겠지만 원은 결코 오지 않을 것입니다."

오사가 평왕에게 고했다.

평왕은 오사의 말에 벌컥 화를 냈다.

"과인의 지시대로 편지나 써라. 네 아들놈이 오거나 안 오거나 상관할 바가 아니다."

오사는 평왕의 협박을 견디다 못해 편지를 썼다.

"상과 원은 들으라. 우리 가문이 대대로 나라에 충성을 바쳤지만 하늘이 무심하여 끝내 이런 날이 왔구나. 임금께서 간신의 말을 듣고 나를 죽이려고 하시다가 홀연히 깨달으시고 용서하시어 나를 국상國相에 임명하기로 했다. 나는 오로지 임금에게 충성을 다하면서 평생을 살았으나 거난취면去難就免, 난을 피하여 어려움이 없는 곳으로 온다는 뜻하지 않을 수 없어서 임금을 섬긴다. 임금께서 너희에게 새로운 관직을 내리신다고 하니 속히 영도로 오도록 하라. 너희가 영도로 오면 나를 살려주실 것이나 너희가 오지 않으면 나를 죽이실 것이다."

오사가 편지를 쓰자 군사들이 그것을 가지고 당읍으로 달려갔다.

오자서가 복수의 때를 기다리다

오사의 편지를 본 오상과 오자서는 통곡을 했다.

"이는 대왕이 우리 세 부자를 죽이려는 음모입니다. 아아, 어찌 이런 임금이 있단 말입니까?"

오자서가 분노로 몸을 떨면서 말했다. 오자서는 비무기의 음모를 꿰뚫고 있었던 것이다.

"비무기가 나라와 우리 집안을 망치는구나. 그렇지만 아버님이 옥에 갇혀 있는데 가지 않을 수 없구나."

오상도 비통해하면서 말했다.

"형님, 아버님은 우리가 가도 죽고 가지 않아도 죽을 것입니다. 이는 우리를 부르기 위한 함정입니다."

"우리가 가지 않으면 불효가 된다."

"아버님께서도 우리가 함께 죽는 것을 바라시지는 않을 것입니다."

"그러면 이렇게 하자. 위험에 빠진 아버님이 부르니 나는 영도로 가겠다. 너는 우리가 불행한 일을 당하면 초나라에 충성을 할 필요가 없으니 복수를 하거라."

오상이 오자서의 손을 잡고 말했다.

"형님, 저도 영도로 가겠습니다. 어찌 죽으러 가는 길을 형님 혼자서 가려고 하십니까?"

"네 말대로 우리 둘 다 가면 세 부자가 모두 죽는다. 그러면 누가 우리의 원한을 갚는단 말이냐?"

"그러면 형님께서 당읍에 남으십시오. 제가 영도로 가겠습니다."

"아니다. 너는 문무를 겸비했지만 나는 문밖에 모른다. 글만 아는 서생이 어찌 큰일을 도모할 수 있겠느냐? 네가 남아 있어야 대왕이 우리를 함부로 해칠 수 없다. 설령 대왕이 우리를 죽인다고 하더라도 너는 문무를 겸비했으니 외국으로 달아나서 후일을 도모할 수 있을 것이다."

오상이 논리적으로 오자서를 설득했다.

오자서의 두 눈에서 뜨거운 눈물이 흘러내렸다.

"잘 알겠습니다. 만약에 형님과 아버님에게 불행한 일이 생기면 이 아우가 반드시 복수를 할 것입니다."

오상은 오자서와 눈물로 작별하고 영도로 올라갔다. 그리고 오상은 영도에 도착하자 곧바로 처형되었는데, 오사가 이미 평왕과 간신 비무기에게 살해당한 뒤였다.

오자서는 당읍에서 영도의 소식만 초조하게 기다렸다. 오사와 오상을 처형한 평왕과 비무기는 영도로 오지 않은 오자서를 죽이기 위해 군사를 보냈다. 오자서는 영도에서 군사들이 오자 아버지와 형이 살해되었다는 사실을 눈치 챘다.

"평왕이 감히 내 아버지와 형을 살해하고 두 발 뻗고 잘 수 있겠느냐?"

오자서가 장창을 들고 군사들 앞에서 눈을 부릅뜬 채 소리를 지르자, 그의 위세에 눌린 군사들은 공포에 떨면서 가까이 접근하지 못했다.

"나를 잡으려고 하는 자들은 반드시 죽을 것이다."

오자서는 등에 지고 있던 활을 내려 자신을 잡으러 온 장수를 향해 쏘았다. 화살이 허공을 가르는 날카로운 바람 소리를 일으키면서 날아들자 장수는 대경실색하여 뒤로 나동그라졌고, 화살은 팟하는 소리와 함께 장수의 발밑에 꽂혔다. 장수의 얼굴이 하얗게 변했다.

"나를 쫓지 마라."

오자서는 피눈물을 흘리면서 태자 건이 있는 외국으로 달아나기 시작했다. 그러나 초나라 군사들이 맹렬하게 추격해왔다. 오자서는 간신히 정나라에 이르러 태자 건을 만났다.

"우리는 반드시 초나라로 돌아가서 간신을 제거해야 합니다."

태자 건이 오자서의 손을 잡고 울었다.

오자서가 정나라에 있는 동안 그의 부인과 아이들마저 초나라 군사에게 모조리 살해되었다. 그 사실을 안 오자서는 더욱 통곡하여 울었다. 그러나 상대는 초나라 임금이었다. 오자서는 평왕을 저주하면서 때를 기다렸다.

하룻밤 새 머리가 하얗게 세다

오자서와 태자 건이 정나라에 있는 동안 태자 건이 어리석은 짓을 하는 바람에 살해되고 오자서도 위험에 빠졌다. 그리하여 오자서는 태자 건의 아들 승을 데리고 초나라 국경으로 넘어왔다가 오나라로 향했는데, 초나라 군사들이 소현산의 소관이라는 관문을 삼엄하게 지키고 있었다.

소현산에는 신의神醫로 불리는 편작의 제자 동고공이 약초를 캐면서 살고 있었다.

"소관을 넘을 방법을 알아보겠소. 그러니 당분간 제 집에 머무르십시오."

오자서는 동고공의 초가에 머물렀다. 동고공은 오자서에게 매일같이 좋은 음식과 술을 대접했다. 그러나 오자서는 음식이 입에 들어가지 않았다. 눈만 뜨면 소관을 넘을 생각을 하면서 비통해했다. 무엇보다 아버지와 형, 그리고 부인의 억울한 죽음을 생각하자 피눈물이 흘러내렸다. 그는 앉지도 못하고 눕지도 못했다. 마치 바늘방석에 누워 있는 것처럼 가슴이 답답하고 눈이 우묵하게 들어갔다. 오자서는 며칠 동안 뜬 눈으로 밤을 새웠다.

"장군, 대체 밤에 무슨 일이 있었소?"

동고공이 하루는 아침에 일어나 오자서의 얼굴을 보고는 깜짝 놀라서 외쳤다. 오자서의 머리가 서리라도 앉은 듯이 하얗게 변해 있었기 때문이다.

"노인장께서는 이 사람을 보고 왜 그렇게 놀라십니까?"

오자서가 의아해하며 동고공을 바라보았다.

"하룻밤 새에 그대의 머리가 하얗게 세었소. 백발삼천장白髮三千丈, 백발이 매우 길게 자랐다는 뜻으로, 근심이나 비탄이 날로 쌓여감을 비유적으로 이르는 말이라는 말을 들어보긴 하였으나, 어찌 이런 일이 있단 말이오."

오자서는 동고공의 말이 믿어지지 않아 석경을 들여다보았다. 과연 자신의 머리가 하룻밤 새에 백발이 되어 있었다. 오자서는 거울을 팽개치고 대성통곡을 했다.

"일을 성사하기도 전에 머리가 먼저 세다니, 하늘이 무정하구나. 하늘이여! 정녕 이 오자서를 버리려 하시나이까?"

오자서는 하늘을 우러러 울부짖었다.

동고공이 애잔한 눈빛으로 바라보다가 혀를 찼다.

"그대는 머리가 백발이 되었다고 상심하지 마오. 오히려 전화위복이 될 것이오."

동고공이 오자서를 위로했다.

"전화위복이 되다니요? 노인장, 그게 무슨 말씀입니까?"

"그대는 신장이 장대하고 용모가 출중하여 누구의 눈에도 쉽사리 띄는 사람이오. 그동안 소관을 넘지 못한 것도 그대의 특이한 용모 때문이었소. 그런데 하룻밤 새에 머리와 수염에 하얗게 서리가 내렸으니 조금만 변장을 하면 그대를 알아보지 못할 것이오."

동고공의 말대로 오자서는 머리가 하얗게 변하는 바람에 변장을 하고 소관을 넘을 수 있었다.

원수의 무덤을 파헤쳐 채찍질하다

오나라에 이른 오자서는 오나라 차남 광^{합려}을 도와 왕위를 찬탈한 뒤 손무를 초빙하여 군사를 양성했다. 그리고 오왕 합려를 보필하여 오나라를 강국으로 만든 뒤 마침내 초나라 침공에 나섰다. 그동안 20여 년의 세월이 흘렀기 때문에 간신 비무기도 죽고 평왕도 죽은 뒤였다. 초나라에는 소왕이 즉위해 있었다.

'나는 반드시 초나라를 멸망시킬 것이다.'

오자서는 군사를 휘몰아 초나라 국경을 넘었다. 중국 역사상 최고의 병서를 쓴 손무가 훈련을 시키고 열혈 장부 오자서가 지휘하는 오나라 군사들이었다. 그들은 초나라 국경을 돌파하자 파죽지세로 영도를 향해 달려갔다. 강대국 초나라 군사들은 오나라에 패하여 뿔뿔이 흩어졌으며, 소왕도 외국으로 달아났다.

오자서는 초나라에 입성하여 군사를 풀어 평왕의 무덤을 찾게 했다. 평왕은 자신이 죽은 뒤에 오자서가 찾아와서 복수할 것을 염려해 자신의 무덤을 사람들에게 알리지 못하게 했으나, 오자서는 요대호에서 평왕의 무덤을 찾아냈다.

"살부살형殺父殺兄한 나의 원수야, 원한이 깊으면 죽어서도 벌을 받는다는 사실을 똑똑히 알아두라!"

오자서는 채찍으로 평왕의 시체를 3백 번이나 매질했다. 평왕의 시신은 오자서가 휘두르는 채찍으로 살갗이 찢기고 뼈가 부서졌다. 그러나 이미 죽은 시체였기 때문에 비명도 한마디 지를 수 없었다.

"너는 살아 있을 때 충신과 간신을 구별하지 못했다. 그러므로 네 눈은 있으나마나다."

오자서는 평왕의 눈알을 뽑고 목을 베었다. 그야말로 '굴묘편시掘墓鞭屍'를 한 것이다. 이로써 원수가 죽은 뒤에도 복수를 한다는 뜻의 굴묘편시라는 말이 생겨났다. 이어서 오자서는 평왕의 시신을 갈가리 찢어서 들판에 버려 들짐승의 밥이 되게 했다.

오자서는 오왕 합려의 도움으로 초나라를 공격하여 마침내 복수의 꿈을 이루었던 것이다.

"오자서는 작은 의리에 얽매이지 않았으며 큰 치욕을 씻고 후세에 이름을 남겼다. 참으로 비장한 일이다."

사마천은 마지막 '하나'를 위해 모든 것을 던진 오자서의 복수를 칭송했다.

오나라가 망하는 것을 보기 전에는 결코 눈을 감지 않으리라

오자서는 오왕을 패자로 만들기 위해 월나라를 공격했다. 그러나 월나라를 공격하던 중 합려가 화살에 맞아 죽고 그 아들 부차가 즉위하

여 왕이 되었다. 합려는 성질이 난폭한 부차를 태자로 삼지 않으려고 했으나 오자서가 적극 천거하여 왕이 되게 한 것이다.

오왕 부차는 오자서의 도움으로 월나라를 공격하여 아버지 합려의 원수를 갚았다. 오자서는 월나라를 완전히 멸망시킬 것을 요구했으나 교만해진 부차는 오자서의 말을 듣지 않았다. 오자서는 하는 수 없이 충언을 올렸고 부차는 진절머리를 냈다. 때마침 월나라 왕 구천과 범려는 서시를 보내 미인계로 부차를 타락시키고 오나라 대신들에게 뇌물을 바쳤다. 결국 간신 백비가 오자서를 모함하자 부차는 촉루지검을 오자서에게 보내 자결을 명했다. 촉루지검을 받고 비감에 빠진 오자서는 마당으로 달려 내려와 하늘을 향해 큰 소리로 울부짖었다.

"하늘이여! 하늘은 부차가 어떻게 하여 왕이 되었는지 알고 있으리라. 선왕은 부차를 잔인하다 하여 태자로 세우려고 하지 않았으나 내가 그를 천거하여 왕이 되었다. 내가 선왕에게 직언을 올리지 않았다면 부차는 왕이 되지 못했을 것이다. 왕위에 오른 부차가 오나라를 나누어 나에게 주어 감사를 표시하려고 했으나 나는 받지 않았다. 그런데 간신의 모함에 빠져 충언을 듣지 않고 나에게 자진하라는 영을 내렸다. 나는 오늘 왕의 명령을 받들어 죽을 것이나 장차 월나라 군대가 쳐들어와 오나라는 멸망할 것이다. 하늘이 나를 대신하여 천벌을 내리리라!"

오자서는 처절하게 울부짖었다. 가족이 모두 나와 무릎을 꿇고 울음을 터트렸다.

"나는 옛날에 초나라를 배신하고 부형의 원수를 갚았다. 이제 또다시 오나라를 배신하면 사람들은 오자서를 영웅이 아니라고 할 것이다. 내가 죽은 뒤에 나의 두 눈을 빼어 동문에 걸어다오. 오나라가 망하는 것을 보기 전에는 결코 눈을 감지 않으리라!"

오자서는 가족의 통곡 속에 촉루지검으로 스스로 목을 찔러 자결했다. 오자서의 목에서 피가 분수처럼 흘러내리고 눈이 부릅떠졌다. 이때 갑자기 사방이 캄캄해지고 일진광풍이 불면서 흙먼지가 자욱하게 날리더니 비가 쏟아지기 시작했다. 오자서의 가족은 비를 맞으면서 시신 앞에서 곡을 하고 울었다. 오나라의 충신열사들도 오자서가 죽었다는 소식을 듣고 비통한 눈물을 흘렸다.

오자서가 죽은 뒤에 부차의 사신은 촉루지검을 뽑아가지고 돌아와 오자서가 남긴 말을 부차에게 전했다.

"요망한 늙은이가 죽어가면서도 과인을 험담하는구나."

부차는 대로하여 자신이 직접 오자서의 집으로 달려가 시체를 관에서 꺼내 목을 잘랐다.

"오자서의 머리를 성루에 내걸어라. 시체는 가죽부대에 담아 강물에 버려라!"

부차가 군사들에게 영을 내렸다.

군사들은 일제히 머리를 조아리고, 오자서의 머리를 성문에 내걸고 몸통은 가죽부대에 담아 강물에 던졌다.

"하하하! 해와 달이 너의 뼈를 녹이고 물고기와 자라가 너의 살을 뜯어먹으리라. 백골도 살도 없는 네가 누구를 저주한단 말이냐?"

부차는 미치광이처럼 오자서를 저주했다.

춘추전국시대 최고의 영웅 오자서는 이렇게 죽었다. 그러나 강물에 던져진 그의 시체는 물결을 따라 떠내려갔다가 다시 되돌아오고, 떠내려갔다가 다시 되돌아오곤 했다. 그리고 밤마다 오자서가 울부짖는 소리가 강에서 들려왔다. 오산의 사람들은 공포에 질려서 오자서의 시신을 건져다가 정중하게 장사를 지내고 오산에 묻은 뒤에 서산胥山이라고 불렀다.

복수를 향한 열정으로 가득했던 그의 삶은 이렇게 끝이 났지만, 그 치열함만은 누구도 부정할 수 없을 것이다.

오자서와 관련된 고사성어

굴묘편시堀墓鞭屍 : 무덤을 파헤치고 시체에 채찍질을 한다는 뜻으로, 원수가 죽은 뒤에도 복수를 하는 모습에서 통쾌한 복수나 지나친 행동을 일컫는 말. 초나라 평왕을 원수로 둔 오자서가 기원전 506년 드디어 초나라를 함락시킨 후 평왕의 아들 소왕을 잡으려 하였으나 여의치 않자, 평왕의 묘를 찾아 시신을 파낸 뒤 채찍질을 3백 번 하여 복수한 일화에서 비롯되었다.

일모도원日暮途遠 : 날은 저물고 갈 길은 멀다는 뜻으로, 할 일은 많지만 시간이 없음을 비유하는 말. 오자서가 원수 초평왕을 굴묘편시한 행동을 두고 친구 신포서가 그의 행동을 나무라자 "해는 저물고 갈 길은 멀어 도리에 어긋난 일을 할 수밖에 없었다"라고 대답한 말에서 유래되었다.

몸의 불편함이
열정을 포기하게 할 수는 없다

앉은뱅이의 몸으로 재상의 자리에 오른, 범수

> **범수(范睢)**
> 진나라의 정치가. 자는 숙(叔)이며, 다른 이름으로 범저(范雎)라고도 불린다. 위나라 사람으로 중대부 수가 밑에서 집사를 하다가 오해를 사서 변소에서 굴욕을 당했고, 이후 진나라로 건너가 재상이 되었다. 진나라 소왕에게 원교근공의 외교책을 일러주어 진나라의 천하 통일을 앞당겼다. 자신의 은인 정안평의 실수로 앞날이 불투명해지자, 욕심을 부리지 않고 명예롭게 은퇴했다.

위인이나 영웅은 어릴 때부터 신동이나 천재라는 말을 들으면서 자라기도 하지만, 불우한 환경이나 역경 속에서 말할 수 없는 곤욕을 치르기도 한다. 인간으로서 견디기 어려운 굴욕을 이겨내고 마침내 성공하여 천하를 호령한 인물들도 있다. 그 대표적인 인물이 범수다.

측간에 버려져 굴욕을 당하다

범수는 전국시대 위(魏)나라 사람으로 학문이 높았다. 그러나 집안이 가난하고 명문세가가 아니어서 관리로 출세할 수가 없었다. 젊은 시절 그는 위나라 중대부 수가須賈 밑에서 집사로 지내며 우울하게 하루하루를 보내야 했다. 가슴에 품은 큰 뜻을 알아주는 사람은 아무도 없었다.

그러던 어느 날, 범수는 위나라 소왕의 사신으로 제나라에 가는 수가를 수행하게 되었다. 그러나 위나라 사신을 탐탁지 않게 여긴 제의 양왕은 사신을 객관에 머물게 하고는 오랫동안 만나주지 않았다. 제나라에 여러 달 머물렀으나 양왕이 만나주지 않자 수가는 실망하여 위나라로 돌아가려고 했다. 양왕은 그제야 비로소 알현을 허락했다. 어렵게 제나라 대궐에 들어갔지만, 수가는 양왕의 질문에 우물쭈물하면서 제대로 대답을 하지 못했다.

'명색이 사신이면서 외국 임금이 묻는 말에 대답을 하지 못하다니, 한심하구나.'

범수는 수가를 돕기 위해 몇 마디 진언을 올렸다. 그러자 제의 양왕이 범수에게 관심을 기울이며 여러 가지 질문을 하기 시작했다. 범수는 양왕의 질문에 청산유수로 답변했는데, 그 말이 논리적이고 천하 제후국들에 대해 훤히 알고 있는 듯했다. 양왕은 만족하여 범수에게 많은 상을 내렸다. 범수가 사양하자 양왕은 그가 제나라로 오면 대부에 임명하겠다면서 위나라와 화친을 맺었다.

'저놈은 나의 가신에 지나지 않는데 공을 세웠으니, 내 체면이 말이 아니다.'

위나라로 돌아온 수가는 범수가 세운 공을 가로채 보고하고 그가 제나라의 첩자라고 고했다. 위나라 재상 위제는 범수를 잡아다가 채찍으로 때리고 모질게 고문하여 갈비뼈를 부러트렸다. 범수가 정신을 잃고 쓰러지자 위제는 사람들을 시켜 측간에 버리게 하고 그 십의 손님들에게 범수의 몸에 소변을 보게 함으로써 모욕을 주었다. 빈객들은 술에 취해 웃고 떠들며 범수의 몸에 소변을 보았다.

'내 반드시 이 치욕을 갚으리라.'

범수는 피눈물을 흘리면서 속으로 맹세했다. 하지만 우선은 감시가 삼엄한 위제의 집에서 살아 나가는 것이 급선무였다.

"나는 인간 이하의 굴욕을 받고 있소. 만약 당신이 나를 측은하게 여겨 살려주면 황금으로 은혜를 갚겠소."

범수는 감시인에게 은밀하게 제안했다.

"내가 어떻게 당신을 살릴 수 있겠소?"

"밤이 되면 내가 죽었다고 보고를 하시오. 그러면 들판에 버리라고 할 것이오."

"좋소."

감시인은 범수에게 황금을 받기로 하고 위제에게 가서 범수가 죽었다고 보고했다. 술에 취한 위제는 범수를 내다버리라고 말했다. 감시인은 범수를 들판에 버리는 체하고 집으로 보내주었다. 범수가 죽었다고 생각한 식구들은 살아 돌아온 범수를 보자 감격하여 눈물을 흘렸다.

"나는 아직 완전히 살았다고 볼 수 없소. 당신은 속히 관을 하나 준비하여 나의 장례를 치르는 것처럼 위장하시오. 위제는 의심이 많아서 반드시 사람을 보내 살필 것이오."

범수가 부인에게 말했다. 부인은 당황하여 재빨리 범수의 장례 준비를 했다.

위제는 술에서 깨어나자 범수 생각이 떠올랐다. 과연 의심이 많은 그는 하인들에게 범수의 집에 가서 동정을 살펴보라는 영을 내렸다.

위제의 하인이 범수의 집으로 달려가자 부인이 상복을 입고 곡을 하면서 관 앞에서 울고 있었다.

"범수의 집에서 장례를 치르고 있었습니다. 부인이 상복을 입고 관 앞에서 곡을 하는 것을 보았습니다."

하인이 돌아와 위제에게 보고했다. 위제는 그때서야 안심했다.

이름을 바꾸고 진나라로 향하다

범수는 친구인 정안평의 도움을 받아 상처를 치료하고 진나라로 떠나기로 했다. 제나라 양왕이 그를 대부에 임명하겠다고는 했으나, 중원의 정세를 살펴보니 진이 가장 강대한 나라였다. 때마침 진나라에서 왕계王稽가 사신으로 와 있었다. 이름을 바꾸고 진나라 소왕의 근신인 왕계를 비밀리에 만난 범수는 소왕이 왕계를 통해 현자를 널리 구하고 있다는 사실을 알게 되었다.

"나를 진의 소왕에게 천거해주시오."

범수가 왕계에게 절을 하고 말했다.

왕계는 범수와 몇 마디 이야기를 나눈 후 그가 비범한 인물이라는 것을 알고 크게 기뻐했다. 왕계는 사신의 임무를 마치자 범수를 수레에 태우고 진나라로 들어갔다. 그들이 진나라의 호관에 이를 무렵 한 무리의 마차와 말이 흙먼지를 일으키면서 달려오는 것이 보였다.

"대부, 저들은 누구요?"

범수가 왕계에게 물었다.

"깃발을 보니 우리 진나라의 승상 양후穰侯입니다."

왕계가 미간을 찌푸리면서 대답했다.

양후라면 진나라 태후의 동생이 아닌가. 범수는 가슴이 철렁했다. 그때 진나라 재상이던 양후는 태후의 동생 신분을 믿고 권력을 농단 擅斷하고 있었다. 특히 자신의 자리를 지키기 위해 외국에서 오는 현 자들을 추방하거나 죽여 없애곤 했으므로, 그런 양후를 조심하지 않으면 안 되었다.

"승상이 읍을 순시하는 이유는 세객이 오는 것을 막기 위해서요. 내가 세객인 것을 알면 반드시 나를 죽이려고 할 테니 잠시 수레 속에 들어가 있겠습니다."

범수는 왕계에게 양해를 구하고 수레 속에 몸을 숨겼다. 이내 양후의 수레가 가까이 달려왔다.

"멈춰라. 왕 대부께서는 위나라에서 오시는 것이 아니오?"

양후가 수레를 멈추고 왕계를 싸늘한 눈으로 쏘아보았다.

"예. 위나라에서 오고 있습니다. 승상께서는 어디를 가십니까?"

왕계가 공손히 인사를 하고 긴장한 표정으로 물었다.

"하하하! 순시를 하는 중이오. 대부는 위나라에서 유세객을 데려오지 않았겠지요? 그런 자들은 세 치 혓바닥을 놀려 출세하려고만 하지 나라에는 백해무익한 존재란 말이오."

"우리나라에도 인재가 많은데 그런 자들을 무엇 때문에 데려오겠습니까?"

왕계가 긴장하여 대답했다.

양후는 의심스러운 눈빛으로 왕계의 수레를 살핀 뒤에 돌아갔다. 범수는 양후가 멀리 사라지고 나서야 수레에서 나왔다. 왕계는 비로소 안도의 한숨을 내쉬었다.

"이상한 일입니다. 의심 많은 양후가 수레를 수색하지 않았습니다. 우리를 안심하게 한 뒤에 갑자기 나타나서 수레를 수색할 것이 분명합니다. 그러니 10리 밖에 있는 객점에서 만나는 것이 좋겠습니다."

범수는 수레에서 내려 왕계에게 말했다.

"그럼 걸어서 오실 생각입니까?"

"산으로 돌아서 갈 것이니 객점에서 기다려주십시오."

범수는 왕계에게 인사를 하고 산속으로 들어갔다.

왕계가 다시 출발하여 5리를 가지 못했을 때 양후가 갑자기 나타나서 수레를 샅샅이 뒤졌다.

'범수는 과연 심지가 깊은 인물이다. 양후가 나타날 것을 예측할 정도인데 다른 일이야 말해서 무엇 하겠는가?'

왕계는 범수가 비범한 인물이라는 사실을 새삼 깨달았다.

왕의 친정을 도와 천하 통일의 기반을 마련하다

양후가 수레를 수색하고 돌아가자 왕계는 객점에서 범수를 다시 만나 함양으로 들어갔다. 그는 소왕에게 범수를 천거했으나 소왕은 그를 객사에 머물게 하면서 발탁하지 않았다.

얼마 지나지 않아 양후가 제나라를 공격하기 위해 군사를 일으키려고 했다. 그러자 범수가 장문의 글을 올려 제나라와 전쟁을 일으키는 것은 옳지 않다고 반대했다.

'범수의 주장이 사리에 딱 맞는다.'

소왕은 그제야 범수가 뛰어난 인물이라는 것을 알고 어전으로 불렀다. 범수는 진나라의 정권을 누가 장악하고 있는지 잘 알았다. 소왕은 양후의 누이인 태후가 정사에 깊이 관여하여 불만을 갖고 있었다. 범수는 환관이 대왕께서 나오신다고 하자 일부러 크게 소리를 질렀다.

"진나라 어디에 왕이 있는가? 내가 들으니 진나라는 태후와 양후가 정사를 본다고 한다."

범수의 말에 환관의 얼굴이 사색이 되었다.

"무엄하게 그 무슨 말이오?"

환관이 깜짝 놀라 펄쩍 뛰었다.

"진나라의 어린아이들도 모두 알고 있는데 그대는 모른단 말인가? 대왕이 친정을 하고 싶어도 결단을 내리지 못하는 것은 어린아이도 알고 있네."

소왕은 범수의 이야기를 듣고 얼굴이 붉어졌다. 그러나 그의 말이 자신의 심중에 있는 말이었기 때문에 상석에 앉히고 공경하는 예를 올렸다.

"과인은 진즉에 선생을 뵙고 가르침을 받아야 했으나, 아침저녁으로 태후의 지시를 받아서 국사를 처리하다 보니 이렇게 되었습니다. 이제 선생을 뵙게 되었으니 주객의 예로 가르침을 받고 싶습니다."

"태후의 허락을 받으십시오."

소왕이 말했으나 범수가 사양했다.

"나는 오래전부터 친정을 하려고 했으니 가르침을 부탁드립니다."

"가르칠 것이 없습니다."

"선생께서는 나를 가르칠 생각이 없으십니까?"

"없습니다."

"어째서 그렇습니까?"

"결단을 하지 않기 때문입니다."

소왕은 자신이 반드시 친정을 하겠다고 말했다. 범수는 비로소 천하 정세를 도도한 언변으로 유세했고, 이에 감탄한 소왕은 범수를 대부에 임명했으며, 그의 도움을 받아 양후를 축출하고 태후가 정사에 간섭하지 못하게 했다. 그리고 마침내 범수는 진나라의 승상이 되었다. 진나라는 여섯 나라들과 계속 전쟁을 벌여 중원의 절반이 진나라 영토가 되었고, 범수는 응후에 임명되어 천하를 통일하기 위한 준비를 했다.

짐짓 거짓 행세를 하여 솜옷 한 벌을 얻다

범수는 위나라 재상 위제와 수가에 대한 원한을 잊지 않았다. 그는 진나라의 강대한 군사로 위나라를 공격할 준비를 했다. 낌새를 알아챈 위나라는 당황하여 수가를 진나라에 사신으로 보냈다. 그러나 범수는 수가를 만나주지 않았다. 수가는 진나라 국정을 좌우하는 승상 응후가 옛날의 범수라는 사실을 전혀 몰랐다.

수가가 하릴없이 객사에서 빈둥거리고 있을 때 범수가 변장을 하고 찾아왔다.

"아니, 자네는 범수가 아닌가? 위제 재상 댁에서 죽은 줄 알았는데 살아 있었군그래."

수가는 범수가 거지로 변장하고 왔는데도 반갑게 맞이했다.

"수가 어른이 아니십니까? 하늘이 도와 살아서 신나라에 와 있습니다.

"참으로 다행한 일이네. 나는 자네가 재상에게 그렇게 험한 꼴을 당할 줄은 몰랐네. 아무튼 살아 있으니 다행이네. 그런데 행색을 보니 고생이 많은 것 같군."

"그렇습니다. 고향을 떠나 타향에서 살다가 보니 장사에 실패하여 이렇게 되었습니다."

범수가 눈물을 글썽이면서 말했다. 수가는 혀를 차면서 범수를 동정한 뒤에 그에게 솜옷을 주고 약간의 은자까지 주었다. 범수는 사례를 하고 돌아왔다.

"승상께서 접견하겠다고 허락을 하셨습니다."

승상부의 하인들이 수가에게 와서 말했다. 수가는 옷차림을 단정하게 하고 승상부를 찾아갔다. 그런데 승상부의 대청에는 뜻밖에 근엄한 모습의 범수가 앉아 있었다. 수가는 옛날의 범수가 진나라의 재상이 되어 있는 것을 보고 대경실색하여 무릎을 꿇고 사죄했다.

"소인이 지난날에 큰 죄를 지었습니다."

"네놈의 죄가 몇 가지나 된다고 생각하느냐?"

범수가 수가를 싸늘하게 노려보면서 질책했다.

"소인의 죄는 머리카락을 모두 뽑아도 모자랄 것입니다."

"네놈의 죄는 세 가지뿐이다. 첫째는 내가 제나라 첩자가 아닌데도 첩자라고 한 것이고, 둘째는 위제가 나에게 모욕을 주기 위해 측간에 버렸을 때 만류하지 않은 것이고, 셋째는 위제의 빈객들이 나에게 소변을 볼 때도 만류하지 않고 보고만 있었던 것이다. 그러나 네가 옛날의 잘못을 뉘우치고 진심으로 사죄를 하니 용서한다."

수가는 백배사죄를 하고 승상부에서 물러나왔다. 솜옷 한 벌로 옛 우정을 잃지 않은 일화에서 '제포연연綈袍戀戀'이라는 고사성어가 나

왔는데, 이는 옛사람과의 우정을 잃지 않는다는 의미로 쓰인다.

범수는 수가를 용서했으나 위제는 용서할 수 없었다.

"위나라 재상 위제는 나의 원수다. 그를 묶어서 보내지 않으면 위나라를 멸망시키겠다."

범수는 위나라에 사신을 보내 위협을 가했다. 위나라는 발칵 뒤집혀 회의를 거듭했다. 강대한 진나라를 상대로 싸울 수도 없고 재상인 위제를 묶어서 진나라에 보낼 수도 없었다.

'범수가 위나라를 침략하려는 것은 나에 대한 원한 때문이다.'

위제는 스스로 재상에서 물러나 도망 다니기 시작했다. 그러나 범수의 추적은 집요했다. 위제는 외국의 여러 나라에 망명하면서 도주 생활을 계속했지만, 여러 해가 지나자 더 이상 도망 다닐 수가 없어 스스로 목을 베어 자결했다.

오늘날까지 쓰이고 있는 외교 정책, 원교근공遠交近攻

먼 나라와 친교를 맺고 가까운 나라를 공격해야 한다는 뜻의 원교근공. 진나라 재상 범수는 비교적 거리가 먼 연·제·조와는 연맹을 맺는 '원교' 책을, 가까운 한·위·조는 무력으로 공격하는 '근공' 책을 소왕에게 간언하여 진이 주변 6국을 하나씩 정복하도록 만들었다.

이는 이해가 긴밀하지 않더라도 거리가 멀리 떨어져 있는 국가와 친교를 맺는 외교 정책으로 국제사회에서 유리한 위치를 획득할 목적으로 행하며, 인간관계에 대처하는 처세의 수단이 되고 있다. 영국의 유럽 대륙 정책이나 대일 동맹 정책 등이 해당된다.

처지는 궁핍해도
열정은 크게 가져라

미천한 관리에서 통일 진나라의 승상이 된, 이사

> **이사**(李斯)
> 진나라의 강력한 법을 추진한 정치가. 일개 평민에서 진나라 승상까지 오른 입지전적인
> 인물이다. 초나라 상채 출신으로, 변소에 사는 쥐와 창고의 쥐를 비교하며 깨달은 바가 있
> 어 진나라로 건너간 뒤에 시황제를 도와 군현제를 실시하고 분서갱유를 일으키는 등 견고
> 한 통치를 했다. 진시황 사후 2세 황제와 틈이 벌어져, 환관 조고의 모함으로 처형되었다.

천하 통일은 어떻게 이루어지고, 영웅은 어떻게 탄생하는가? 춘추전
국시대를 회고해보면 수많은 영웅호걸들이 부침했다는 사실을 알게
된다. 영웅들에 따라 국가의 흥망도 좌우되는데, 진나라 시황제가 천
하를 통일하게 된 배경에는 무수한 영웅의 활약이 있었다. 또한 인재
를 발탁하는 데 뛰어난 능력을 보인 시황제 덕분에 진나라가 천하를
통일할 수 있었다.

진나라에는 유세객 장의를 비롯하여 승상 여불위, 응후, 저리질樗里
疾, 범수, 채택蔡澤 같은 문신들이 있었다. 또한 무관으로는 감무甘茂,
백기, 몽염, 왕전, 왕분 등의 많은 장군이 당대를 풍미했다. 이러한
인물들 가운데 천하 통일의 주역이 된 이사는 미천한 출신이라는 점
에서 수복받을 만하다.

몸을 의탁하는 장소에 따라 귀천이 달라진다

이사는 초나라 상채上蔡 땅에서 태어났다. 그는 순경荀卿, 성악설을 주창한 순자에게서 제왕의 도를 배우고 초나라에서 하급 관리로 있었다. 그는 한때 강대했던 초나라를 개혁하여 천하를 통일하고 싶었으나 자신의 포부를 펼칠 수가 없었다. 초나라는 관리들이 부패하고 백성들의 민심 또한 잃고 있었다. 그는 초나라의 하급 관리로 우울한 날을 보내게 되었다.

이사는 어느 날 군軍의 측간에 들어갔다가 쥐들이 오물을 먹고 있는 것을 발견했다. 쥐들은 사람이나 개가 접근하면 소스라쳐 놀라서 달아났다. 이사는 얼굴을 찌푸렸다. 그리고 이번에는 창고에 일을 보러 갔다. 창고에도 쥐들이 있었는데, 그 쥐들은 개나 사람이 접근하지 않아 마음대로 곡식을 먹고 있었다.

"변소에 있는 놈이나 창고에 있는 놈이나 다 같은 쥐새끼인데 한쪽은 늘 사람이나 개가 접근을 할까봐 두려워하고 한쪽은 아무 근심 없이 곡식을 먹는구나."

이사는 창고와 변소에 있는 쥐들을 비교하고 크게 깨달았다.

"인간이 현자賢者가 되고 우자愚者가 되는 것은 저 쥐새끼와 같은 것이다. 몸을 의탁하는 장소가 어디냐에 따라 귀천이 달라진다."

이사는 자신이 초나라에 있어 봐야 평생 동안 부귀하게 살 수 없다고 생각했다. 초나라 왕이 자신을 발탁하지 않을 테니 자신의 이상이나 꿈도 실현할 수 없었다. 그것은 이웃 나라들도 마찬가지였다. 한때 천하를 제패했던 제나라를 비롯하여 한, 위, 조, 연나라에도 목숨을 바칠 만한 가치가 없어 보였다. 다만 진나라만이 인재를 계속 발탁하여 이사의 마음을 끌었다.

"스승님, 저는 이제 서쪽의 진나라로 가려고 합니다. 그래서 스승님께 작별을 고하려고 왔습니다."

이사는 오랫동안 고민을 하다가 스승인 순경을 찾아가서 절을 올리고 말했다.

"어째서 조국을 떠나려고 하느냐?"

순경이 의아하여 물었다.

"저는 때를 포착하면 지체 없이 실행해야 한다고 들었습니다. 지금 천하는 제후들이 끊임없이 전쟁을 벌이고, 이 틈을 노려 유세객들이 각국을 돌아다니면서 합종연횡을 주장하고 있습니다. 진나라는 인재를 발탁하여 장차 천하를 통일할 것으로 보입니다."

"진나라가 천하를 통일하는데, 너에게 무슨 이익이 있느냐?"

"저는 스승님에게 많은 학문을 배웠으나 초나라의 말단 관리에 지나지 않습니다. 집안은 곤궁하고 명성은 없습니다. 진나라는 많은 인재가 필요한 때라 저처럼 지위가 낮은 자도 동분서주하면 높은 지위를 얻을 수 있습니다."

"인간의 삶에서 지위가 그토록 중요하다고 생각하느냐?"

"저처럼 곤궁한 사람에게 가난한 것은 치욕이며, 빈한한 것은 슬픈 일입니다. 삶이 곤궁한데 세상의 부귀를 비난하고 이익을 외면하는 것은 결코 옳은 일이라고 할 수 없습니다. 부귀는 더러운 것이지만 필요한 것입니다."

"네가 가난이 뼈에 사무쳤으니 만류할 수가 없구나. 후회가 없기를 바란다."

순경은 탄식을 하고 이사가 떠나는 것을 허락했다. 이사도 순경과 작별하고 떠나게 되자 쓸쓸했다. 가난하더라도 학문을 하면서 평생을 사는 것은 이상에 지나지 않았다. 인간은 항상 현실에 부딪히면서 가난과 힘겹게 싸워야 했다.

바다는 한 줄기의 시냇물도 거절하지 않으므로 넓고 깊다

이사는 진나라에 이르자 3천 명의 문객을 거느리고 있는 여불위를 찾아가 가신이 되었다. 학문이 뛰어나고 출세를 하려는 야망을 가슴에 품고 있던 이사는 여불위의 눈에 띄어 시황제의 측근이 되었다.

이 무렵 유세객 소진은 연나라 왕에게 발탁되어 6국을 합종시켜 진나라에 대항했다. 진나라는 6국이 연합을 하자 천하 통일을 이룰 수가 없었다.

"지금 천하에 일곱 나라가 있으나 가장 강한 것은 우리 진입니다. 나머지 여섯 나라는 상쟁을 일삼고 있으므로 대왕께서 군사를 일으켜 제후들을 공격하면 반드시 천하를 통일할 수 있습니다."

이사는 시황제에게 천하 통일을 제안했다.

"6국이 연합하여 진나라에 대항하고 있는데 무슨 방법으로 천하를 통일하는가?"

"유세객 장의를 써서 연횡하게 하고 세객을 파견하여 모략을 한 뒤에 군사를 일으켜 공격을 하면 충분히 통일을 할 수가 있습니다. 대왕께서 하고자 하는 마음만 있으시면 얼마든지 천하를 통일할 수 있습니다."

"내 그대의 계책대로 따르리라."

시황제는 이사에게 치밀한 계책을 세우도록 했다. 이사는 여섯 나라에 세객들을 파견하여 열국의 재능 있는 신하들을 재물을 써서 진나라로 불러들였고, 진나라의 부름에 응하지 않으면 자객을 시켜 암살했다. 이때 이사의 모략으로 많은 현사가 죽음을 당했다.

한韓나라에 정국鄭國이라는 유명한 책사가 있었다. 그는 시황제를 부추겨 대규모의 운하 공사를 벌였는데, 수많은 장정과 재정이 동원된 이 공사로 진나라의 국력은 피폐해졌다.

"정국이라는 자는 한나라의 모신謀臣으로 진나라를 도탄에 빠지게 하려고 운하 공사를 벌인 것이다."

마침내 한나라의 모신 정국의 음모가 밝혀졌다. 진나라 전체가 발칵 뒤집히고 정국은 체포되어 사형을 당했다. 운하 공사는 즉시 취소되었다.

"진나라 사람이 아니면서 진나라에서 벼슬을 하는 자들은 모두 자기의 고국을 위하여 일을 하는 자들입니다. 그들을 추방하십시오."

진나라 대신들이 시황제에게 아뢰었다.

"옳다. 진나라에 와서 세 치 혀를 놀려 벼슬을 하는 외국인들을 당장 진나라에서 떠나도록 영을 내리리라."

시황제는 외국인들에 대해서 추방령을 내렸다. 외국인들은 시황제의 서슬이 퍼런 명령에 일제히 진나라를 떠났다. 이사도 초나라 출신이었기 때문에 진나라를 떠나지 않을 수 없었다. 이사는 짐을 챙겨 수레를 타고 진나라를 떠나면서 시황제에게 글을 올렸다.

"신이 들으니, 대왕께서 외국인은 진나라에서 모조리 떠나라는 군명을 내리셨다 합니다. 이에 신도 초나라 사람이라 진나라를 떠나지 않을 수 없게 되었습니다. 그동안 대왕을 위하여 여러 계책을 아뢰었고 대왕께서는 신의 계책을 가납하여 6국의 많은 땅을 취하셨습니다. 신은 국경을 넘기 전에 한 가지 말씀을 아뢰고자 합니다. 옛날 목공께서는 어진 선비를 많이 받아들이시어 서쪽의 20개 제후국을 정벌하시고 패자가 되셨습니다. 오랑캐 땅 융戎에서 유여由余를 얻고 백리해百里奚를 초나라에서 데려오셨습니다. 또한 건숙蹇叔을 송나라에서 얻고 천하의 맹장인 공손지公孫智와 비표조豹를 진晉나라에서 얻어 서쪽을 정벌하실 수 있었던 것입니다. 효공께서는 위나라의 상앙을 등용해 풍속을 개혁하시므로 진나라를 오늘의 반석에 올려놓으셨습니다. 옛말에 이르기를 '땅이 넓으면 곡식이 많고, 나라가 크면 사람이 많고, 군대가 강하면 병졸이 용감하다'라고 했습니다. 바다는 한 줄기의 시냇물도 거절하지 않기 때문에 넓고 깊으며, 임금은 한 사람의 현사도 거절하지 않기 때문에 덕이 밝습니다. 대왕께서 진나라에서 나는 물건만을 쓰시고 진나라 사람만 등용하신다면 천하의 기인이사奇人異士들이 어찌 대왕을 위하여 일을 하겠습니까? 대왕께서는 천하의 기인이사들과 적이 되려고 하십니까?'

시황제는 이사의 글을 읽고 정신이 번쩍 들었다. 시황제는 즉시 외국인들에 대한 추방령을 취소하고 이사를 원래대로 복직시켰다. 이사는 여불위의 천거로 시황제의 총신이 되자 책사로서의 임무를 충실히 했다. 진나라 시황제는 이사의 책략에 따라 차례로 6국을 정벌하고 마침내 천하를 통일했다.

책을 불태우고 선비들을 구덩이에 묻어 죽이다

이사는 승상의 자리에 있으면서 율령을 새로 선포하고 문자를 통일했다. 이 시기까지 중국의 문자는 약간씩 달랐으나 마침내 통일된 것이다.

이사의 통치는 학문을 하는 선비들로부터 맹렬한 비난을 받았다. 성악설을 주장한 순경의 영향을 받은 이사는 인간의 본성이 악하기 때문에 강력한 율령으로 다스려야 한다고 생각했고, 이를 실천하자 선비들이 비판한 것이다. 이사는 제자백가의 학문을 배운 선비들이 공허한 이론만 내세워 백성들을 혼란에 빠트린다고 생각했다.

"원컨대 폐하께서는 백성들에게 반드시 필요한 의약, 복서卜筮, 농사에 필요한 책들만 남겨두시고 문학, 시서詩書, 백가百家의 책들을 모두 불태워버리도록 하십시오."

이사는 천하에 많은 학파가 존재하는 것은 백해무익한 일이니 서책을 모두 불태워버려야 한다고 주장했다. 시황제는 이사의 주장을 받아들여 생활에 필요한 책 외에는 모두 태워버리라는 영을 내렸다. 강력한 율령을 실시하고 있던 시황제의 영이 내려지자 관리들이 집집마다 돌아다니며 책을 압수하여 불태웠다.

"천하에 책을 태우는 일이 어디에 있습니까? 이는 고금에 없는 일로 천하의 폭군인 걸왕과 주왕도 하지 않은 일입니다."

선비들이 일제히 반발했다. 시황제는 반발하는 선비들 460명을 체포하여 생매장했다. 이것이 저 유명한 '분서갱유焚書坑儒'이다.

온갖 부귀를 누리고 수레 끌던 늙은 말의 신세가 되다

이사는 진나라에서 막강한 권세를 누렸다. 그의 아들은 삼천三川 군수가 되고, 딸들은 시황제의 아들들에게 시집을 갔다. 이사는 때때로 초나라에서 자신을 가르친 순경의 말을 떠올렸다.

'스승께서 말씀하시기를, 사물이 지나치게 성대해지는 것은 옳지 않다고 하셨다. 나는 상채 땅의 하급 관리에 지나지 않았으나 황제의 총신이 되어 내 위에 있는 자가 없으니 부귀를 누릴 만치 누리지 않았는가? 모든 사물은 성대해지면 쇠잔해진다. 내가 온갖 부귀를 다 누렸으니 이제 수레를 끌던 늙은 말처럼 장차 어찌될지 모르겠구나.'

이사는 앞날을 걱정하고 벼슬에서 물러나 쉬려고 했다. 그러나 시황제는 그의 사직을 허락하지 않았다. 시황제가 죽자 내시 조고는 장자 부소扶蘇 대신 막내아들 호해胡亥에게 대통을 넘겨주고 승상인 이사를 끌어들였다. 부소는 자결하게 만들었다. 호해가 반란이 일어날까봐 두려워하자, 조고는 2세 황제에게 형벌을 엄하게 실시할 것을 아뢰었다.

"법률을 엄격하게 적용하고, 죄가 있는 자들은 연좌緣坐로 일족을 멸하고, 대신을 죽이고, 육친을 멀리하고, 가난한 자를 부유하게 하고, 부자를 가난하게 만들어버리십시오. 그리하면 반란을 일으킬 수 없고 불평이 사라져 폐하께서 영화와 안락을 누릴 수 있을 것입니다."

2세 황제는 조고에게 철저하게 농락을 당했다. 조고의 말에 현혹되어 자신의 열두 형제를 광장에서 철퇴로 쳐 죽이고 열 명의 공주를 거열형에 처했다. 이들과 연좌된 가족과 가신들까지 모조리 처형했기 때문에 함양은 죽음의 도시로 변했다.

이사 역시 2세 황제와 조고에게 죽음을 당할까봐 더욱 강력한 공포정치를 실시하게 만들었다. 함양에는 시체가 산처럼 쌓이고 형벌을 받은 사람의 숫자가 형벌을 받지 않은 사람들보다 더 많게 되었다. 함양은 유령의 도시처럼 변했다. 백성들은 차마 입을 열어 불평을 말할 수 없었으나 가슴속에는 원한이 쌓여갔다.

이사는 조고로 인하여 나라가 어지러워지자 마침내 그를 죽여야 한다는 상서를 올렸다. 그러나 그의 상서는 교활한 조고에게 먼저 들어갔고, 조고는 이사를 모함했다. 결국 이사는 조고의 간교한 술책을 당하지 못하고 함양의 장터에서 둘째 아들과 함께 요참형腰斬刑을 당했다. 이사는 진시황을 도와 천하를 통일했으나 환관 조고의 모함으로 억울하게 죽었던 것이다.

궁핍한 처지였으나 큰 열정을 품고 진나라에 와서 결국 부귀영화를 누린 이사의 일생은 많은 것을 시사한다. 열정을 품으면 못할 일이 없는 건 분명하지만, 내 안의 목소리가 '그만 멈춰.'라는 신호를 보낼 때 질주를 멈출 수 있는 용기도 필요함을 말이다.

진나라의 유학자 탄압책, 분서갱유

철저한 법가法家에 따랐던 진나라의 승상 이사의 주장으로 자행된 사건. 시황제 34년기원전 213, 전국의 유생들이 진나라에서 실시하는 중앙집권적 군현제를 반대하고 봉건제 부활을 주장함으로써 불행한 사태가 시작되었다. 실용 서적을 제외한 모든 사상 서적을 불태우고 유학자 460명을 생매장하였다. 이 사건으로 유가가 일시적이나마 크게 위축되었다.

한번 마음먹은 일에
결코 후회는 없다

진시황의 간담을 서늘케 한 자객, 형가

형가(荊軻)

진시황을 시해하려던 자객. 조상은 제나라 사람이나 위나라에서 출생하였고, 다시 연나라로 가서 시장에서 술을 마시며 지냈다. 책 읽기와 격투기, 검술을 좋아했다고 한다. 전광의 천거로 연나라 태자 단의 자객이 되었고, 장수 번어기의 목과 연나라 독항의 지도를 품고 진시황을 시해하러 갔으나 뜻을 이루지 못했다.

스스로 목을 찔러 비밀을 지키려 한 전광

훗날 춘추전국시대를 통일하는 시황제는 진나라의 왕이 된 뒤에 전국칠웅을 차례로 멸망시켜갔다. 중원의 북쪽에 있는 연나라도 진나라의 침략으로 위기에 처했다. 진나라 군대에 여러 차례 땅을 빼앗기고 쫓겨서 바람 앞의 등불처럼 위태로워졌다. 이에 연나라 태자 단은 시황제를 시해하기로 작정하고 자객을 찾아 나섰는데, 누군가 전광이라는 사람을 천거했다.

"강대한 진나라는 천하를 통일하려고 여러 나라를 침략하고 있습니다. 진나라가 일으킨 전쟁으로 천하가 혼란에 빠지고 수많은 사람들이 죽었습니다. 우리 연나라도 위태로우니 선생께서 책략을 알려주십시오."

태자 단이 현자 전광을 찾아가서 공손하게 말했다.

"태자께서 말씀하시지 않아도 백성의 한 사람으로 부끄럽기 짝이 없습니다. 하지만 신은 이미 늙었으니 쓸모가 없습니다."

전광은 자신은 늙어서 연나라를 위해 일할 수가 없다고 사양했다.

"선생께서 나라를 구할 계책을 알려주십시오."

"신이 한 사람을 천거하겠습니다. 형가는 검술이 뛰어나고 의리를 소중하게 여기는 인물입니다. 그를 시켜 진의 시황제를 시해하는 방법밖에 없습니다."

"시황제를 시해하면 천하가 안정될 것입니다. 선생께서 그 사람을 소개시켜주십시오. 절대로 비밀을 지켜야 하니 누설해서는 안 됩니다."

태자 단이 전광에게 신신당부했다.

"신의 목숨이 끊어져도 비밀을 지키겠습니다. 제가 먼저 가서 태자께서 오신다고 언질을 해놓겠습니다."

전광은 태자와 헤어져서 하늘을 바라보고 탄식을 한 뒤에 형가를 찾아갔다.

형가는 언제나 그렇듯 세상이 자신을 알아주지 않는다고 한탄하면서 고점리高漸離라는 사람과 술을 마시고 있었다. 고점리는 축筑, 작은 북을 두드리고 형가는 노래를 부르고 있었다. 전광은 형가를 바라보고 아무 말도 하지 않았는데, 고점리가 눈치를 채고 집으로 돌아갔다.

"그대는 세상에 자신을 알아주는 사람이 없다고 한탄했소. 당신을 알아주는 사람이 나타나면 대사를 도모할 수 있겠소?"

전광이 비로소 형가에게 정색을 하고 물었다.

　"사람은 누구나 한 번 죽습니다. 장부로 태어나 천하에 뜻을 세우고 죽는다면 더 바랄 것이 없습니다. 그 사람은 분명 태자님이시겠군요?"

　형가가 웃으며 대답했다.

　"맞소. 태자는 천하를 구하기 위해 당신의 목숨을 필요로 하고 있소. 그래서 내가 당신을 천거했으니 태자궁으로 가보시오."

　"선생의 은혜에 깊이 감사드립니다. 형가의 이름이 천 년이 지나도 남는다면 모두 선생의 공로일 것입니다."

　형가가 이미 앞일을 예측하고 있었던 듯 비장하게 말했다.

　전광은 만족한 표정으로 웃고, 칼을 뽑아 들었다.

　"태자께서는 이 일을 나와 상의한 뒤에 비밀이 누설되지 않게 해달라고 당부를 했소. 만약 이 일이 세상에 알려지면 내가 의심을 살 것이니 자결하여 비밀이 새어나가지 않도록 하겠소."

　전광은 말을 마치자 즉시 칼로 목을 찔러 자결했다. 형가는 전광의 죽음을 몹시 슬퍼하면서 장례를 치렀다.

아끼는 천리마의 간까지 바치며 대접하다

전광의 장례가 모두 끝났을 때 태자 단이 형가를 찾아왔다. 태자 단은 형가와 수인사를 나눈 뒤에 그를 상석에 모시고 절을 했다. 형가가 당황하여 맞절을 했다.

　"연나라의 군대는 너무나 미력하여 진나라와 싸운다면 승패가 물을 보듯 뻔합니다. 위와 제, 초나라는 우리와 너무 멀리 떨어져 있어서 연합을 할 수도 없거니와 그들은 진나라가 무서워 엄두도 내지 못하고 있습니다. 그래서 나는 용사 한 분을 얻어서 진나라에 사신으로 파견한 뒤에 시황제를 접견할 때 그의 목을 베어 천하를 구하려고 합니다."

형가는 오랫동안 생각에 잠겨 있다가 입을 열었다.

"참으로 천하를 놀라게 할 만한 일입니다. 신은 무능하여 감히 일을 감당할 수가 없습니다."

형가는 정중하게 사양했다. 아무리 무예가 출중해도 시황제를 암살하는 일은 실패할 가능성이 너무 컸다.

"전광이 선생을 천거했습니다. 부디 천하를 위하여 기백을 보여주십시오."

태자 단은 형가에게 공손히 절을 하고 다시 청했다. 태자 단의 정중한 요구에 형가는 도저히 사양할 수 없어서 승낙했다.

태자 단은 형가를 상경에 임명했으며, 태자궁 옆에 형관荊館이라는 저택을 짓고 형가를 그곳에 머물게 하면서 극진하게 대접했다. 그리고 매일같이 형가를 조석으로 문안하는가 하면 맛있는 음식과 미녀들을 보내 대접했다. 하루는 형가가 말馬의 간肝이 별미라고 하자 자신이 아끼는 천리마를 죽여서 형가에게 그 간을 먹게 하기도 했다. 형가는 태자 단의 정성에 감동하여 시황제를 시해할 준비에 박차를 가했다.

"진나라 출신의 맹장 번어기가 우리나라에 망명해 있는데 한번 보시겠습니까?"

태자 단이 형가에게 물었다. 번어기는 시황제가 여불위의 자식이라고 주장하며 반란을 일으켰다가 실패하여 연나라로 망명한 인물이 었다.

"번어기라면 진나라의 충신입니다. 당연히 만나고 싶습니다."

형가가 쾌히 동의했다. 태자 단은 태자궁에서 주연을 열고 번어기를 초대했다. 형가와 번어기는 한 번 만나자 의기가 투합하여 유쾌하게 술을 마셨다.

흰 옷과 흰 관을 갖추고 배웅하다

진나라 시황제는 한나라와 조나라를 멸망시키고 대장군 왕전에게 연나라를 공격하게 했다. 왕전이 진나라의 10만 대군을 이끌고 연나라를 향해 온다는 파발이 빗발치듯이 날아들었다. 연나라는 군사를 소집하고 전쟁 준비를 하느라 부산해졌다.

"선생, 진나라 대군이 침략해 오고 있습니다. 한 달이 지나지 않아 진나라 군사들은 역수易水를 건널 것입니다. 그러면 연나라는 멸망하게 됩니다."

연나라 태자 단이 얼굴이 하얗게 변해 형가에게 말했다.

형가의 얼굴이 어두워졌다.

"태자께서 신이 빨리 출발하기를 바라는 것은 잘 알고 있습니다. 그러나 신에게 한 가지 어려운 일이 있습니다."

형가가 난처한 표정으로 태자 단에게 말했다.

"무슨 일인지 제가 해결할 수 있습니까?"

"일의 성사는 신이 시황제에게 접근하느냐 못 하느냐에 달려 있습니다. 함양에 가도 시황제가 만나주지 않으면 소용이 없습니다. 시황제를 만나려면 그가 가장 미워하는 번어기와 우리 연나라에서 가장 기름진 땅인 독항을 바쳐야 합니다."

형가의 말에 태자 단의 눈빛이 차갑게 변했다.

"번어기 장군은 의로운 인물입니다. 곤궁하여 나를 찾아왔는데 어떻게 그의 목을 치겠습니까? 독항은 아깝지 않으나 번 장군을 죽일 수는 없습니다."

태자 단이 완강하게 거절했다.

형가는 시간을 늦출 수 없다고 생각하여 번어기를 찾아갔다.

"장군은 시황제에 대한 원한이 골수까지 사무쳐 있을 것입니다. 시황제는 장군이 반란을 일으켰다고 하여 장군의 일가친척을 어린아이에서 노인까지 모두 목을 베어 죽였으니 원통하지 않습니까? 장군은 원수를 갚고 싶습니까?"

"시황제에게 원수를 갚을 수 있다면 목숨도 아까워하지 않을 것입니다."

번어기가 눈물을 글썽이면서 말했다.

형가는 시황제에게 접근하기 위해서는 번어기의 목이 필요하다고 말했다. 번어기는 말없이 눈을 지그시 감았다.

"술 한 잔 마시겠습니다."

번어기는 형가에게 조용히 말했다.

형가가 번어기의 잔에 술을 따라주었다.

"시황제에게 복수할 수 있다면 어찌 목숨이 아깝겠습니까? 뒷일을 부탁합니다."

번어기는 술 한 잔을 벌컥벌컥 마신 뒤에 스스로 칼을 뽑아 목을 찔러 자결했다. 형가는 번어기의 숨이 끊어질 때를 기다렸다가 목을 베었다.

형가는 태자 단에게 사람을 보내 번어기의 머리가 준비되었다는 사실을 알렸다. 태자 단은 수레를 타고 달려와서 번어기의 시체를 끌어안고 통곡했다. 형가는 번어기의 머리는 목함에 넣고, 목 없는 시신으로 장례를 치렀다.

"제 친구 중에 개섭蓋聶이라는 자가 있습니다. 그가 며칠 안에 올 것이니 그가 오면 바로 떠나겠습니다."

개섭은 검술과 협기가 뛰어난 강호의 고수였다. 그러나 개섭은 사흘이 지났는데도 오지 않았다.

"개섭이 온다고 약조한 시간이 지났습니다. 이러다가 우리 연나라가 멸망한 뒤에 올까봐 걱정입니다. 나의 문하에 진무양이라는 자가 있는데 그를 데리고 출발하십시오."

태자 단이 형가를 재촉했다.

'아, 태자가 이렇게 서두르니 일을 성사하기가 쉽지 않겠구나.'

형가는 탄식을 한 뒤에 태자에게 읍을 하고 아뢰었다.

"태자님의 뜻을 받들어 신은 이제 칼 한 자루를 품고 떠나겠습니다. 개섭이 있으면 반드시 성공할 수 있으나 더 이상 기다릴 수가 없을 것 같습니다. 하늘이 도우면 일이 성사될 것입니다."

형가가 태자 단에게 말했다.

태자 단은 진의 시황제에게 바치는 국서를 써서 독항의 지도와 함께 형가에게 주었다. 형식적으로 형가를 연나라 사신 정사, 진무양을 부사로 임명했다. 형가와 진무양이 진나라로 떠나는 날, 백의를 입고 백관을 쓴 태자 단과 문객들은 모두 역수까지 배웅하고 강가에서 주연을 베풀었다. 술자리가 무르익을 무렵 고점리가 축을 가지고 달려왔다.

"이 사람은 나의 벗으로 축을 잘 칩니다."

형가가 고점리를 태자 단에게 소개했다. 태자 단은 고점리에게도 술을 따라주고 형가의 옆에 앉혔다. 고점리는 술을 석 잔 마시자 평소와 마찬가지로 축을 두드리기 시작했다. 그러자 형가가 곡조에 맞추어 노래를 부르는데, 사뭇 비장하고 애달팠다.

바람은 쓸쓸하고
역수는 차갑도다
장사는 한 번 떠나가면
결코 돌아오지 않으리

죽으러 가는 형가의 심정이 절절하게 묘사되어 있는 〈역수한〉은 장사의 노래라고 하여 중국인들뿐 아니라 조선 사람들도 애창했다.

형가가 노래를 부르자 태자 단과 문객들이 소리를 죽여 흐느껴 울었다.

"아, 선생께서는 제 술을 받으소서!"

태자 단이 다시 술을 가득 따라 형가에게 바쳤다. 형가는 그 술을 단숨에 마신 뒤에 진무양과 함께 수레를 타고 진나라로 떠나갔다.

"이랴!"

수레는 흙먼지를 자욱하게 일으키며 달렸다. 태자 단은 높은 언덕 위에 올라가서 형가의 수레가 홍진 속으로 멀어지는 모습을 바라보았다. 형가는 한 번도 뒤를 돌아보지 않고 채찍질을 하여 빠르게 사

라져갔다. 태자 단은 형가의 수레가 완전히 사라져 보이지 않고 자욱한 홍진이 가라앉은 뒤에야 발걸음을 돌렸다. 그의 눈에서는 그때까지도 눈물이 흘러내리고 있었다.

번어기의 머리와 독항 지도를 들고 나아가다

형가는 진나라의 도읍 함양에 이르자 시황제가 총애하는 대신 몽가를 찾아가 황금 천 냥을 바치고 연나라에서 사신으로 왔으니 시황제를 알현하게 해달라고 청했다.

"망해가는 연나라에서 무엇 때문에 사신으로 왔소?"

몽가가 뇌물을 받고 형가에게 물었다.

"연나라는 항복을 하려고 합니다. 조상에게 제사를 지낼 수 있게만 해주십사 청원하려는 것입니다."

몽가는 대궐에 들어가 시황제에게 연나라에서 사신이 왔다고 아뢰었다.

"연나라의 형편은 어떤가?"

시황제가 몽가에게 물었다.

"연나라는 곧 망할 것입니다. 연나라는 투항을 한 뒤에 종묘에 제사만 지낼 수 있게 해달라고 합니다."

"어차피 우리 군사에게 망할 나라인데, 무슨 조건인가? 사신은 누구인가?"

"연나라 상경 형가라는 자입니다. 대왕을 알현하고 번어기의 머리와 독항의 지도를 바치겠다고 합니다. 대왕께서는 접견을 하시는 것이 어떻겠습니까?"

몽가에게서 번어기의 이름을 듣자 시황제는 벌떡 일어났다.

"속히 사신을 들라고 하라. 내가 귀빈을 맞이하는 예로써 접대하리라."

마침내 형가는 가슴에 칼을 품은 채 목함을 공손히 들고 진나라 대궐로 들어갔다. 진무양은 독항의 지도를 들고 형가의 뒤를 따랐다. 진나라 대궐은 칼이 산을 이루고 창이 숲을 이룬 것처럼 경비가 삼엄했다. 곳곳에 군사들이 배치되어 나는 새도 들어올 수 없을 것 같았다. 형가와 진무양은 바짝 긴장하여 시황제가 있는 어전으로 들어갔다. 부사를 맡은 진무양은 진나라 군사들의 살벌한 기세에 얼굴이 사색이 되어 후들후들 떨었다.

"부사의 안색이 창백하니, 무슨 일인가?"

시황제를 호위하는 장군이 싸늘한 목소리로 물었다.

형가는 즉시 무릎을 꿇었다.

"신의 부사 진무양은 대왕의 위엄에 놀라 고개를 들지 못하는 것입니다."

"연나라에 인물이 없구나. 정사는 가까이 오고 부사는 계단 밑에 내려가 대기하라!"

시황제가 얼굴을 찌푸리고 영을 내렸다.

진무양은 벌벌 떨면서 계단 아래로 내려가고 형가만 전상으로 올라갔다. 환관 조고가 형가에게 목함을 받아서 시황제에게 바쳤다. 시황제가 목함을 열자 번어기의 머리가 보였다.

"과연 짐이 고대하던 번어기의 머리다."

시황제는 느니어 기뻐하면서 안색이 풀어졌다.

"사신은 수고했노라. 독항의 지도도 바친다고 했는가?"

"예."

형가의 표정은 한 점의 흔들림도 없이 온화했다. 시황제는 그제야 의심하는 마음을 거두고 계단 밑을 내려다보았다. 그곳에는 진무양이 꿇어 엎드려 독항의 지도를 머리 위로 높이 받들고 있었다.

"부사가 바치는 지도를 가지고 와서 과인에게 상세히 설명하라."

시황제가 영을 내렸다.

형가는 진무양이 받쳐 들고 있는 지도를 받아서 시황제의 발아래에 펼쳤다. 시황제는 가까이 와서 지도를 보려다가 형가의 가슴에서 비수가 살짝 삐져나와 있는 것을 발견했다.

"네, 네놈은 누구냐?"

시황제가 경악하여 소리를 질렀다.

그 순간 형가는 전광석화처럼 몸을 날려서 시황제의 옷소매를 움켜잡고 칼을 뽑았다. 시황제가 몸을 확 비트는 것과 동시에 형가의 칼이 시황제의 가슴을 아슬아슬하게 스치고 지나갔다.

'앗!'

형가는 비수가 빗나가자 재빨리 시황제의 가슴을 깊이 찌르려고 했다. 그러나 형가의 예상과 달리 시황제가 황급히 피하는 바람에 옷소매만 찢어졌다. 시황제는 빠르게 병풍을 뛰어넘었다. 병풍이 형가를 향해 쓰러졌다. 형가는 병풍을 밀어젖히고 시황제를 뒤쫓았다.

"자객이다! 자객을 죽여라!"

진나라 어전은 순식간에 아수라장이 되었다. 형가는 날이 시퍼런 칼을 뽑아 들고 시황제를 찌르기 위해 맹렬하게 달려들었다. 시황제는 다급하여 기둥 사이로 뛰어다니며 형가가 휘두르는 칼을 피했다.

진나라는 어전으로 칼을 가지고 들어오지 못하게 되어 있었으며, 시황제를 호위하는 시위들은 층계에 서 있어야 하고 전상 위에 오를 수가 없었다. 형가의 암습이 창졸지간에 일어난 일이라 그들은 우왕좌왕했다.

"멈춰라!"

어전에서 머리를 조아리고 있던 진나라 대신들이 무기도 없이 형가를 막아섰다. 그러자 형가는 순식간에 그들을 베어버렸다. 전내에 피가 낭자하게 뿌려지고 처절한 비명 소리가 허공을 울렸다. 시황제는 그 틈에 허리에 찬 보검을 뽑아 형가에게 대항했다. 그때서야 진나라 시위무사들이 형가를 에워싸고 일제히 공격했다.

"진왕은 들으라. 천하를 위하여 너를 죽이리라!"

형가는 시황제에게 칼을 던졌다. 형가의 칼은 날카로운 파공성을 일으키며 시황제를 향해 날아갔다. 시황제는 대경실색하여 빠르게 몸을 뒤로 젖혔다. 순간 얼음처럼 차가운 칼끝이 시황제의 뺨을 스치며 날아가 철주에 꽂혔다.

'아! 하늘이 포악한 진왕을 살리려 하는구나!'

형가는 칼이 시황제를 찌르지 못하자 탄식했다.

그때 진나라 시위들이 일제히 형가를 내리쳤다. 형가는 맨손으로 시위들의 칼을 막으려고 했다. 그러나 시위들의 칼이 형가의 손을 잘라버리고 몸을 내리쳤다. 형가는 피투성이가 되어 하늘을 향해 앙천광소를 터트렸다.

"하하하! 하늘이 너를 살려주는구나. 진왕 정아, 정아…… 어찌 하늘이 너를 살려두랴? 너는 강대한 군사력만 믿고서 천하를 살육하고 있다. 너처럼 간악한 자는 반드시 천벌을 받을 것이다!"

시위들은 형가에게 우르르 달려들어 난도질을 했다. 형가는 어육이 되어 죽었다. 계단 밑에 꿇어 엎드려 있다가 형가가 칼을 뽑아 시황제를 죽이려고 할 때 자신도 달려가려고 했던 진무양도 시위들에게 잡혀 이미 그 자리에서 피투성이가 되어 죽어 있었다.

비록 그들의 계획은 실패하고 말았지만, '한번 마음먹은 일에 결코 후회는 없다.'는 굳은 의지만은 지금도 남아 많은 이들을 숙연케 한다.

비장한 장수의 마음을 表現한 노래, ⟨역수한易水寒⟩

진시황을 시해하러 가기 전 역수에서 고점리가 타는 축에 맞추어 불렀다는 형가의 노래. '장수는 다시 돌아오지 않는다'는 비장한 노래로 많은 이들의 사랑을 받았다.

풍소소혜 역수한風簫簫兮 易水寒
장사일거혜 불복환壯士一去兮 不復還

: 바람은 쓸쓸하고 역수는 차갑도다. 장사는 한 번 떠나가면 결코 돌아오지 않으리.

백년의 삶도
짧고 강렬하게 살아라

청년 용장, 곽거병

> **곽거병**(霍去病)
>
> 대장군 위청의 외종질로 여섯 차례 출병해 흉노를 정벌했다. 말에서도 활을 잘 쏘아 18세에 위청을 따라 흉노 정벌에 나섰으며 기원전 121년에 표기장군에 임명되고, 기원전 119년에는 흉노의 본거지를 격파해 위청과 함께 대사마로 임명되었다. 무제의 총애를 받고 젊은 나이로 권세를 가졌지만 불과 24세의 나이로 기원전 117년 병사했다. 죽은 후에는 '경환후'라는 시호를 받았고, 한나라 무제의 무릉에 같이 안장되었다.

흉노와의 전쟁은 전한 시대 최대의 현안이었다. 특히 한나라 무제는 평생에 걸쳐 흉노 정벌에 뜻을 두었을 정도로 국가의 통치 행위가 전쟁에 집중되었다. 위청이 대장군으로 있을 때 무제는 또다시 전쟁을 일으켰다. 대장군 위청과 표기장군 곽거병에게 각각 5만 군사를 주고 흉노를 공격하게 한 것이다. 보병과 군량을 운반하는 병사는 수십만에 이르렀다. 표기장군 곽거병은 불과 스물한 살의 나이였으나 어릴 때부터 상림원에서 군사 훈련을 받아 용사 중에 용사가 되어 있었다.

위청이 5만 군사를 이끌고 사막에서 전투를 벌이다

위청은 5만 군사를 이끌고 고비 사막을 건너기 시작했다. 선우^{單于, 흉}노의 군주는 한나라 군이 사막을 건너느라고 지쳐 있을 때 일제히 공격하려는 계획을 세웠다. 병참부대는 북쪽으로 이동시키고 기마병만 남겨서 한나라 군이 올 때를 기다렸다. 한편 위청은 사막을 건너면서도 척후병을 파견하여 흉노의 동태를 살폈다.

"선우가 사막 북쪽에 있습니다."

척후병이 돌아와서 보고했다.

"선발대는 선우가 방심한 틈을 타서 일제히 공격하라."

위청은 5천의 기병에게 선우를 공격하라고 지시했다. 한나라 기병 5천 명이 일제히 함성을 지르면서 선우에게 달려갔다. 선우는 1만 기병으로 한나라 군과 맞서 싸웠다. 양군은 치열하게 전투를 벌였으나, 해질 무렵이 되자 모래바람이 자욱하게 불어 얼굴을 할퀴고 앞도 보이지 않게 되었다. 위청은 1만 군사를 더 투입하여 선우를 포위했다. 양군은 치열하게 전투를 벌였다. 날이 완전히 어두워져 캄캄한 밤이 되자 피아의 구별이 어려웠다. 선우는 한나라 군이 강력한 공격을 계속하자 밤을 이용하여 달아났다.

"선우는 달아났습니다."

흉노의 포로가 말했다.

"선우를 추격하라."

위청이 군사들에게 영을 내렸다.

곧 군사들이 2백 리를 추격했으나 선우를 사로잡지는 못했다.

행군하라, 행군하는 자만이 승리한다!

표기장군 곽거병도 흉노 본거지 깊숙이 침입하여 맹렬하게 공격했다. 곽거병은 흉노의 본거지 1천여 리를 질풍노도처럼 휩쓸어 흉노군을 공포에 떨게 했다. 21세의 표기장군 곽거병이 사살하거나 포로로 잡은 적군의 수가 위청보다 훨씬 많았다.

곽거병은 대사막을 횡단하여 선우의 오른팔인 장거를 사로잡고 흉노 왕 중의 하나인 팔거기를 주살했다.

"전진하라!"

곽거병은 쉬지 않고 군사를 휘몰아 달려갔다. 곽거병의 군사들은 계속 전진하여 흉노 좌대장을 대파하고 그의 군기와 군고를 탈취했다. 이후산을 넘고 궁려수를 건너서 둔두 왕을 비롯하여 세 명의 왕을 사로잡고 장군 등 83명을 생포했다.

"우리는 선우를 추격하여 한해翰海, 바이칼 호까지 진격한다. 7일 만에 한해에 도착하면 흉노를 뿌리째 뽑을 수 있다. 그대들은 개선하면 부자가 될 수 있다. 그 대신 밤과 낮을 가리지 않고 강행군을 해야 한다. 할 수 있겠나?"

곽거병의 연설은 군사들을 감동시켰다.

"예!"

군사들이 일제히 대답했다. 그러나 군사들이 한해를 향해 강행군을 하려고 할 때 갑자기 폭우가 쏟아지기 시작했다. 군사들을 지휘하는 장수들이 곽거병에게 몰려왔다.

"장군, 비가 너무 심하게 쏟아지고 있어서 행군은 무리입니다."

"빗속에서 강행군을 시키면 군사들이 반발합니다."

장수들이 곽거병에게 말했다.

"잘 들어라! 너희들은 내가 흉노에게 패하기를 바라는가? 아니면 승리하여 개선가를 울리기를 바라는가?"

곽거병이 장수들을 쏘아보면서 물었다.

"우리는 장군께서 개선하시기를 바랍니다."

장수들이 일제히 대답했다.

"그렇다면 똑똑히 들어라! 내가 개선하면 너희들은 부자가 될 수 있다. 그러나 내가 흉노에 패하면 너희들은 아무것도 얻지 못한다. 나를 위하고 너희 자신을 위하여 폭우를 뚫고 강행군을 하라! 시간이 우리를 기다려주지 않는다. 행군하라! 행군하는 자만이 승리한다!"

곽거병은 군사들을 독려하여 장대같이 쏟아지는 폭우를 뚫고 한해를 향해 강행군을 시작했다. 식량이나 무거운 장비는 모두 버리고 행군에 지장이 없을 정도의 장비만으로 계속 말을 달렸다. 험한 산과 고원을 지나 마침내 한해에 이르자 위청에게 패한 선우가 흉노를 거느리고 주둔해 있었다. 그들은 곽거병이 빗속에서 한해까지 오리라고는 상상도 하지 못하여 방심하고 있었다.

"정찰병을 보내 선우의 동정을 살피라!"

곽거병은 선우의 동정을 염탐하고 군사들에게는 술과 밥을 충분히 먹였다.

"흉노의 군사들이 방심하고 있습니다."

척후병들이 돌아와 보고했다.

"전군, 공격하라!"

곽거병은 영을 내렸다. 곽거병의 군사들은 일제히 공격을 개시하여 선우의 흉노 군을 대파하고 개선했다.

무제의 총애를 받으며 권세를 누리다

곽거병이 개선하자 한나라의 도읍 장안은 환영 인파로 들끓었다. 무제는 그를 총애하면서 위청을 점점 멀리하게 되었다. 곽거병의 지위가 높아지자 위청을 떠받들던 한나라의 장수들도 모두 곽거병에게 몰려갔다.

곽거병은 곽중유가 황후의 언니 위소아와 밀통하여 낳은 아들로, 위청에게는 조카가 되므로 출세가 빨랐다. 무예가 뛰어나고 용맹했던 그는 18세 때 이미 시중^{侍中}이 되어 위청을 따라 흉노 토벌에 나서 공을 세우기도 했다.

곽거병은 정예부대를 이끌고 대군^{大軍}보다 먼저 적진 깊숙이 침투해 들어가는 전략으로 상대 진영을 혼란에 빠뜨려 승리를 거두었다. 곽거병의 군대는 하루에 1백 리를 달리고 도저히 불가능하다고 여겨지는 곳에 나타나 적을 경악하게 만들었다. 기습 작전에 뛰어나 여섯 차례나 출전하여 모두 승리를 거두고 기련산^{祁連山}을 넘어 한해까지 진격했다.

흉노는 중앙아시아의 고원 지대에서 한해까지 광범위한 지역에 펼쳐져 있었다.

곽거병은 이 공로로 위청과 함께 대사마^{大司馬}가 되었으나 권세는 위청을 능가했다. 그러나 불과 24세의 나이에 병이 들어 죽었다. 무제는 크게 슬퍼하여 장안 근교의 무릉^{茂陵}에 무덤을 짓고, 일찍이 곽거병이 대승을 거둔 기련산의 형상을 따게 하여 그의 무공을 기렸다.

곽거병이 어렸을 때 무제가 손자병법과 오자병법을 가르치려고 한 적이 있다.

"당면한 전략을 어떻게 하느냐가 중요하지 지난날의 병법은 중요하지 않습니다."

곽거병은 손자병법이나 오자병법을 배울 필요가 없다고 오만하게 말했다. 위청은 어릴 때부터 빈한하게 살고 종노릇을 하여 겸손이 습관이 되어 있었던 반면, 곽거병은 친척이 이미 부귀해져 있었기 때문에 오만했다. 그는 병사들이 식량이 떨어져 굶주리는데도 무제가 보내준 음식으로 호화로운 잔치를 열곤 했다. 위청은 이와 반대로 병사들과 같이 식사를 하고 같이 굶으면서 군사를 이끌었다.

하지만 백 년의 삶을 스물네 해에 담아낸 듯 짧고 강렬하게 살다 간
그의 생애는 '열정의 삶'을 대표하는 모습으로 영원히 남을 것이다.

곽거병의 명언
흉노미멸, 하이가위

곽거병은 열여덟 살에 한나라 무제의 총애를 받아 시중이 되었다.
또한 스물한 살에는 표기장군이 되어 위청과 함께 흉노 정벌에 나
섰다. 혁혁한 공을 세운 어느 날 무제는 곽거병을 불러 상으로 호
화로운 저택을 내렸다. 그러나 곽거병은 이를 거절하며 이렇게 말
했다.

"흉노미멸匈奴未滅, 하이가위何以家爲."

즉 흉노가 아직 망하지 않았으니 집은 쓸모가 없다는 뜻이었다.
이 말은 경주마처럼 앞만 보고 달리며 목표에 매진하는 젊은 장군
곽거병의 단단한 정신을 단적으로 보여준다.

3장

꿈꾸는 20대,
신념에 충실하기

내 인생의
가장 강렬한 에너지, 신념

모래를 품고 강으로 뛰어든 충직한 시인, 굴원

> **굴원(屈原)**
> 전국시대 초나라의 정치가이자 비극 시인이다. 초나라 무왕의 아들 굴하의 후예이며,
> 뛰어난 학식으로 중책을 맡아 내정과 외교에서 활약하기도 하였다. 중국의 가장 위대한
> 낭만주의 시인 가운데 한 사람으로 '초사'라는 문체를 창안하고, 향초미인香草美人, 충성
> 스럽고 현명한 선비를 비유의 전통을 세웠다. 작품은 한부漢賦에 영향을 주었고, 문학사에서
> 뿐만 아니라 오늘날에도 높이 평가된다. 주요 작품으로는 〈어부사漁父辭〉와 〈이소離騷〉
> 등이 있다.

대부 굴원은 초나라의 강직한 신하였다. 이름은 평平이며, 성은 초나
라 왕실과 같았다. 그는 좌도左徒를 역임하면서 회왕을 보필했으며,
임금에게 직언을 서슴지 않았고 제후들에게는 예절이 밝았다. 그러
나 그의 시가 현재까지 수십 편이나 전해질 정도로 많은 시를 지어
오히려 시인으로 이름이 더 높았다.

속마음이 아름다우면 초췌하게 지낸들 어떠하리

양자강 남쪽에 위치한 초나라는 강내국이 있나. 끝없이 작은 나라들을

침략하여 복속시키고 제, 진, 정나라 등과 자주 전쟁을 벌였다. 회왕은 법으로 나라를 다스리기 위해 법령을 만들라는 영을 내렸다. 이에 굴원이 초안을 만들자 상관대부 근상이 그 공을 빼앗으려고 했다.

"내가 애써 만든 것을 어찌 재상이 탐내는가?"

굴원은 근상에게 공개적으로 항의했다. 굴원의 공개적인 거부에 모욕을 느낀 근상이 회왕에게 모함을 했다.

"대왕께서 굴원에게 법령을 만들라고 하셨습니다. 굴원은 법령 하나하나를 만들면서 자기의 공로를 자랑하고 대부들에게 자신이 아니면 이러한 법령을 만들 수 없다고 떠들고 다닙니다."

"그자가 황당하구나."

근상의 말에 회왕은 굴원을 조정에서 내쳤다. 실망한 굴원은 집에서 두문불출하면서 간신이 임금의 총명을 흐리는 것을 근심하여 〈이소離騷〉를 지었다.

> 아침에는 모란에서 떨어지는 이슬을 마시고
> 저녁에는 가을 국화의 떨어지는 꽃부리를 먹는다
> 진실로 내 속마음이 아름답고 한마음이라면
> 오랫동안 초췌하게 지낸들 어떠하리

굴원이 지은 이 시는 충신이 간신의 모함으로 우울하게 지내는 심경을 절절하게 묘사하여 많은 시인과 선비가 즐겨 읽었다. 문장은 간결하면서도 비장하고 고결하면서도 향기가 있어서, 사마천은 일월과 빛을 다툰다고 해도 지나친 말이 아니라고 칭송했다.

왕에게 간언을 올리다 어전에서 내쳐지다

당시 진秦나라는 상앙위앙을 등용하여 강대국이 되어 있었다. 진나라가 초나라를 비롯해 조, 위, 제, 연, 한나라를 끝없이 침략하자 유세객遊說客, 천하를 떠돌면서 말로 군주를 설득하는 사람 소진蘇秦이 진나라를 제외한 나머지 6국을 동맹시켜 합종을 꾀했다. 6국이 합종을 이루자 진나라로서는 감히 이들 여섯 나라를 상대로 전쟁을 할 수 없었다. 진나라는 중원을 통일하기 위해 반드시 합종을 깨야 했다.

"진나라는 제나라를 미워하는데 제나라가 초나라와 합종을 맺고 있으므로 공격하기가 어렵습니다. 만약에 초나라가 제나라와의 합종을 깨면 6백 리에 이르는 땅을 드리겠습니다."

진나라의 재상 장의가 초나라 회왕에게 말했다. 회왕은 6백 리의 땅을 준다는 말에 귀가 솔깃해졌다.

"이는 장의의 계략입니다. 합종을 깨면 결국 진나라의 침략을 받게 됩니다."

초나라 대부 진진이 반대했다.

"과인은 군사를 일으키지 않고 앉은자리에서 상어 땅 6백 리를 손에 넣게 되었다. 모든 신하가 잘된 일이라고 칭송하는데, 그대는 어찌하여 반대하는가?"

회왕이 진진을 꾸짖었다.

"유세객이란 세 치 혀를 놀려서 이익을 탐하는 무리입니다. 진이 무엇 때문에 우리에게 6백 리의 땅을 그냥 주겠습니까? 진왕은 탐욕스러워 6국의 땅을 밥 먹듯이 빼앗고 있습니다. 그러한 진왕이 상어 땅을 준다는 것은 어림없는 일입니다. 만일 우리가 제나라와 절교를 한 뒤에 진이 상어 땅을 주지 않는다면 어찌하겠습니까? 제나라는 대왕을 원망하여 진나라와 손을 잡고 우리를 공격할 수도 있습니다."

진진이 다시 아뢰었다.

그러나 소진과 함께 전국시대 유세객으로 이름을 떨친 장의는 소진이 만든 합종을 깨기 위해 회왕을 계속 부추겼다.

"대왕 마마, 신 굴원이 아룁니다. 진진 대부의 말이 옳습니다. 장의와 동문수학한 소진은 합종을 이루어놓고도 배신을 밥 먹듯이 하여 연나라를 섬기다가 제나라로 망명했으나, 결국 자객들에게 죽임을 당했습니다. 유세객의 말은 믿을 바가 못 됩니다. 이는 장의의 계략에 말려드는 것입니다."

굴원은 회왕에게 합종을 깨면 절대로 안 된다고 아뢰었다.

"6백 리의 땅이 생기는데 어찌 이 제안을 거절하는가? 수만 명의 군사를 동원하여 싸워도 1백 리의 땅을 얻기 어렵다."

회왕은 대부 진진과 굴원의 간언을 받아들이지 않았다.

"대왕 마마, 진나라는 적국입니다. 천하를 통일하기 위하여 합종을 깨려는 것입니다. 6국의 합종이 깨지면 초강대국인 진나라가 여섯 나라를 차례차례 멸망시킬 것입니다. 어찌하여 나라를 망하게 하시려는 것입니까?"

굴원은 어전에서 통곡했다.

"닥쳐라. 네가 감히 나를 망국의 군주라고 말하는가? 저자를 어전에서 끌어내라."

회왕은 간언을 올리는 굴원을 어전에서 내쳤다.

굴원은 대궐에서 나오자 비통한 심정이었다. 회왕이 장의 같은 세객의 꼬임에 빠져 제나라와의 합종을 깨는 것은 어리석다고 생각했다. 장의는 초나라가 제나라와의 합종을 깨자 굴원을 비웃으면서 진나라로 돌아갔다.

6백 리 땅을 얻으려다 오히려 빼앗기다

초나라 회왕은 제나라와의 합종을 깬 뒤 진나라의 장의에게 6백 리의 땅을 달라고 요구했다.

"내가 언제 6백 리의 땅을 약속했나? 나는 6리의 땅을 약속했을 뿐이다."

장의는 초나라를 비웃고 땅을 할양해주지 않았다. 회왕은 대로했다. 그는 즉시 군사를 일으켜 대장 굴개에게 10만 군사를 주고 진나라를 공격하게 했다. 그러자 진나라는 제나라와 동맹을 맺고 초나라와 싸웠다.

굴개는 맹장이었다. 그러나 진나라와 제나라는 20만 군사를 동원했기 때문에 초나라의 10만 군사로는 역부족이었다. 3국 군사는 남전 일대에서 3개월에 걸쳐 처절한 혈전을 벌인 끝에 초나라가 대패했다. 부장 봉후축이 전사하고 굴개는 단양까지 패퇴했다. 굴개는 단양 일대에서 패잔병을 이끌고 또다시 진나라의 대장군 감무와 맞서 싸웠으나, 맹장 감무에게 패하여 죽었다.

진나라 군대가 벤 초나라 군사들의 수급이 8만에 이르렀고, 단양 일대는 온통 초군의 피로 물들었다. 진나라는 초나라의 한중 땅 6백 리를 무인지경으로 휩쓸며 완전히 점령했다. 초나라는 상어 땅 6백 리를 얻으려다 오히려 한중 땅 6백 리를 빼앗기는 수모를 당한 것이다.

감언이설에 다시 속다

"진나라는 배은망덕한 나라다. 내가 두 눈을 시퍼렇게 뜨고 살아 있
는 한 진나라를 용서하지 않을 것이다."

초나라 회왕은 다시 군사를 동원하여 진나라를 공격하려고 했다.
이때 초나라와 제나라의 합종이 깨진 틈을 타서 위나라가 초나라를
공격해 들어왔다. 초나라는 부득이 후퇴하지 않을 수 없었다. 진나라
와 전쟁을 하려다가 말고 퇴각한 것이다. 회왕은 굴원을 다시 대부에
임명했다.

그리고 여러 해가 흘렀다. 진나라가 한중 땅을 갈라서 초나라에 돌
려줄 테니 화친을 하자고 제안해왔다. 회왕은 땅은 필요 없으니 장의
의 목을 달라고 요구했다. 장의는 과감하게 초나라로 가서 대부들과
장군들에게 뇌물을 바치고 자신을 구원해달라고 말했다. 그러고는
회왕을 만나서 자신이 돌아가면 반드시 6백 리의 땅을 돌려줄 뿐 아
니라 앞으로 초나라를 위해 모든 정성을 기울이겠다고 감언이설을
늘어놓았다.

"장의는 진나라 대국의 재상입니다. 그를 죽이면 진나라가 그냥 있
지 않을 것입니다. 사람 목숨 하나가 무엇이 중요하여 그를 반드시
죽이려 하십니까? 오히려 그에게 황금을 주어서 우리 사람으로 만들
면 은혜를 잊지 않을 것입니다."

초나라 장군 정수가 회왕에게 장의를 죽이지 말라고 권했다.

"그렇다. 소인은 사사로운 원수를 생각하지만 대인은 원수를 생각
하지 않는다."

회왕은 장의를 죽이지 않고 황금을 주어서 돌려보냈다. 굴원이 사

신으로 갔다가 돌아와서 이 사실을 알고는 대로했다. 이에 회왕이 뒤늦게 장수 당말을 보내 장의를 추격했으나 진나라 군사에게 포위되어 죽고 말았다.

'내가 장의에게 또 속았구나.'

회왕은 너무나 분해서 피를 토했다.

다시 여러 해가 지났다. 진나라 소왕이 초나라와 혼인을 하겠다며 진나라 땅 무관에서 만나자고 제안했다. 굴원은 소왕이 음흉하기 때문에 위험하니 가지 말라고 권했다. 그러나 회왕은 장의에게 여러 차례 속은 것도 잊고 다시 귀를 기울였다.

"어찌 대왕께서 진나라 땅으로 들어가려고 하십니까? 대왕께서는 초나라로 돌아올 수 없을 것입니다."

굴원은 장의의 책략에 속지 말라며 한사코 만류했다. 하지만 회왕은 굴원의 말을 듣지 않고 진나라 땅 무관으로 갔다가 진군에게 포위되어 위기에 빠졌고, 간신히 조나라 땅으로 도망갔다가 진나라에서 죽었다.

"아, 내 말을 듣지 않더니 임금이 외국에서 비참하게 죽었구나."

굴원은 회왕이 외국에서 떠돌다가 죽었다는 소식을 듣고 통곡했다.

모래를 품고 강물에 몸을 던지다

회왕이 죽자 그의 동생이 왕위에 올라 경양왕이 되었으며, 굴원을 싫어하는 자란은 영윤令尹, 재상이 되었다. 굴원은 크게 실망했다.

굴원은 경양왕을 받들면서 그가 간신들에게 빠지지 않기를 산설하게 바랐다. 그러나 경양왕은 영윤 자란과 간신 상관대부 근상의 말만 들으면서 굴원이 아무리 충언을 아뢰어도 듣지 않았다.

"우물물이 맑은데도 마시지 않으니 나의 마음이 아프다. 맑은 물을 길어주었으면 좋겠다."

굴원은 왕이 충신들을 기용해주기를 진심으로 바랐다. 굴원이 자신을 모함한다고 생각한 자란이 상관대부 근상을 시켜 굴원을 모함하자, 경양왕이 크게 노하여 굴원을 귀양 보냈다.

"간신은 높이 발탁하고 충신은 귀양을 보내니, 초나라가 멸망할 날이 멀지 않았구나."

굴원은 비통해했다. 그는 유배지에서 산발을 하고 미친 듯이 돌아다니면서 시를 지었다.

하루는 굴원이 양자강에 이르러 강가를 거니는데, 얼굴은 초췌하고 몸은 마른 나뭇가지처럼 바짝 말라 있었다. 어부가 쓸쓸하게 강가를 돌아다니는 굴원을 보고 물었다.

"당신은 이 나라의 대부가 아닙니까? 어찌 이런 곳에 있습니까?"

굴원은 몽롱한 눈빛으로 어부를 바라보았다.

"세상이 온통 어지러운데 나만이 바르고, 세상 사람들이 모두 취했으나 나만이 취하지 않았으니 임금에게 쫓겨난 것이다."

굴원이 비탄에 잠겨 말했다.

"모름지기 성인이란 사물에 집착하거나 구애되지 않습니다. 세상이 어지러우면 왜 그 탁류에 몸을 맡기지 않습니까? 세상 사람들이 취했다면 어찌 함께 취하지 않습니까?"

어부가 비웃듯이 굴원을 조롱했다.

"사람이 어찌 깨끗한 몸에 더러운 먼지를 쓰게 하겠는가? 차라리

양자강에 몸을 던져 물고기의 뱃속으로 들어가는 것이 낫다. 나는 결백한 몸에 세속의 때를 묻히지 않겠다."

굴원은 〈회사부懷沙賦〉를 지은 뒤 양자강에 뛰어들어 목숨을 끊었다.

여름의 눈부신 햇살에

신록이 무성하여 향기를 뿜네

내 마음이 서러워

발길을 재촉하여 강남으로 가네

눈을 들어 아득한 산천을 보니

고요하고 그윽하구나

병들고 비천한 신세

가슴에 맺힌 한을 달랠 수 없네

모난 나무가 둥글게 깎인다고 해도

상도常度를 벗어난 것은 아니런만

장부가 초지初志를 바꾸는 것은

군자君子가 부끄럽게 여기는 것이네

흰 것을 검다고 하고

위를 뒤집어 밑이라고 할 수 없네

원한을 참고 통분을 가라앉히며

스스로 마음을 다스려야지

혼탁한 세상에도 변치 않는 것은

후세의 본보기가 되기 위함이라

여로에 올라 북지에 이르니

어느덧 날이 저물어 저녁 이내가 내리도다

울적한 마음을 노래하여 슬픔을 달래다가

모래를 품고 강물에 뛰어들리라

'회사부'는 모래를 품고 강물에 몸을 던진다는 뜻이다. 초나라의 시인은 이렇게 하여 울분을 참지 못하고 양자강에 몸을 던져 한 많은 일생을 마쳤다. 그가 죽고 수백 년이 흐르면서 많은 시인과 묵객이 그의 아름다운 일생을 노래하고 그의 충심과 대쪽 같은 절개를 기렸다. 인생의 가장 강렬한 에너지로 '신념'을 선택한 그의 생애는 영원한 시로 남게 된 것이다.

조선 시대의 사대부들도 굴원의 〈이소〉와 〈회사부〉를 춘추전국시대의 가장 아름답고 고결한 시로 꼽았다.

중국 문학의 발원지, 초사楚辭

중국 문학의 발원지를 말할 때 보통 《시경詩經》과 초사를 든다. 초사를 대표하는 작가는 바로 굴원이며, 그가 창조한 일종의 시 문체 또는 그와 그의 제자가 남긴 책들을 모아 편찬한 것을 초사라고 부른다. 굴원의 낭만적인 사상이나 풍부한 신화적 공상이 《시경》에서는 볼 수 없는 특징이며, 중국 후대의 문학에 커다란 영향을 미쳤다. 초사의 운문 형식을 '부賦'라고 하며 〈이소부〉나 〈회사부〉 등이라 부른다.

동서고금의
가장 위대한 신념은 사랑!
2천 년 세월을 울리는 사랑의 주인공, 사마상여

> **사마상여(司馬相如)**
> 전한 시대 문학의 대표적인 인물. 〈자허부〉, 〈상림부〉 등 굴원의 〈이소〉, 《시경》의 〈국풍〉
> 과 쌍벽을 이룰 정도로 빼어난 작품을 선보인 것으로 알려져 있다. 말을 더듬는 습관이
> 있었으며, 정치에 흥미를 보이지 않고 황제 측근의 문학자로서 무제에게 총애를 받았다.
> 거문고로 인연을 맺은 탁문군과의 아름다운 사랑 이야기가 유명하며, 소갈증^{당뇨병}이 있
> 어 말년에는 무릉에 칩거하였다.

문학을 하기 위해 벼슬까지 버리다

고금을 통틀어 가장 아름다운 이야기는 역시 사랑 이야기가 아닐
까? 춘추전국시대에도 많은 사랑 이야기가 있었는데, 그중에서도
사마상여와 탁문군卓文君의 사랑 이야기가 오늘날까지 깊은 감동을
전해준다.

사마상여는 사천성 성도 출신이다. 집안이 한미寒微했으나 어릴 때
부터 책 읽고 글 짓는 것을 좋아했다. 문인이 없는 시골에서 자란 탓
에 문인 만나는 것을 가장 큰 즐거움으로 삼았다. 그는 염파와 함께
문경지교라는 고사성어를 남긴 조나라 재상 인상여를 존경하여 자신

의 이름을 상여로 바꾸기까지 했다.

'문인은 도읍에 많다. 나도 도읍으로 가자.'

한나라의 도읍 장안에 문인들이 많이 살 것이라고 생각한 사마상여는 자신의 전 재산을 나라에 바치고 시종관이 되어 무제의 아버지인 경제 밑에서 벼슬을 했다. 장안에서 이름난 문인인 동중서에게 학문을 깊이 배우고, 사마천이나 동방삭 같은 당대의 문인들과 교분을 나누었다. 그러나 사마천은 역사서를 쓰느라 바쁘고, 동방삭은 기행을 일삼으면서 천자의 황궁에서 보내는 날이 많았다. 그들의 문학도 사마상여의 마음에 들지 않았다.

이때 경제의 아우는 양의 효왕이었는데, 그는 두태후와 경제에게 입조할 때마다 문인으로 유명한 추양과 매승을 데리고 왔다. 문인을 좋아한 사마상여는 그들을 만나 밤새 시와 부를 짓고 문학에 대해 토론했다. 효왕은 그들에게 술과 안주를 보내 격려했다. 사마상여는 문인을 우대하는 양나라가 너무 좋았다. 효왕이 입조를 마치고 돌아가자 사마상여도 관직을 버리고 양나라로 찾아갔다. 그러나 그가 머나먼 양나라로 찾아갔을 때 효왕은 이미 병으로 죽고 문인들은 뿔뿔이 흩어져 있었다.

'문학을 하기 위해 벼슬까지 버렸는데, 어찌 이럴 수가 있는가?'

사마상여는 실망하여 고향을 향해 발걸음을 옮겼다.

전 재산을 나라에 바치고 벼슬을 샀던 사마상여는 수중에 돈이 없었다. 그는 거의 거지가 되어 집으로 돌아왔다. 그의 집도 기둥만 남아 있다고 할 정도로 빈한했다. 그러나 그는 가난 속에서도 거문고를 타고 시를 지으면서 세월을 보냈다. 비가 오면 지붕에서 물이 떨어지고 눈보라가 치면 눈발이 집 안까지 쏟아져 들어왔다.

한 쌍의 원앙 되어 창공을 훨훨 날아가리

임공에 거상 탁왕손이 살았는데, 그는 사마천이 살고 있는 지방에서 가장 부유해서 많은 사람과 교분을 나누고 있었다. 특히 사람들을 초대하여 주연을 베푸는 것을 좋아했다. 사마상여는 양나라에 있을 때 〈자허부〉를 지어 명성을 떨쳤으며 거문고 연주 솜씨가 뛰어나다는 소문이 난 터라 잔치에 초대를 받아 연주를 하기 시작했다.

탁왕손에게는 탁문군이라는 절세미인의 딸이 있었는데, 열일곱의 꽃다운 나이였으나 과부였다. 그녀는 탁왕손이 베푸는 주연 자리에 참석하여 빈객들에게 인사를 드리곤 했다. 그 자리에서 너무나 아름다운 탁문군을 보게 된 사마상여는 그녀에게 사랑을 호소하는 〈봉구황〉이라는 노래를 지어 부르기 시작했다.

봉아, 봉아, 고향에 돌아왔구나
황을 찾아 사해를 돌아다녔으나
아직까지 소원을 이루지 못했는데
오늘 저녁에야 그대를 만났네

방은 가까워도 사람은 멀어 비통하구나
그녀와 한 쌍의 원앙이 될 수 있다면
함께 창공을 훨훨 날 수 있을 텐데
봉아, 봉아, 나를 따라 누각에 오르라

정을 나누고 몸이 하나가 되어

깊은 밤 서로 따르면 누가 알랴

두 날개 펴고 하늘 높이 날아오르려니

나는 더 이상 슬픔을 느끼지 않으리

탁문군은 규방에서 사마상여의 거문고 소리와 노래를 들었다. 그 애절함이 그녀의 가슴으로 파고들었다. 노랫가락을 자세히 듣자 자신에게 호소하는 것임을 알 수 있었다. 연회가 끝나고 사마상여가 돌아간 뒤에도 그녀는 잠을 이룰 수 없었다. 그녀는 연회에서 거문고를 타며 노래를 부르는 사마상여를 본 적이 있었다. 그의 옷차림은 남루했으나 눈빛이 맑고 청수한 문사의 인상을 갖고 있었다.

'아름다운 공자로구나.'

탁문군도 사마상여를 사랑하게 되었다.

흰머리가 나고 땅속에 묻혀도 사랑은 영원하리

사마상여와 탁문군은 그날 밤 몰래 만났다. 탁문군은 사마상여가 자신을 열렬히 사랑한다는 사실을 알았다. 그녀 역시 그에게 거침없이 빠져 들어갔다. 사마상여와 탁문군은 불꽃같은 사랑을 나눈 뒤에 야반도주를 했다.

탁왕손은 딸이 가난뱅이 시인과 야반도주를 하자 불같이 화를 냈다. 탁문군과 인연을 끊겠다고 하면서 사마상여에게 헤어지라고 강요했다.

"상공, 저를 사랑하시면 아버님께 가서 청혼하세요. 그래야 우리는 떳떳하게 혼례를 올릴 수 있어요."

하루는 탁문군이 사마상여에게 말했다.

"당신 아버지가 우리의 혼례를 허락하겠소?"

"그래도 청혼을 해야지요."

"그대는 부잣집의 귀한 딸이오. 나같이 가난한 사람과 평생을 같이 살 수 있소?"

"저는 상공을 사랑하지 재물을 사랑하는 것이 아니에요. 우리의 사랑은 흰머리가 나고 땅속에 묻힌다고 해도 영원할 거예요."

탁문군의 말에 감동한 사마상여는 탁왕손을 찾아가서 청혼을 했다. 그러나 탁왕손은 가난뱅이 사마상여의 청을 한마디로 잘라 거절했다.

"아버지, 저희 혼인을 허락해주세요. 저는 그분이 아니면 혼인을 하지 않을 거예요."

탁문군이 탁왕손에게 절을 하고 울었다.

"가난뱅이 시인이 어디가 좋다고 혼인을 하겠다는 거냐? 너는 평생 가난뱅이 신세를 면치 못할 거다."

"아버지는 많은 재산을 갖고 있잖아요? 그것을 나누어주시면 되잖아요?"

"어림없다. 네가 그놈과 혼인을 하면 한 푼도 주지 않겠다."

"그러면 어쩔 수가 없군요. 저는 오직 그분을 사랑해요."

사마상여와 탁문군은 그날 밤 집으로 돌아왔다. 사마상여의 집은 그야말로 네 벽밖에 없다고 할 정도로 가난했다. 그들은 탁문군이 입고 있던 털옷을 팔아서 밤새도록 술을 마시고 시를 지었다. 사마상여와 탁문군은 행복한 신혼생활을 보냈다.

하지만 결혼 생활은 사랑만으로 할 수 있는 게 아니다. 사마상여와 탁문군은 당장 먹고살 길이 없었다. 그래서 그들은 술집을 차려 장사를 시작했다. 탁문군은 손님에게 술을 따르고 사마상여는 그릇을 씻었다.

탁왕손은 알아주는 부호였다. 그는 몇 년이 지나자 딸이 고생한다는 말을 듣고 재산을 나누어주고 사마상여도 사위로 인정해주었다.

사마상여와 탁문군은 비로소 마음껏 시를 지을 수 있었다.

두 마음을 품었지만 다시 돌아오다

한나라 경제가 죽고 무제가 보위에 올랐다. 무제는 사마상여가 지은 〈자허부〉가 마음에 들어 그를 불러 낭중에 임명했다. 사마상여는 〈상림부〉를 지어 무제의 총애를 받았다. 〈상림부〉는 무제가 상림원에서 사냥하는 모습을 보고 지은 악부인데, 다분히 무제를 찬양하는 시였다.

무제는 흉노와 전쟁을 하느라고 재정이 고갈되었는데도 토목공사를 일으켰다. 토목공사는 흉노 정벌 군대를 빨리 이동시키기 위함이었으나 한나라에 등장하기 시작한 대상들의 이동을 수월하게 하려는 목적도 있었다.

중국 서남쪽 파촉에도 도로 공사가 벌어졌다. 그러나 공사를 해야 할 백성을 동원할 수 없었다. 당시 백성의 삶은 전쟁과 흉년으로 도탄에 빠져 있었다. 토목공사의 책임자인 당몽은 사람들을 동원하지 못한 수령을 군법으로 처형했다. 촉 지방에서는 이에 항거하여 백성이 반란을 일으키려고 했다.

"촉 지방에서 난이 일어나려고 하니 경이 가서 진정시켜라."

무제가 사마상여를 진무사에 임명하여 촉으로 파견했는데, 사마상여는 이 임무를 훌륭히 수행하여 무제의 총애를 더욱 더 받았다.

한편 사마상여는 문인들과 교유하면서 술을 자주 마셨다. 그러다가 한 여인을 사랑하게 되었다. 탁문군은 사마상여가 자신을 버리고 다른 여인을 사랑하자 쓸쓸해졌다. 한때 모든 것을 버리고 열렬히 사랑했는데 사랑이 떠난 것이다.

'그가 나를 원하지 않으면 나는 떠날 것이다.'

탁문군은 사마상여에게 〈백두음白頭吟〉이라는 시를 지어 보냈다.

하얗기는 산 위의 눈과 같고

깨끗하기는 구름 사이의 달과 같았지요

들으니 그대에게 두 마음이 있다고 하니

이로써 옛정을 끊기 위해서

오늘 이 술자리를 마련했어요

내일 아침은 해가 물 위에 있겠지요

다리 위에서 헤어져

물 따라 동서로 흘러가겠지요

쓸쓸하고 처량하군요

나만을 사랑하는 사람을 만나

백발이 될 때까지 헤어지면 안 되는데

대나무 잎사귀는 어찌 이리 하늘거리고

물고기 꼬리는 어째 이리 나사시 빌립난가요

남자는 의기를 중하게 여겨야 하는데

어찌 재물만 위하나요

　사마상여는 탁문군의 시를 보고 감동했다. 젊었을 때 그녀와 함께 진실한 사랑을 나누던 일이 주마등처럼 스쳐 갔다. 사마상여는 탁문군에게 사과하고 다시 그녀를 사랑했다. 사마상여는 벼슬을 사직하고는 고향으로 돌아와 많은 시를 남기고 병사했다. 탁문군은 사마상여의 묘비문을 스스로 지었다.

　사마상여와 탁문군은 2천 년 전 사람으로 동서고금의 가장 위대한 신념은 사랑이라는 것을 보여준다. 그들의 애틋한 사랑은 지금도 남아 여전히 사람들의 가슴을 촉촉하게 적신다.

한나라 시대의 문학, 한부漢賦

한나라 시대에 생겨난 일종의 운韻이 있는 산문이다. 시와 산문의 중간 형태를 띠는 부賦 형식의 중국 고유의 문학은 일찍이 시작되었지만, 한나라 때에 이르러서는 사물을 화려하고 장대하게 표현하고 국사를 찬송하는 궁정문학의 성질을 갖게 된다. 대표적 인물로는 사마상여와 양웅이 있다. 특히 사마상여는 그의 작품〈자허부子虛賦〉에 감동한 무제의 부름을 받아 활약한 것으로 유명한데, 〈자허부〉를 읽은 무제가 '홀로 이 사람과 함께할 수 없는가? 朕獨不得與此人同時哉'라며 탄성을 질렀다고 한다.

젊은 날의 치욕은 큰 인생을 위한 밑거름이다

한나라를 통일하고도 결국 토사구팽을 당한, 한신

한신(韓信)

한고조의 천하 통일을 도운 한나라 초기의 명장. 젊었을 때는 남의 집에서 밥을 빌어먹을 정도로 가난했으나, 진나라 말기 천하가 혼란스러울 때 항우를 도와 활약하였고 이후 유방에게로 가서 대장군이 되었다. 한때 유방 및 항우와 함께 천하를 삼등분할 정도로 힘이 있었으나 정치력이 부족하여 토사구팽을 당했고, 결국 여태후에 의해 처형되었다.

무뢰배의 가랑이 밑을 기어 나가다

통일 진나라의 2세 황제와 환관 조고가 폭정을 일삼자 곳곳에서 반란이 일어났다. 초나라에서는 항우項羽가 일어나고 탁군에서는 유방劉邦이 일어나 진나라에 반기를 들었다. 전국에서 진나라의 폭정에 항거하는 반란이 일어나고 있을 때 한신은 회음 지방에서 무위도식하고 있었다. 병법을 읽었다고 큰소리를 쳤으나 칼 한번 제대로 쓰는 것을 본 일이 없어서 마을 사람들 모두가 한신을 건달로 취급했다. 그런데도 그는 체구에 어울리지 않게 항상 큰 칼을 가지고 다녔다.

한신이 살고 있는 마을에 치안을 맡은 정장亭長이 있었는데, 한신은 그 집에서 빌붙어 살았다. 그러나 정장의 부인이 한신을 몹시 미워했

다. 한신은 여러 달째 아무 일도 하지 않고 끼니때만 되면 찾아와서 밥만 축냈기 때문이다. 정장의 부인은 한신 몰래 이불 속에서 식구들에게 밥을 먹이고 한신에게는 때가 되어도 밥을 주지 않았다.

'사람의 인정이 밥 한 끼 주지 않을 정도로 메말랐으니, 어찌 이런 집과 상종을 하겠는가?'

한신은 화가 나서 정장의 집을 떠났지만 마땅히 갈 곳이 없었다. 그는 물고기라도 잡아서 허기를 면하려고 강가에서 낚시질을 했는데, 그 모양이 처량해 보여 빨래를 하던 여인이 밥을 주었다. 여인은 며칠 동안 계속 빨래를 하러 나왔는데 그때마다 그에게 밥을 주었다.

"이렇게 은혜를 베풀어주니 훗날에 반드시 보답을 하겠습니다."

한신은 빨래하는 여인에게 정중하게 인사를 했다.

"장부가 밥조차 먹지 못하는 듯해 불쌍해서 주었을 뿐 보답을 바라고 하는 것은 아닙니다."

여인은 오히려 화를 냈다. 한신은 머쓱하여 마을로 돌아왔다. 마을의 시장에는 무뢰배가 많았는데, 한신이 항상 큰 칼을 가지고 다니는 것을 아니꼽게 생각하여 시비를 걸었다.

"이놈아, 건달 주제에 칼은 항상 큰 걸 가지고 다니는구나. 그 칼을 쓸 줄은 아느냐?"

무뢰배가 한신을 야유했다.

"쓸 줄도 모르는 칼을 왜 가지고 다니겠나?"

"그렇다면 나를 찔러보아라."

"원수진 일도 없는데 왜 찌르는가? 나는 그런 짓을 하지 않는다."

"겁쟁이니까 찌를 수 없겠지? 그러면 내 가랑이 밑으로 지나가라."

무뢰배가 한신에게 모욕을 주었다. 한신은 많은 사람들이 손가락질을 하고 있었으나 무뢰배의 가랑이 밑으로 기어서 지나갔다. 그러나 그날의 사건은 앞날을 위한 밑거름이 되었고, 가랑이 밑을 기어가던 한신은 그 치욕을 이겨내고 승승장구하게 된다.

승상 소하의 천거로 대장군이 되다

항량이 반란을 일으켜 회수를 건널 때 한신은 칼을 지팡이처럼 짚고 따라다녔다. 그러나 항량은 한신을 알아보지 못했다. 항량이 패하여 죽자 한신은 항우를 따라다녔다. 항우 역시 한신이 여러 차례 탁월한 계책을 일러주었으나 채택하지 않았다.

'항우는 지나치게 독선적이다. 그에게는 인재가 오지 않을 것이고 결국 실패할 것이다.'

한신은 유방이 촉 땅에 이르렀을 때 항우의 군대에서 빠져나와 유방의 휘하로 들어갔다. 그러나 유방도 마찬가지로 한신의 진가를 알아보지 못하고 그를 하급 장교로 두었다. 한신은 자신을 알아주지 않는 유방을 탓하면서 세월을 보내다가 법에 연좌되어 동료 13명과 함께 참수형을 당할 처지에 놓이고 말았다. 동료들이 차례로 참수를 당하자 한신은 기가 막혔다.

"주군은 천하의 대사를 도모한다면서 어찌 장수를 참수하려고 하십니까?"

한신은 자기 차례가 되자 큰 소리로 외쳤다. 그러자 하후영이 듣고 기특하게 생각하여 그를 살려주었다. 하후영은 한신과 이야기를 나누어본 뒤에 그가 비범한 인물이라는 것을 알고 군량을 담당하는 장

교에 임명했다. 한신은 유방이 세운 한나라의 승상 소하와 많은 이야
기를 나누었다. 소하는 한신과 이야기를 나누고 그가 천하를 뒤흔들
용병의 귀재라는 사실을 알게 되었다.

"대업을 완수하려면 이런 사람이 필요합니다."

소하는 한신을 유방에게 천거했다. 유방은 한신을 만나보았으나
대단하게 생각하지 않았다. 한신은 승상인 소하가 천거를 하는데도
유방이 자신을 발탁하지 않자 군중에서 빠져나와 달아났다. 소하가
한신이 달아났다는 말을 듣고 유방에게 알리지도 않고 좇아갔다.

"승상이 도망을 갔습니다."

장수들이 유방에게 보고했다. 유방은 자신의 오른팔이나 다름없는
소하가 도망갔다는 보고를 받고 크게 실망했다. 그러나 이틀이 지나
소하가 돌아오자 유방은 분노와 기쁨이 교차하여 소하를 꾸짖었다.

"승상은 어찌하여 나에게서 도망을 갔는가?"

"도망을 간 것이 아니라 도망간 자를 좇아갔습니다."

소하가 웃으면서 대답했다.

"그자가 누구인가?"

"한신입니다."

"나를 따라다니던 많은 장군이 도망을 가도 좇아가지 않더니, 별
볼일 없는 한신을 좇아갔다는 말인가? 이는 거짓이다."

"도망간 장군들이 수십 명이라고 해도 그들은 한신만 못합니다. 한
신은 국가에서 반드시 필요한 인물입니다. 대왕이 한중의 왕으로 머
무시려면 한신을 쓰지 않으셔도 괜찮습니다. 그러나 천하를 도모하
려고 하신다면 반드시 한신이 있어야 합니다."

"한신이 그렇게 유능하다면 승상 체면을 보아 상군에 임명하겠소."

"그러면 한신은 주군을 받들지 않을 것입니다."

"그러면 대장군으로 삼을까?"

유방이 소하에게 빈정거리듯이 말했다.

"그렇게 되면 대왕은 천하를 얻으실 수 있을 것입니다."

유방은 소하의 말이 진심이라는 것을 알고 한신을 대장군에 임명하려고 했다. 그러자 소하가 목욕재계하고 한나라의 모든 장수들을 집합시킨 가운데 임명할 것을 요청했다. 유방은 한나라의 모든 장수를 집합시키고 대장군을 임명하겠다고 선포했다. 장군들은 서로가 자신이 대장군이 될 것이라고 기뻐했으나 유방이 발표한 인물은 뜻밖에도 한신이었다.

유방을 도와 한나라의 통일을 이룩하다

"승상이 여러 차례 장군을 천거했는데, 어떤 계략으로 과인에게 가르침을 주려는가?"

임명식이 모두 끝나자 유방이 한신에게 물었다.

"대왕, 우리 한나라의 가장 큰 적은 항우가 아닙니까?"

한신이 인사를 하고 유방에게 물었다.

"대왕께서는 용맹한 점에 있어서 항우와 비교하면 어떻습니까?"

"내가 항우보다 못하지."

"신도 그렇게 생각합니다. 대왕은 확실히 항우처럼 용맹하지 않습니다. 항우는 천하에 따를 자가 없을 정도로 용맹하고 호랑이 같은 인물입니다. 신은 그의 수하에 있었기 때문에 잘 압니다. 그가 한 번

노기를 품고 소리를 지르면 모두 꿇어 엎드려 벌벌 떱니다. 아무리 훌륭한 장수가 옆에 있어도 자신의 용맹만을 믿고 그 장수를 신뢰하지 않습니다. 그러므로 항우 밑에는 훌륭한 장수가 오지 않습니다. 대왕께서 항우와 반대로 장군들을 신뢰하고 공이 많은 자에게 후하게 상을 내리신다면 이기지 못할 군대가 없습니다. 항우는 투항한 진나라 군사들을 속여서 20만 명을 구덩이에 묻어 생매장했습니다. 진나라의 백성들 중에 항우를 원망하지 않는 자가 없습니다. 이때 정의의 군사를 일으킨다면 반드시 승리할 것입니다."

한신의 말에 유방은 크게 기뻐했다. 한신은 한나라의 대장군이 되자 군사를 이끌고 출정했다. 한신은 전투마다 승리를 거둬 명장이라는 명성을 쌓으며 승승장구하여 한나라가 항우를 꺾고 천하를 통일하는 데 가장 큰 공을 세움으로써 제왕齊王에 이어 초왕楚王에 책봉되었다.

어느 날 유방은 한신과 함께 여러 장군들의 능력에 대해서 한담을 나누었다.

"장수들마다 군사를 거느리는 능력이 다르다. 어떤 장수는 천 명을 거느리고 어떤 장수는 만 명을 거느릴 수 있다. 과인이 장수라면 얼마나 거느릴 수 있을꼬?"

유방이 한신에게 물었다.

"황송하오나 폐하께서는 한 10만 명 정도의 군사를 거느리는 것이 적당합니다."

한신이 망설이지 않고 대답했다.

"그렇다면 그대는 얼마 정도의 군사를 거느리는 장수인가?"

"다다익선多多益善입니다."

"많으면 많을수록 좋다고? 그렇다면 그대는 어찌하여 10만의 군사를 거느리는 장수감에 불과한 과인의 부하가 되었는가?"

"신은 많은 군사를 거느리지만 폐하께서는 장수를 거느리는 분입니다. 폐하는 신과 같은 장수 하나만 거느리면 되십니다."

한신이 말하자 유방이 유쾌하게 웃었다. 그러나 천하를 통일한 한 고조 유방은 한신의 세력이 지나치게 강대해지는 것을 우려하여 그를 회음후로 격하시켰다. 유방을 위하여 온갖 고생을 하면서 전투마다 승리를 거두어 천하제일의 명장이라는 말을 들은 한신은 비참해졌다.

"토끼가 죽으니까 사냥개를 잡아먹는구나."

한신은 '토사구팽兎死狗烹'이라는 고사성어를 남겼다. 한신은 유방을 원망하다 진희의 난에 가담한 것이 발각되어 여태후에게 처형되었다. 한 시대를 뒤흔든 명장이 권력 쟁탈에 휘말려 죽은 것이다.

한신과 관련된 고사성어

사면초가四面楚歌 : 사방이 적으로 둘러싸인 고립무원孤立無援의 상태. 외톨이. 초나라 항우가 해하에서 포위되자 한신은 군사들로 하여금 사방을 에워싸게 한 다음 초나라의 노래를 부르게 하여 항우의 심리를 자극했고, 결국 항우는 자살하고 말았다.

다다익선多多益善 : 많으면 많을수록 더 좋다. 유방과 한신이 한담하는 자리에서 '유방은 병사를 부리는 데 약하지만, 장수를 부리는 데는 자신보다 낫다'며 한신이 유방을 치켜세운 일화에서 유래했다.

토사구팽兎死狗烹 : 토끼 사냥이 끝나면 사냥개를 잡아먹는다. 필요할 때는 요긴하게 쓰다가, 쓸모가 다하면 버려진다는 뜻이다. 원래 월나라 재상 범려가 남긴 말이었으나, 한신이 충성을 다한 유방에게 배신을 당하자 원망하며 다시 인용했다.

큰일을 이루려면
최소한 10년은 준비하라

한무제의 흉노 정벌 정책을 실현한 장군, 위청

> **위청(衛靑)**
> 한나라 무제 때의 장군. 무제의 황후인 위자부의 동생으로 흉노 정벌 때 전공을 세워 장평후, 대장군 작위에 올랐다. 무제의 철저한 흉노 정벌 정책을 수행하여 용장으로 이름을 떨쳤으며, 일곱 차례에 걸쳐 흉노를 정벌해 5만여 명의 흉노 군사를 베거나 사로잡았다. 곽거병과 함께 대사마가 되었으나 그가 세운 무공武功은 대부분 곽거병에게로 돌아갔다. 죽은 후에는 '열후'라는 시호를 받고 무제의 무릉에 안장되었다.

한고조의 굴욕을 잊지 말라

유방은 숙적 항우를 격파하고 한제국을 건설했으나 북방의 흉노 때문에 말년이 비참했다. 흉노는 한나라의 변경을 자주 침범하여 재물을 약탈하고 부녀자를 끌고 가는 등 백성들을 괴롭혔다. 중국의 서북쪽 백성들에게는 흉노가 공포의 대상이었다. 하늘이 높고 말이 살찌면 흉노가 침범한다고 하여 '천고마비天高馬肥'라는 고사성어가 생길 정도로 강대했던 흉노는 유방이 한나라를 건설했을 때 부족을 통일하여 역사상 가장 강대해져 있었다. 한고조 유방은 흉노가 자주 침범을 하자 30만 대군을 이끌고 출성하여 흉노를 섬멸하려고 했으나 오히려 흉노에게 포위되어 위기에 빠졌다.

유방이 흉노에게 포위되자 한나라 조정은 경악했다.

"구원군을 보내기에는 이미 늦었다. 이를 어찌해야 좋은가?"

황후인 여 씨가 대신들에게 물었다.

"화친을 맺어야 합니다."

대신들이 일제히 대답했다.

흉노왕은 한고조 유방을 포위하고 투항을 요구하면서 황후 여희에게 자신의 수청을 드는 것이 어떻겠느냐는 편지를 보내 모욕을 주었다. 유방이 죽은 뒤에 여 씨 천하를 만들었을 정도로 강력한 정치력을 발휘하던 여희는 '나는 이미 늙고 병들었으니 젊고 아름다운 미인들을 보낸다'면서 흉노왕을 달래어 화친을 맺었다. 한나라가 해마다 조공을 바치고 흉노를 상국으로 받든다는 굴욕적인 화친이었다.

"항우의 백만 대군을 무서워하지 않던 내가 흉노에게 패하다니 참으로 치욕적인 일이다."

유방은 화친이 성립되어 한나라의 도읍 장안으로 돌아왔으나 비통한 마음을 금할 수 없었다.

한나라의 역대 황제들과 대신들은 흉노를 두려워했다. 그들은 흉노의 침략을 받지 않기 위하여 공주를 흉노에게 시집보내는 등 조공을 계속 바쳤다.

이처럼 한나라는 여러 대에 걸쳐 흉노에게 핍박을 받았는데, 무제는 즉위하자마자 많은 신하의 반대에도 불구하고 흉노 정벌 정책에 매달렸다.

"한고조의 굴욕을 잊지 말라."

무제는 대신들에게 항상 이와 같이 강조했다.

신분의 벽을 뛰어넘어 공주와 사랑하다

무제 때의 대장군 위청은 흉노와의 전쟁으로 크게 명성을 떨친 인물로, 어머니가 평양후平陽侯 정계鄭季의 여종으로 있다가 첩이 되었기 때문에 어머니의 성을 따랐다. 그는 여종의 자식으로 어릴 때부터 온갖 핍박을 받았지만, 틈틈이 무예를 연마하고 병서를 읽었다.

'언젠가는 나에게도 기회가 올 것이다.'

위청은 핍박을 받을 때마다 속으로 다짐했다.

위청은 정계의 시골집에서 양을 키웠다. 정계의 본처가 낳은 아들들은 위청을 형제로 여기지 않고 종으로 생각했다.

"귀인의 상이다. 그대는 반드시 높은 벼슬을 얻으리라."

하루는 어떤 사람이 위청의 얼굴을 보고 그렇게 말했다.

"나는 노비로 태어났으니 주인에게 매질을 당하지 않고 욕이나 먹지 않으면 다행이오."

위청이 겸손하게 말했다.

어른이 된 위청은 평양공주의 마차를 끌게 되었다. 무제와 남매간인 평양공주는 남편을 일찍 잃었는데, 신분은 낮으나 인물이 출중한 위청을 마음에 두었다. 평양공주는 성품이 온화하고 아름다운 여인이었다. 위청과 평양공주는 신분의 벽을 뛰어넘어 깊이 사랑하게 되었다.

한편 위청의 누이 중에 위자부라는 여인이 있었는데, 한나라 황궁에서 궁녀로 있다가 무제의 총애를 받고 임신을 했다. 황후는 대장공주의 딸로 진 씨였으나 아들을 낳지 못했다. 그녀는 위자부가 임신을 하자 질투를 하여 위청을 잡아 가두고 역모로 몰아 죽이려고 했다. 위청을 처절하게 고문하여 위자부까지 역모로 엮을 생각이었던 것이다. 그러나 이때 공손오라는 황궁의 호위무사가 죽음의 위기에 처한 위청을 구하고 이를 무제에게 알렸다.

"황후가 이처럼 포악하니 용서할 수 없다."

무제는 대로하여 황후를 폐위한 뒤 냉궁冷室에 가두었다. 한나라의 냉궁은 죄를 지은 후궁들이 갇혀 지내는 곳으로 한번 들어가면 다시는 나오지 못했다. 황후 진 씨는 결국 목을 매어 자진했다.

10년간 양성한 기마군단으로 흉노에게 첫 승을 거두다

위청은 무제의 총신이 되었다. 무제가 강력한 흉노 정벌 정책을 실시하고 있었으므로 위청은 황제의 사냥터인 상림원에서 군사들을 훈련시켰다. 흉노와 몇 차례 전쟁을 벌였으나 흉노 군이 말을 잘 타고 재빨라서 동에 번쩍 서에 번쩍 하는 바람에 한나라 군은 항상 패하기만 했다. 이에 무제와 위청은 흉노보다 빨리 달리는 기마군단을 양성하기 시작했는데, 자그마치 10년의 세월이 걸렸다.

한나라의 기마군단은 무제와 위청의 합작품이었다. 한나라 대신들은 흉노와 전쟁을 하여 이길 수가 없으므로 화친을 맺는 것이 가장 중요하다고 생각해 전쟁을 반대했다. 그러나 무제와 위청은 대신들의 반대를 피하여 비밀리에 기마군단을 양성한 것이다.

"이제 때가 왔다. 누대에 걸쳐 한나라를 침략한 흉노를 철저하게 공격하여 정벌하라."

무제가 출정 명령을 내렸다.

"위청을 거기장군에 명하고 3만 군사를 준다. 장군은 흉노를 정벌하여 천하를 평안하게 하라."

위청은 거기장군이 되어 마침내 3만 명의 기마군단을 인솔하고 안문관을 넘어 출정했다. 위자부는 아들을 낳고 황후가 되었다.

'누님이 아들을 낳았으니 복이로구나.'

위청은 전선에서 그 이야기를 듣고 크게 기뻐했다.

흉노는 위청이 3만 군사를 이끌고 왔으나 대수롭지 않게 생각했다. 흉노의 용사들은 누구보다도 용맹하고 말을 잘 탔기 때문이다.

"한나라 군은 고작 3만이다. 단숨에 격파하라."

흉노 왕이 명령을 내렸다.

흉노 군은 약 5만의 군사를 이끌고 위청의 기마군단과 맞섰으나 오히려 패하고 말았다. 위청의 기마군단은 10년 동안이나 훈련을 받은 철갑군단이었기 때문이다.

'한나라가 강력하다.'

흉노는 이때부터 전면전을 피하고 기습 작전을 펼쳤다. 그러나 위청은 그들의 작전을 꿰뚫어보고 있었다. 위청은 흉노의 움직임을 면밀하게 파악하여 양을 몰듯이 그들을 골짜기로 몰아간 뒤에 일제히 공격했다.

"기습이다!"

"함정이다!"

흉노 군은 비명을 지르면서 우왕좌왕하다가 대패했다. 위청의 기마군단이 척살한 장수와 흉노 군사가 수만 명이고, 포로로 잡은 군사가 수천 명에 이르는 대승이었다. 한나라 역사상 처음으로 흉노 군에게 승리를 거둔 것이다.

흉노를 철저히 정벌하라

위청은 대승을 거두고 개선했다. 그러나 분노한 흉노는 해가 바뀌자 요서군을 침략하여 태수를 비롯한 수많은 백성을 학살하고 마을에 불을 지른 뒤에 2천여 명의 포로들을 끌고 갔다. 한나라 장군 한안국이 이들을 막으려고 했으나 대패했다.

위청은 다시 기마군단을 이끌고 서쪽으로 진격했다. 위청은 흉노와의 전투에서 계속 승리하면서 진격하여 하남 일대를 평정하고 농서군에서 흉노의 10만 대군과 조우했다. 그리고 치열한 전투 끝에 흉노 군을 패퇴시키고, 이어서 흉노의 백양왕과 누번왕을 패주시켰다. 흉노는 위청의 기마군단에 쫓겨 더욱 북쪽으로 달아났다. 한나라는 흉노의 본거지인 하남 일대에 삭방군을 설치했다. 위청은 승리를 거두고 개선하여 장평후에 책봉되고 대장군이 되었다.

여러 해가 지났다.

흩어졌던 흉노 군이 모여서 다시 한나라 변경을 침략하기 시작했다. 대군代郡을 침략하여 태수를 살해하고, 정양군과 상군에 침입하여 많은 백성을 학살하고 마을을 불태운 뒤 달아났다.

"흉노를 철저하게 정벌하라."

무제가 위청에게 3만 기마군사를 주면서 명령을 내렸다. 위청은 흉노 군 본거지 깊숙이 이동했다. 흉노의 우현왕은 위청이 자신들의 본거지까지 이동해 오리라고는 선혀 예상하지 못하고 술을 마시고 있었다. 위청은 흉노 군이 취해 있을 때 완전히 포위하고 일제히 공격했다. 우현왕은 깜짝 놀라서 군사들에게 반격을 하라고 지시했으나 한군의 맹렬한 공격에 속수무책으로 당했다. 우현왕은 겨우 군사 수십 명을 이끌고 탈출했다. 위청은 장안으로 돌아와 부귀와 영화를 누렸다.

흔히 무언가를 이루려면 최소한 10년은 준비해야 한다고 한다. 한 무제와 위청 역시 10년을 준비하여 기마군단을 양성했고 흉노를 정벌할 수 있었다. 젊은 날의 뜻과 신념은 그만큼 중요하다.

한나라의 가장 강력한 적, 흉노匈奴

흉노는 기원전 3세기 말부터 기원후 1세기 말까지 몽골고원과 만리장성 지대를 중심으로 활약한 유목 기마 민족이다. 또한 그들이 형성한 북몽고와 중앙아시아 일대의 국가를 일컫기도 하는데, 중국 북방에서 가장 일찍 세워진 국가이다. 한나라 초기에 유방은 몸소 흉노를 정벌하기 위해 출정했으나 백등산에서 7일간 포위당하는 등 쉽지 않았다. 당시 흉노는 묵돌 선우가 재위하고 있었으며 이때 가장 강성했다. 한나라는 우선 흉노와 화친을 맺어 국력을 키웠고, 무제 때 국력이 강성해지자 위청과 곽거병을 연이어 보내 대규모 정벌을 시작했다. 선제 때 이미 국력이 약화된 흉노는 한나라에 의해 내분이 일어나 더 쇠약해졌는데, 동한 시기에 대장군 두헌이 출정하여 흉노를 철저하게 궤멸시키고 서쪽으로 내쫓았다. 흉노는 항상 중원에 위치한 국가들과 치열한 세력 다툼을 벌였으며 남북조 시대에 이르러 중국 역사에서 사라졌다. 이후 유럽 대륙으로 이동했다.

포기와 성공은 신념의 차이에서 갈린다

궁형의 치욕을 견뎌내고 《사기》를 집필한 역사학자, 사마천

사마천(司馬遷)

《사기》의 저자로서 동양 최고의 역사가 중 한 명으로 꼽힌다. 성은 사마司馬이고, 이름은
천遷이며, 자는 자장子長이다. 아버지 사마담司馬談의 관직이었던 태사령太史令의 벼슬을
물려받아 복무하였으나, 이능 사건에 연루되어 한무제의 노여움을 사 궁형宮刑을 받게
된다. 이후 《사기》 집필에만 몰두하여 완성하였고, 후에 무제의 신임을 회복하여 환관
최고의 관직인 중서령中書令에 임명되었다.

《사기》의 〈본기〉와 〈사기열전〉은 동양 최고의 역사서로 불린다. 《춘
추》가 여러 편 전하고 있으나, 사마천의 《사기》처럼 방대하지 않을뿐
더러 사실史實이 상세하지도 않다. 사마천의 사기는 이제 동양 불후의
명저로서 누구나 한 번은 읽어야 하는 필독서가 되었다.

아버지의 유지를 받들어 역사를 기록하다

사마천은 중국 전한前漢 시대 무제 때의 역사가로, 집안 대대로 사서
를 집필했다. 사마천은 황하의 북쪽 용문산 자락에서 태어나 농사를

짓고 목축을 하면서 평범하게 살았다. 그러나 집안 대대로 사서를 집필했기 때문에 학문은 누구보다도 뛰어났다. 열 살 때 고대문자로 쓰인 경서를 줄줄이 암송했으며, 스무 살에는 사적史蹟을 답사하기 위해 회계산에 오르고 양자강에 가보기도 했다.

'삼황오제로부터 진시황에 이르기까지 수많은 왕조가 부침을 거듭하고 영웅호걸이 거품처럼 일어났다가 스러졌구나.'

사마천은 역사의 현장을 답사하면서 감동에 젖었다. 그는 상나라나 주나라의 도읍을 돌아보고 초나라의 도읍 영도, 제나라의 도읍 임치 등 역사가 부침했던 지역을 돌아보는 동안 일일이 기록과 대조를 하면서 살폈다.

스물두 살이 되자 여행을 마치고 돌아온 사마천은 낭중郎中의 벼슬에 올라 조정에서 일을 하게 되었다. 그가 낭중으로 한나라 조정에 출사해 있을 때는 기라성같이 많은 인물들이 있었다. 위청과 곽거병 같은 장군을 비롯하여 장탕이나 급암 같은 관리, 동방삭 같은 기인 등 문장에 뛰어난 인물들도 많았다. 사마천은 그들과 교분을 나누면서 역사를 기록하는 일에 심혈을 기울였다.

사마천의 나이가 서른여섯일 때 한나라는 태산에서 봉선封禪 의식을 거행했다. 사마천의 아버지 사마담은 이때 참여하지 못했다. 사마담이 사마천에게 유명을 내렸다.

"우리 사마 씨는 주周 왕실에서부터 사관으로 이름을 얻었다. 네가 태사가 되거든 우리 조상의 업을 이어다오. 공자가 《춘추》를 남긴 이래 사관의 기록은 방기된 채 끊어지고 말았다. 세상에 으뜸가는 덕목이 효인데, 효 중에 으뜸은 조상의 덕을 드러나게 하는 것이다. 나는 태사로 있으면서 그것들에 대해 기록하지 못함으로써 천추의 한을 남기게 되었다. 너는 나의 이 애통한 마음을 알아다오."

사마천은 그때 울면서 대답했다.

"소자가 불민하옵니다만 반드시 아버님의 유명을 받들어 선인들의 기록과 구문舊聞을 모두 기록하고 논하여 감히 빠트리는 일이 없도록 하겠습니다."

"그렇다면 내가 안심하고 눈을 감겠다."

사마담은 얼마 지나지 않아 유명을 달리했다.

사마담이 죽고 3년이 지난 뒤 사마천은 태사령이 되었다.

허깨비 같은 인생을 살지만 내 영혼은 부활할 것이다

사마천은 비로소 삼황오제부터 한무제에 이르기까지의 방대한 역사를 본격적으로 집필하기 시작했다. 그가 역사를 집필하기 시작한 지 7년이 지난 무렵 한나라의 이능 장군이 흉노에게 포위되어 투항하는 사건이 발생했다. 이능은 그동안 흉노와의 전쟁에서 많은 공을 세웠으나 5천의 군사로 8만 대군과 싸우다가 부득이하여 투항했던 것이다. 게다가 이능이 흉노 군사를 훈련시키고 있다는 말까지 들려왔다.

무제는 대로하여 이능의 처벌에 대해 논하는 어전회의를 열고 중신들의 의향을 물었다.

"흉노에 투항한 것은 대죄입니다. 가족들까지 연좌하여 구족을 멸해야 합니다."

중신들이 일제히 이능 일가를 처벌해야 한다고 주장했다. 하지만 평소 이능과 친밀하게 지내던 사마천은 이능이 상식한 상군님을 알고 있었기에 그를 변호했다.

"이능은 많은 공을 세웠으나 부득이하여 투항했을 뿐입니다. 그의 가족을 처형하는 것은 가혹한 일입니다."

사마천이 이능을 변호하자 무제는 대로했다.

"네가 어찌 이능을 변호하느냐?"

"이능은 불과 5천의 병사로 흉노의 8만 기마병에게 포위되었습니다. 이능은 부하들을 독려하면서 용전분투하여 흉노 군 1만 명을 살상했습니다. 칼은 부러지고 화살은 바닥이 나서 더 이상 싸울 수 없게 되어 포로가 된 것입니다."

"사마천을 참수하라."

무제가 냉혹하게 선언했다.

사마천은 무제의 영에 따라 사형을 당하게 되었다. 사형을 면하려면 파격적으로 많은 액수의 돈을 내거나 궁형을 받는 방법밖에 없었다.

'아아, 내가 죽어야 한다는 말인가?'

사마천은 비통했다. 50만 냥을 내면 사형을 면할 수 있었으나 돈이 없었고, 죽음을 면하기 위해 궁형을 받는 것은 치욕스러운 일이었다.

'나는 아버님께 《사기》 집필을 완수한다고 약속하지 않았는가?'

사마천은 사형을 받아들이려 했으나 《사기》를 완성하지 못했다는 사실을 깨닫고 어쩔 수 없이 궁형을 선택했다. 그러나 여전히 감옥에서 비참하게 살아야 했다.

'이것은 나의 죄로다. 나의 죄로다. 나는 쓸모없는 인간이 되었구나.'

궁형을 당한 사마천은 비참함으로 통곡을 하고 울었다.

'나는 이제 허깨비와 같은 인생을 살지만 내 영혼은 《사기》에서 부활할 것이다.'

사마천은 감옥에서 나가게 되면 반드시 《사기》를 완성하리라고 다짐했다.

'조상에 큰 공을 세운 이가 없어 일국의 성주나 제후도 되지 못한 미천한 신분으로 내가 궁형을 받았다고 해도 세상 사람들에게는 구우九牛의 일모一毛가 먼지 속에 사라지는 것이나 다름없을 테고 하찮은 미물, 벌레나 개미 한 마리가 죽은 것만도 못할 것이다. 죽음에도 여러 가지 종류가 있겠으나 최선의 죽음은 조상을 욕되게 하지 않는 것이고, 차선의 죽음은 제 몸을 부끄럽게 하지 않는 것이다. 그보다 못한 것으로 신체의 자유가 억압되는 것이 있는데 가장 가혹한 형벌이 궁형이다. 《사기》가 완성되면 이 치욕은 영광이 될 것이며 그때 1만 번 사형을 받는다고 하더라도 여한이 없으리라.'

사마천은 오로지 《사기》를 집필하기 위해 삶을 선택했다.

죽음을 앞에 둔 사람은 누구나 목숨을 연장하고 싶을 것입니다. 나 또한 겁이 많아서 죽음이 두려웠으나 나아가고 물러가는 분수는 지킬 줄 아는 사람입니다. 어찌 뇌옥에 갇히는 치욕을 인내하면서 참을 수 있겠습니까? 미천한 종이라도 자결하려고 할 것입니다. 그런데도 실낱같은 목숨을 부지하려고 애를 쓴 것은 마음속에 맹세한 일을 완성하지 못했기 때문이고, 이대로 죽으면 후세에 내 문장이 남지 않을 것이기 때문입니다.

사마천은 임안이라는 벗이 억울하게 감옥에 갇혀 사형을 기다리면서 편지를 보냈을 때 자신의 비참한 심경을 토로하는 답장을 보냈다.

후세의 사가들도 나에 대해 쓸 것이다

궁형을 받고 감옥에 갇힌 지 2년이 지났을 때 대사령이 내려 사마천은 옥에서 풀려났다. 이어 중서령에 발탁되어 무제의 총신이 되었다. 중서령은 환관에게 내리는 벼슬인데 비서관이나 마찬가지였다.

'내가 《사기》를 집필하듯이 후세의 사가들도 나에 대해서 쓸 것이다.'

사마천은 황궁에서 집으로 돌아오면 《사기》를 집필하는 데 전력을 기울였다. 건강이 점점 나빠져 눈이 침침해지고 있었다.

"그대가 《사기》를 집필하는가?"

하루는 무제가 사마천에게 물었다. 무제는 냉혹한 인물이었다. 그는 자신의 부인인 황후 진 씨를 폐위시켜 자진하게 만들고 많은 중신을 가혹하게 처형했다.

"그러하옵니다."

"완성되면 나에게 가져오라."

무제가 영을 내렸다.

사마천은 자신의 필생의 역작이 무제에 의해 불태워질지도 모른다고 생각했다. 그리하여 《사기》가 완성되자 한 본은 깊은 산에 감추고 한 본을 무제에게 바쳤다.

"사마천이 나를 폭군으로 만들려고 하는구나."

무제는 《사기》를 읽고 탄식했다. 무제 때의 기록이 너무 냉정하게 쓰여 있어 읽는 손이 떨리기까지 했다.

"사마천, 너는 내가 죽여주기를 바라느냐?"

문제가 대로하여 사마천을 쏘아보았다.

"신이 어리석었습니다."

사마천이 무제에게 사죄했다.

"내가 너를 죽이면 후세의 사가들은 너를 영웅으로 여기고 나를 폭군으로 생각할 것이다. 나는 너를 영웅으로 만들어줄 생각이 없다."

무제는 사마천을 황궁에서 축출했다.

사마천은 《사기》를 완성하고 얼마 지나지 않아 마치 할 일을 다 했다는 듯이 평온하게 눈을 감았다. 그에겐 남다른 신념이 있었기에 궁형의 치욕을 견뎌낼 수 있었고, 《사기》 집필을 완성할 수 있었다. 포기와 성공은 신념의 차이에서 갈린다는 것을 본인의 생애를 통해 보여 주었다.

고대 중국의 형벌

고대 중국에는 대표적인 다섯 가지의 형벌이 있었다.

사형死刑 : 목숨을 앗아가는 형벌.

궁형宮刑 : 생식기를 없애는 형벌.

월형刖刑 : 발뒤꿈치를 자르는 형벌.

의형劓刑 : 코를 베는 형벌.

경형黥刑 : 얼굴 등에 죄명을 새겨 넣는 형벌.

| 4장 |

꿈꾸는 20대,
타인의 마음 다루기

모든 성공의 길은 용인用人으로 통한다

춘추전국시대 최고의 지략가, 관중

> **관중(管仲)**
> 관중은 제환공을 섬긴 뛰어난 재상으로, 환공을 패자로 세우고 제나라를 단기간 내에 강성한 국가로 만들었다. 관자管子라고도 불리며, 이는 또한 그가 지은 책의 이름이기도 하다. 춘추시대에 처음 등장한 명재상의 표본으로, 제갈량과 함께 중국의 2대 재상으로 불리며, 흔히 관제管諸라고 일컬어진다.

용인술로 천하를 경영하다

관중은 《삼국지》에서 신기한 계략으로 조조와 손권을 벌벌 떨게 만든 제갈공명이 자신의 모든 계략은 관중에게 배웠다고 말했을 정도로 뛰어난 지략가이자 책략가였다. 그는 제나라 환공을 춘추전국시대 패자로 만들어 중원을 호령하게 하고 실질적으로 중국을 다스렸다.

춘추시대 초기 관중이 먼 바닷가 오지에 지나지 않던 제나라를 중국에서 가장 부강한 나라로 만들어 천하를 호령하게 한 책략은 무엇인가? 그것은 인재를 발탁하는 탁월한 용인술이었다. 사람을 적재적소에 쓰는 것을 용인술이라 하는데, 천하 경영의 비밀은 용인에 있다고 해도 지나친 말이 아닐 것이다. 중국 역사상 가장 뛰어난 참모로

불리는 관중은 인재를 적재적소에 발탁하고 그들이 마음껏 능력을
발휘하게 하여 용인술의 천재라는 평가를 받았다.

나를 낳아준 사람은 부모지만 나를 알아주는 사람은 포숙이다

영수에서 태어난 관중은 포숙^{鮑叔}과 함께 학문을 연마하여 세상을 경
영할 능력을 갖추었다. 그러나 그가 젊었을 때는 혼탁한 제후인 양공
의 치세 기간이어서 원대한 뜻을 펼칠 수 없었다.

관중은 울적한 심사를 달래면서 포숙과 고담준론^{高談峻論}을 하며 세
월을 보냈다. 마침내는 시장에서 생선 장수까지 하게 되었는데, 관중
은 언제나 포숙보다 많은 수입을 가져갔다.

"관중은 가게의 수입에서 항상 더 많은 돈을 가져갑니다. 두 분이
친구라면서 어찌 이럴 수가 있습니까?"

포숙을 따르는 종들이 불평을 늘어놓았다.

"관중은 돈을 탐내서 많이 가져가는 것이 아니다. 관중은 집안이
가난하고 식구가 많다."

포숙은 종들이 불평을 할 때마다 좋은 말로 달랬다.

제나라 양공은 전쟁을 자주했다. 관중은 전쟁터에서 항상 뒷전에
물러나 있고 개선할 때는 언제나 앞에 서서 의기양양하게 돌아왔다.

"관중은 활을 잘 쏜다고 하는데 모두 거짓말입니다. 그가 전쟁에서
한 번이라도 앞에 나가 용감하게 싸우는 것을 본 적이 없습니다."

군사들이 포숙에게 달려와 관중을 비난했다.

"관중은 용맹하지 않은 사람이 아니다. 그는 늙은 어머니가 계시기

때문에 자중하고 있는 것이다."

"그렇다면 개선할 때 맨 앞에서 돌아오는 것은 무슨 까닭입니까?"

"그것은 어머니에게 한시바삐 돌아가려는 효심 때문이다."

포숙은 웃으면서 말했다.

관중도 포숙이 자신을 변함없는 우정으로 대하는 것을 알고 다음과 같이 말했다.

"나는 포숙을 위해 사업을 하다가 실패한 일이 있다. 그런데도 포숙은 나를 우매하다고 말하지 않았다. 나는 세 번이나 벼슬길에 나갔다가 세 번 다 임금에게 쫓겨났지만 포숙은 나를 무능하다고 하지 않았다. 포숙은 나에게 시운이 따르지 못했다는 것을 알고 있었기 때문이다. 나는 전쟁에 나가서 세 번이나 패했지만 포숙은 나를 비겁하다고 하지 않았다. 나에게 노모가 계시다는 것을 알고 있었기 때문이다. 나를 낳아준 사람은 부모이지만 나를 알아주는 사람은 포숙이다."

이렇듯 관중도 포숙을 누구보다도 높이 평가했다.

관중과 포숙은 천하의 혼군인 제의 양공 밑에서 관직에 나아갔지만, 일세를 풍미할 재능이 있는데도 한직에 머물러 있었다.

"우리가 오랫동안 사귀어왔으니 생사를 같이하기로 굳게 맹세하는 것이 어떤가?"

관중이 어느 날 술을 마시다가 포숙에게 말했다.

"나도 환영하는 바이네."

포숙이 웃으며 대답했다.

두 사람은 양을 잡아서 그 피를 입술에 바르고 우정을 맹세했으며, 그 뒤로 한 번도 서로를 배신하지 않았다. 이것이 서 유닝안 '관포시

교管鮑之交'로, 염파와 인상여가 맺은 문경지교와 함께 변치 않는 우정을 말할 때 쓰는 고사성어가 되었다.

토포악발의 겸손으로 현인을 맞아들이다

제나라 양공은 혼탁한 제후로 악명을 떨쳤지만, 그의 여동생 문강과 사통을 한 것으로도 유명하다. 문강은 입에서 나오는 말이 모두 시라고 할 정도로 문장이 뛰어난 미인이었으나, 불행하게도 금단의 사랑에 빠진 것이다.

"우리는 다행히 제나라에서 벼슬을 하고 있네. 그런데 주공이 누이 동생 문강에게 빠져 있으니 천하의 의리가 어지럽기 짝이 없네. 장차 주공은 반드시 흉악한 무리에게 시해를 당할 텐데 우리가 주공의 두 아들을 나누어 가르치면 어떻겠는가? 장차 변이 일어나면 두 아들 중에 한 사람이 군위君位, 제나라와 같은 제후국의 주인 자리에 오를 것이 아닌가? 그러면 우리는 서로를 보살필 수 있을 것이네."

관중이 말했다.

"그러면 서로 천거할 수도 있고 좋겠군."

관중과 포숙은 박장대소하며 술을 마셨다. 얼마 후에 포숙은 공자 소백小白의 스승이 되고, 관중은 공자 규糾의 스승이 되었다. 공자 규는 거나라에서 시집온 거희의 소생이었고, 소백은 노나라에서 시집온 노희의 소생이었다. 규와 소백은 배다른 형제로 치열하게 군위를 다투었다.

결국 혼탁한 양공이 죽자 소백이 즉위하여 환공이 되었다. 환공은 자신의 스승인 포숙을 높이 받들었으나 관중은 하찮은 인물이라고 평가했다.

포숙이 하루는 관중을 환공에게 천거했다.

"관중은 나를 죽이려고 했던 자요. 그러한 자를 죽이지 않고 천거하는 것은 과인을 능멸하는 것이오."

환공이 벌컥 화를 냈다. 양공이 죽고 소백과 규가 서로 먼저 군위에 오르려 경쟁을 할 때 관중이 군사를 이끌고 달려와 소백을 활로 쏜 일이 있었다. 소백은 다행히 목숨을 건져서 군위에 올랐으나 관중에게 치를 떨었다.

"관중이 주공을 쏘았으나 그것은 자기가 모시던 공자 규를 위해서였습니다. 이제 주공께서 관중을 수하로 거느리시면 그는 주공을 위해 천하를 활로 쏠 것입니다."

포숙이 환공을 설득했다. 환공은 잠시 생각에 잠겼다. 그러나 자신을 죽이려고 했던 관중을 발탁하는 일이 썩 내키지가 않았다.

"주공께서 천하를 제패하기 위해 관중을 쓰시겠다면 재상의 지위를 내리시고 녹봉을 후하게 주셔야 할 뿐만 아니라 스승의 예로써 모셔야 할 것입니다. 일찍이 우리 제나라를 창업한 태공망강태공은 서백 창 문왕이 목욕재계하고 귀갑을 태워 길일을 정한 뒤에 삼가고 또 삼가는 마음으로 모셔다가 스승으로 예우하셨습니다. 주의 문왕이 명이 다하여 운명할 때는 아들을 무릎 꿇게 하고 태공을 부형처럼 받들라고 했습니다. 오늘날 주나라가 천자의 나라가 된 것은 문왕이 태공망을 이와 같이 예를 다하여 받들었기 때문입니다."

포숙이 정색을 하고 환공에게 말했으나, 환공은 그래도 마음을 열려고 하지 않았다.

"또한 성강지치成康之治, 주나라를 세운 무왕의 아들 성왕과 성왕의 아들 강왕이 이룩한 치세로, 기원전 11세기경의 기틀을 마련한 것은 무왕의 동생 주공이 토포악발吐哺握發의 겸손으로 현인을 맞아들였기 때문입니다. 주공께서는 성인을 본받지 않으시려는 것입니까?"

'토포악발'은 주공 단이 손님이 찾아오면 머리를 감다가도 감던 머리를 말아 쥐고 세 번이나 뛰어나가 맞이했고, 밥을 먹다가도 세 번이나 입속의 밥을 뱉고 손님을 맞이했다는 고사 '일목삼악발一沐三握髮 일반삼토포一飯三吐哺'에서 유래한다.

"과인이 삼가 관중을 태부太傅로 모시겠소."

환공은 그제야 길일을 잡고 목욕재계한 뒤에 친히 궁전을 나와 관중을 스승의 예로써 영접했다.

천하 경영의 비결은 용인에 있다

환공은 관중을 대臺에 청하여 상석에 앉히고 자신은 무릎을 꿇고 앉아서 패도覇道에 대하여 물었다. 질문을 통해서 관중의 높은 식견을 배우려는 것이었다.

"선생은 치도治道를 무엇이라고 생각하십니까?"

환공이 관중에게 정중히 물었다.

"치도는 민심을 얻는 것입니다."

"민심을 얻는 길은 무엇입니까?"

"백성의 이익을 꾀하는 것입니다."

"백성의 이익을 꾀하려면 어찌해야 합니까?"

"선정을 펴야 합니다."

"선정을 펴면 어찌되는지 과인에게 가르쳐주십시오."

"백성에게 선정을 베풀면 논밭은 경작이 잘되고 도성은 활기에 넘칩니다. 나쁜 짓을 하려는 자가 없기 때문에 송청訟廳이 한가해지고 관리는 질서 정연하게 일을 처리합니다. 사회의 공법公法이 잘 지켜지고 무법자는 사라집니다. 곡식 창고는 가득 차고 감옥은 텅텅 비게 됩니다. 현인이 발탁되고 악인은 자취를 감춥니다. 관직에 있는 사람은 공정한 것을 좋아하고 아첨하는 것을 싫어합니다. 병사는 무용武勇을 중하게 여기고 사리사욕에 빠지지 않습니다. 백성은 사치를 버리고 근로에 힘씁니다."

관중은 도도하게 선정에 대해서 설명했다.

환공은 관중에게 크게 감명받아 넙죽 절을 했다.

"선생이여, 아둔한 소백이 선생에게 선정이 무엇인지 배웠습니다. 백성에게 선정을 베풀면 소백에게는 무슨 이득이 있습니까?"

소백은 환공의 이름이다.

"백성에게 선정을 베풀면 국가 재정이 넉넉하게 되어 관리들이 수탈하는 일이 없어질 것이고 백성은 군주에게 순종하게 됩니다. 군사에게 줄 녹봉이 넉넉하여 강군強軍이 되니 적을 공격하거나 방어를 하거나 상대방을 압도하여 마침내는 제후들의 맹주가 될 수 있습니다."

환공은 관중의 말에 또다시 감명을 받았다. 관중의 말은 들으면 들을수록 신비했다. 환공과 관중은 사흘 밤낮을 토론했다.

"과인이 스승을 얻음은 주의 문왕이 태공망을 얻은 것 못지않도다. 나는 이제부터 관중을 중부仲父라고 부르리라!"

환공은 사흘 밤낮 동안 관중에게 패도를 배운 뒤에 그를 재상에 임

명했다.

"중부, 과인은 패업覇業을 이루려 하오. 그러기 위해서는 무엇을 해야 하오?"

"인재를 잘 등용해야 합니다. 인재를 적재적소에 등용하여 맡은 일을 훌륭히 하게 하는 것이 치자治者의 능력입니다. 신이 이제 대부들을 천거하겠습니다."

"말씀해보오."

"습붕隰朋은 총명하고 민첩하며 예의를 알 뿐 아니라 언변 또한 뛰어납니다. 바라옵건대 그를 대사행大司行, 외교으로 삼아 문화가 발전한 동쪽 지역을 다스리게 하십시오. 신은 그 점에 있어서는 습붕만 못합니다."

"중부의 말씀대로 하리다. 다음에는 누가 있소?"

"초목을 개간하고 토지를 개척하는 일은 영월寧越이 적임입니다. 그를 대사전大司田, 농사에 임명하여 서쪽 지역의 황량한 땅을 옥토로 만들게 하십시오. 그러한 일에는 신이 영월만 못합니다."

"과인도 그렇게 생각하오. 또 누가 있소?"

"전쟁이 일어나면 누구보다도 용맹하게 싸우고 삼군三軍을 호령하여 군기를 엄정하게 세우는 일은 공자 성부成父가 뛰어납니다. 그를 대사마大司馬, 군사로 삼으시어 국방을 튼튼하게 하소서."

"중부의 안목이 참으로 훌륭하오. 대사리大司理, 법무는 누구에게 맡기는 것이 좋겠소?"

"빈서무賓胥無는 송사를 볼 때 누구보다도 엄정합니다. 그러므로 형벌을 다스리는 대사리의 자리에는 빈서무가 적임입니다."

"중부, 이들 네 사람이면 제나라를 훌륭하게 다스리겠소?"

"대간大諫, 감찰과 간언이 있어야 하옵니다."

"대간은 누가 적임이겠소?"

"모름지기 대간이라 함은 주군의 뜻을 저버리는 한이 있더라도 바른말을 할 수 있어야 합니다. 권력이나 부귀에 굽히지 않고 오로지 바른말을 하는 사람은 동곽아東郭牙뿐입니다. 신은 동곽아만 못하니 그를 대간에 명하십시오."

"중부가 천거하는 다섯 사람이면 충분히 이 나라를 다스리겠소?"

"어찌 나라를 다스리는 데 다섯 사람만 필요하겠습니까? 차후에 다시 추천해 올리겠습니다."

"중부가 말한 용인用人의 요체를 잘 들었소. 과인은 그들을 모두 발탁할 것이오."

환공은 관중이 천거한 인물들을 즉시 임명했다.

나라를 부강하게 한 뒤에야 패도를 이루다

관중은 제나라 재상이 되어 나라를 부강하게 만드는 데 온 힘을 쏟았다. 환공은 하루빨리 중원의 패자가 되고 싶어했으나 관중은 때가 이르지 않았다고 만류했다. 그는 백성에게 농사를 장려하고 소금을 국가에서 팔아 국가 재정을 튼튼하게 했다. 그가 10년 동안 오로지 백성을 부유하게 만드는 일에만 전력을 기울이자 제나라는 생산이 늘어나고 물자가 풍부해졌다. 관리는 백성을 수탈하지 않았고 송사가 줄어들었다. 이웃 나라 백성까지 제나라에서 살고 싶어할 정도로 번성했다. 제나라의 노읍 임지는 지나다니는 사람들의 어깨가 부닛칠 정도로 인구가 많아졌다.

그렇게 10년 동안 공을 들이고 나서야 관중은 마침내 군사를 일으켜 큰 나라와는 싸우고 작은 나라는 압박함으로써 환공을 춘추시대 최초의 패자로 만들었다. 춘추시대의 패자는 주나라의 천자를 대신하여 천하를 다스리는 사람으로, 이를 이루는 것을 패도라고 한다. 제환공, 진문공, 초장왕, 오왕 부차, 월왕 구천이 춘추오패로 활약했다.

명분과 실익을 함께 얻는 실리외교의 정석

제나라가 중원의 패자가 되었을 때 위나라와 노나라에 위기가 닥쳤다. 위나라는 혜공의 아들이 의공으로 즉위해 있었다. 의공은 즉위한 지 9년이 되었으나 오로지 학鶴만을 좋아하여 정사를 돌보지 않았다. 궁궐에서 학을 키우거나 학을 잡아오는 사람은 모두 의공에게 총애를 받아 높은 관직에 임명되었다. 왕궁에 학이 가득하고, 학에게 먹이를 주기 위해 백성의 곡식을 수탈했다.

"왕이 학을 좋아하여 백성을 굶주리게 한다."

백성은 학 때문에 고통을 당하자 의공을 원망했다.

이때 적나라가 형나라를 침략했다. 황하 북쪽에 있던 적나라 군주 수만은 기병 2만을 거느리고 질풍처럼 형나라를 짓밟았다. 형나라는 적나라의 대군과 변변하게 싸워보지도 못하고 멸망했다. 적나라 군사들은 단숨에 형나라를 폐허로 만들고 위나라 국경으로 달려갔다. 변방의 작은 나라였던 형과 달리 위나라는 결코 만만한 상대가 아니었다. 적나라 군사가 평원을 가득 메우고 달려오자 위나라 국경의 군사들이 다급하게 도성으로 파발을 보냈다.

"적나라가 침략한다!"

위나라 국경에서 적나라가 침략한다는 파발이 빗발치듯 날아왔다.

"적나라는 북쪽 오랑캐에 지나지 않는다. 5만 군사를 동원하여 격퇴하라."

의공은 장수들에게 영을 내렸다.

위나라 장수들은 5만 군사를 이끌고 전장으로 달려갔으나 적나라 군사에게 대패했다. 적나라는 위군을 대파하고 파죽지세로 위나라 도성을 향해 진격했다.

"장정들을 전부 소집하라. 내가 직접 출정할 것이다."

의공은 적나라 군사가 노도처럼 밀어닥치자 당황하여 이웃 나라에 구원을 청하는 사신을 보내는 한편 장정들을 소집했다. 그러나 위나라 장정들은 한 사람도 소집에 응하지 않고 달아나기에 바빴다.

"그대들은 나라를 지키지 않고 어디로 가는가?"

의공이 당황하여 사람들에게 물었다.

"위나라가 어디 저희의 나라입니까?"

사람들이 퉁명스럽게 대꾸했다.

"그게 무슨 말인가? 이 나라가 너희 나라가 아니면 대체 누구의 나라란 말이냐?"

"주공께서는 학을 좋아하여 학에게 대부의 벼슬을 주시고 백성의 곡식을 빼앗아 학에게 먹이로 주셨으니 학에게 나가서 싸우라고 하십시오."

위나라 백성은 의공을 비웃으며 도성을 비우고 달아나기에 급급했다. 적나라 군사는 폭풍이 휘몰아치듯이 위나라를 휩쓸었다. 그늘이 지나가는 곳은 아수라의 지옥으로 변했다. 노인과 아이, 부녀자까지 모조리 살육되어 거리에 버려졌다. 국방을 소홀히 했기 때문에 위나라는 적나라를 막아낼 수 없었다.

"과인이 잘못했노라. 과인은 이제 학을 모두 날려 보낼 것이다."

의공은 대궐에 가득한 학을 날려 보냈으나, 그래도 장정들은 나라를 구하기 위해 모이지 않았다. 적나라 기병이 바람처럼 달려서 형택에 이르렀다. 의공은 사기가 떨어진 군사들을 이끌고 나가서 싸웠으나 패하여 비참하게 살해되었다.

적나라 군사는 형나라에 이어 위나라를 짓밟고 질풍처럼 노나라로 향했다. 위나라가 무너지자 노나라가 당황하여 중원의 패자인 제나라에 구원을 청했다.

"노나라가 구원을 청하니 거절할 수 없습니다. 그러나 지금 군사를 보내면 사나운 적족의 무리에게 우리 군사도 적지 않게 희생될 것입니다."

관중이 제의 환공에게 보고했다.

"그러면 군사를 파견하지 말아야 하는가?"

"군사를 파견하지 않으면 패자의 나라로서 명분을 잃게 됩니다."

"명분과 실익을 모두 얻을 수 있는 방법이 있는가?"

"우선 사신을 통해 곧 구원병을 보낸다는 뜻을 전해 열심히 싸우게 해야 합니다. 노나라는 우리가 구원하러 올 것이라고 생각하여 모든 힘을 기울여 싸울 것입니다. 적나라와 노나라는 군사가 강한 나라들이니 싸우면 양쪽에서 막대한 희생자가 발생할 것입니다. 이때 우리가 군사를 거느리고 달려가면 지쳐 있는 적나라를 물리치고 쉽게 승리할 수 있을 것입니다. 이것이 명분과 실익을 모두 취하는 방법입니다."

환공은 관중의 책략대로 군사를 소집하여 훈련을 시키다가 적나라 군사가 지쳤다고 판단되자 비로소 군사를 이끌고 출정했다.

"우리 군사는 지쳤다. 노획한 전리품도 많으니 돌아간다."

형나라와 위나라를 짓밟고 노나라를 공격하던 적나라는 제나라가 군사를 이끌고 출정했다는 보고를 받자 순식간에 말 머리를 돌려 달아났다. 위기의 순간 제나라 덕분에 구원을 받은 노나라는 조공을 바치면서 고마워하고, 국토를 철저하게 유린당해 공자들이 망명해 있던 형나라와 위나라는 환공에게 엎드려 절을 올렸다. 관중의 책략으로 제나라는 군사의 손실 없이 적나라를 도망가게 만든 것이다.

환공이 백포로 얼굴을 가리고 죽다

제의 환공은 여러 차례 맹회를 소집하고 맹주가 되어 명성을 떨쳤다. 관중은 환공과 함께 산융대장정을 벌여 고죽국을 비롯한 여러 나라를 멸망시켰다. 그러나 세월이 흐르자 그도 늙고 병들었다. 관중이 위독하다는 소식을 듣고 환공이 찾아왔다.

"과인이 중부와 함께 천하의 패업을 이룩했는데 이제 과인을 두고 떠나려 한단 말이오?"

환공은 관중의 수척한 손을 잡고 울었다.

"사람은 누구나 한 번은 죽습니다. 주공을 보좌하여 천하의 패업을 이룩했는데 신에게 무슨 여한이 남아 있겠습니까?"

관중은 먼 허공을 더듬으면서 환공에게 말했다.

"중부의 병이 이렇게 위중한 술은 몰랐소. 중부가 나를 버리고 떤

저 간다면 장차 나는 누구를 의지한다는 말이오? 누구에게 재상을 맡겨야 할지 중부가 천거하여주오."

"재상이라면 대부 습붕이 가장 적임입니다. 그는 뛰어난 언변으로 신을 대신하여 많은 공을 세웠습니다. 하지만 불행하게도 습붕은 한 달을 넘기지 못하고 죽을 것입니다."

"습붕이 죽다니, 그게 무슨 말이오?"

환공이 놀라서 물었다.

"그는 지병을 앓고 있습니다. 몸이 마르고 눈에서는 총기가 사라지고 있습니다."

환공이 비로소 고개를 끄덕거렸다.

"그 뒤에는 어찌하오?"

"포숙밖에 맡길 사람이 없습니다."

"과인은 중부의 뜻대로 하리다."

환공이 애통해했으나 관중은 눈을 감고 한숨만 내쉬었다.

"중부는 어찌하여 한숨을 쉬는 것이오?"

"신은 걱정이 있어서 죽어도 눈을 감지 못할 것 같습니다."

"대체 무슨 걱정이 있기에 죽어도 눈을 감지 못한단 말이오?"

"신이 죽은 뒤에 주공께서는 수조, 역아, 당무, 개방을 반드시 조정에서 추방해야 합니다. 그래야 신은 편히 눈을 감을 것입니다."

환공에게는 네 명의 기이한 신하들이 있었다.

역아는 요리사로 그 음식 솜씨가 뛰어나 환공에게 발탁되었다.

"너는 요리 솜씨가 참으로 뛰어나구나. 네 덕분에 음식 먹는 즐거움을 누릴 수가 있다. 그런데 나는 아직 갓난아이 삶은 고기를 먹어본 일이 없다. 그 고기가 맛있다는데, 사실이냐? 사람 고기를 한번 먹어보고 싶구나."

환공이 역아에게 상을 내리면서 그렇게 농담을 한 일이 있었다. 이에 역아는 사례의 절을 올리고 물러나서는 다음날 아침에 자신의 어린 아들을 삶아서 바쳤다.

"무슨 고기인고?"

환공이 고기를 맛있게 먹고 나서 역아에게 물었다.

"소인의 아들입니다."

"뭣이! 네가 과인을 희롱하느냐?"

환공이 벌컥 화를 냈다.

"사실이 그러하옵니다."

역아가 머리를 조아리며 대답했다.

환공은 역아를 쏘아보다가 그의 말이 틀림없는 사실이라는 것을 깨닫고 혀를 찼다.

"황당한 일이로다. 누가 너의 아들을 요리하라고 했느냐?"

"주공께서 아직 사람 고기를 드셔본 적이 없다고 하여 신이 충성을 바친 것입니다."

환공은 경악하여 입을 다물지 못했다. 역아는 자신의 아들을 죽여서 임금에게 바칠 정도로 출세욕이 강한 사람이었다.

수조는 후궁 일을 맡기 위해 자신을 거세했다. 당시에는 각 제후국들에 환관 제도가 없었으며, 후궁이나 궁녀들이 궁전에서 일을 보는 남자 사인舍人들과 자주 간통하여 궁전이 어지러웠다. 환공은 시기를 잘 하고 의심이 많아서 사인들을 늘 감시했는데, 수조가 이를 알고 자신을 거세하여 환공의 총애를 받았다. 환공은 자신의 여자들과 사인들이 통간할까봐 항상 노심조사했는데, 수조가 거세하자 마음 놓고 내궁의 일을 맡겼던 것이다.

당무는 의관으로, 환공이 앓고 있는 피부병을 치료하여 총애를 받았다. 또한 개방은 위나라 공자인데, 제나라에서 벼슬을 하고 있었다. 그는 행정에 탁월한 솜씨를 발휘하여 조정의 산더미 같은 서류들을 잘 처리했다.

환공은 죄를 짓지도 않은 그들을 추방해야 한다는 관중의 말을 이해할 수 없었다.

"중부는 어찌하여 그들을 모두 추방하라는 것이오?"

"역아는 자신의 아들을 죽여서 임금의 총애를 받으려고 한 자입니다. 인간이라면 누구든지 제 자식을 귀여워할 터인데 자식조차 사랑하지 않는 인물이 어찌 주공을 사랑하여 충성을 바치겠습니까? 때가 되면 반드시 배신할 것입니다."

환공이 고개를 끄덕였다

"과연 중부의 말씀이 옳소. 수조는 무엇 때문에 추방해야 하오?"

"수조는 주공의 의심을 받지 않기 위해 자신을 거세한 인물입니다. 인간이라면 누구나 제 몸을 아끼기 마련인데 제 몸도 아끼지 않는 자가 어찌 주공을 아끼겠습니까?"

환공이 눈을 질끈 감았다가 떴다.

"그럼 개방은 왜 추방해야 하오?"

"개방은 위나라 공자입니다. 제나라에 와서 벼슬을 한 지 15년이 되었으나 아직 한 번도 부모를 찾아가지 않았습니다. 부모도 돌보지 않는 자가 어찌 주공을 끝까지 돌보겠습니까? 이는 허위가 분명하니 언젠가는 반드시 진면목이 드러날 것입니다."

이에 환공은 어떠한 일이 있더라도 관중의 말을 따르겠다고 맹세했다.

관중은 환공의 문병을 받은 뒤에 얼마 되지 않아 눈을 감았다.

환공은 수조, 역아, 당무, 개방을 국외로 추방했다. 그러나 늙고 병이 든 환공은 관중이 당부했던 말도 잊고 그들을 다시 제나라로 불러들여 총애했다. 궁중 요리사 역아가 없으니 음식이 맛이 없어 먹을 수가 없었고, 수조가 없으니 궁중의 후궁들이 사인들과 함부로 간통했고, 당무가 없으니 피부병이 재발했고, 개방이 없으니 조정의 정무가 한없이 밀렸던 것이다.

환공은 정실부인만 다섯이었고 그들에게서 낳은 아들도 다섯이었다. 그 아들들은 모두 호시탐탐 군위를 노렸다. 수조와 역아는 마침내 장위희와 짜고 보위를 찬탈하기 위해 병으로 꼼짝도 하지 못하는 환공의 명이라고 하면서 대신들의 궁궐 출입을 금지시켰다. 제나라 조정은 발칵 뒤집혔다. 수조와 역아는 대궐의 문을 닫아걸고 군사를 배치했다. 제나라 궁궐은 나는 새도 들어올 수 없을 정도로 요새처럼 변해버렸다.

수조와 역아는 환공에게 음식도 주지 않았다. 환공은 병도 병이지만 거의 굶어서 죽을 지경이 되었다. 중국 천하를 호령하던 패자치고는 너무나 비참한 말로였다.

"중부의 예언이 참으로 옳았도다. 중부가 그들 네 사람을 반드시 국외로 추방하라고 했는데, 다시 불러들여 이런 재앙을 만났도다. 나는 죽어서 중부를 만날 면목이 없으니 얼굴을 가리고 죽으리라."

환공은 눈물을 흘리며 탄식한 뒤에 스스로 백포로 얼굴을 가리고 죽었다.

깊은 우정의 상징, 관포지교 管鮑之交

관중과 포숙의 사귐. 서로 이해하고 믿고 정답게 지내는 깊은 우정을 나타내는 말이다. 포숙은 어떠한 일이 있어도 관중을 끝까지 믿어주었고, 관중 또한 "나를 낳아준 사람은 부모이지만 나를 알아주는 사람은 포숙이다"라며 그의 믿음에 화답했다. 둘은 양의 피를 입술에 발라 우정을 맹세하였고, 포숙의 천거로 제나라 재상이 된 관중은 역사에 남는 인물이 되었다.

먼저 경쟁자의 마음을 읽어라

복숭아 두 개로 세 명의 장수를 죽인 천재 재상, 안평중

> ### 안평중(安平仲)
> 제나라의 명재상. 제나라 환공을 보좌한 관중 이후 1백 년 만에 등장한 명재상이라 평가
> 받는다. 어려서부터 박학다식하였으며, 하급 관리로 시작해 대부와 상대부에 이르렀다.
> 제영공, 제장공, 제경공에 이르는 3대 제후들을 보좌하며 지혜로움과 현명함으로 제후들
> 사이에서 이름을 떨쳤다. 관련된 저서로 《안자춘추》가 전해지는데, 이는 총 8권, 215장으
> 로 이루어진 중국 최초의 단편소설집으로 후대인이 그의 언행과 사상을 기록한 책이다.

합리적인 정치력을 발휘해 나라를 이끌다

춘추전국시대는 제후를 정점으로 하지만 실제 정사는 대개 상대부^上
大夫, 국무총리급를 임명하여 처리하게 했다. 상대부는 상경^{上卿} 또는 태재
太宰라고도 부르는데, 춘추전국시대 7백 년 동안 여러 나라에서 수많
은 재상이 활약했다. 그 가운데서도 가장 뛰어난 재상으로는 합리적
인 정치력을 발휘한 안평중이 꼽힌다.

제나라 내萊라는 지방 출신인 안평중의 이름은 영嬰이다. 어려서부
터 많은 공부를 하여 박학다식했으며, 특히 기억력이 뛰어나 어린 시
절 일까지 모두 기억했다고 한다. 안평중은 하급 관리도 시작했으나

얼마 지나지 않아 대부大夫, 장관급에 이르고, 곧 상대부가 되었으며, 영공·장공·경공에 이르는 3대 제후들을 섬기면서 춘추시대의 혼탁한 제나라를 이끌었다.

안평중은 임기응변에 능할 뿐만 아니라 당시로서는 드물게 합리적인 인물이었다. 제나라 환공에게 관중이 있었다면 경공에게는 안평중이 있었다고 할 수 있다. 그는 동양의 오성五聖으로 불릴 정도로 학문이 출중하여 《설략說略》에 능했지만 소진과 장의처럼 반목하지 않았다. 더구나 제나라의 재상이면서도 언제나 청빈하게 살았다. 밥상에는 육류가 한 가지밖에 없고 첩에게도 비단옷을 입지 못하게 하는 등 검소하고 근면한 생활로 백성의 존경을 받았다.

키가 작고 왜소해도 틀림없는 인재로다

제나라 장공 시절, 강대한 초나라가 진陳나라와 채蔡나라를 침략하고 중원을 노리기 시작했다.

"경이 초나라에 가서 정세를 살펴보고 오시오."

장공의 지시에 따라 안평중은 초나라에 사신으로 갔다.

"제나라 안평중은 훌륭한 재상으로 명성이 높은데, 과연 그런지 모르겠소."

초나라 영왕이 대부들에게 말했다.

"그러면 신이 시험을 해보겠습니다."

초나라 태재 원계강遠啓彊이 말했다.

안평중이 키가 작다는 말을 들은 원계강은 성문 옆에 개구멍을 뚫어놓고 수문장에게 계교를 일러주었다. 이내 안평중이 수레를 타고 성의 동문에 이르렀다.

'사신이 왔는데 어찌 문을 열지 않는가? 이는 나를 무시하는 처사다.'

안평중은 초나라의 냉대에 기분이 나빠졌다.

"제나라에서 사신이 왔으니 성문을 열라!"

안평중은 굳게 닫힌 성문을 보고 성루를 향해 소리를 질렀다.

"제나라 사신이라고 했소?"

성루에서 수문장이 큰 소리로 대꾸했다.

"그렇소. 속히 문을 열어 사신을 맞이하시오."

"굳이 성문을 열 필요가 있겠소? 사신은 키가 작으니 성문 옆에 있는 개구멍으로도 충분히 들어올 수 있을 것이오."

수문장이 개구멍을 가리키면서 웃었다.

안평중의 키는 5척도 안 되고 옷차림이 남루한데다 수레도 허름했다. 수문장의 말에 초나라 군사들이 일제히 웃음을 터트렸다. 안평중을 호위하는 제나라 군사들은 분노하여 웅성거렸다.

"당신 말대로 내가 개구멍으로 들어가면 사람들이 나를 개라고 할 것이오. 그런데 초나라 왕이 개를 좋아하시오?"

"무슨 말이오?"

"내가 개구멍으로 들어가면 초나라 왕은 개를 사신으로 맞이하는 셈이오. 허허, 초나라 왕이 이제 개가 되겠구나."

안평중의 말에 수문장의 얼굴이 사색이 되었다. 이번에는 제나라 군사들이 통쾌하게 웃음을 터트렸다. 수문장은 안평중의 작은 키를 빗대어 멸시를 주려고 했으나 오히려 자신의 임금까지 망신을 당하게 만들고 말았다. 그는 할 수 없이 성문을 활짝 열고 안평중을 맞이했다. 안평중은 당당하게 성문을 통해 초나라 대궐로 들어갔다.

'태재가 안평중에게 당했구나. 그렇다면 내가 안평중에게 무안을 줄 것이다.'

초나라 영왕은 귤을 내오게 하여 안평중에게 대접했다. 귤은 남쪽에 있는 초나라에서 생산되었으므로 제나라에서는 볼 수 없는 과일이었다. 안평중은 처음 보는 과일이라 귤의 껍질을 벗기지 않고 먹었다.

"사신은 어찌하여 귤을 껍질째 먹는가? 귤을 처음 보아 그러는가 본데, 박학다식하다는 소문은 모두 헛말이 아닌가?"

영왕이 웃으면서 말했다. 초나라 대부들도 일제히 웃음을 터트렸다.

"여러분께서는 왜 웃으십니까? 저는 대왕께서 껍질을 벗겨 먹으라는 영을 내리지 않아서 그냥 먹은 것입니다. 제나라 신하들은 임금의 영을 따르는데 초나라는 그렇지 않습니까?"

안평중의 태연한 말에 초나라 영왕과 대부들의 얼굴빛이 변했다. 영왕을 부추긴 초나라 대부들이 안평중의 말 한마디로 졸지에 간신이 되고 만 것이다.

'안평중은 키가 작고 왜소해도 인재가 틀림없구나.'

영왕은 속으로 감탄했다.

술잔을 주고받으면서 각 제후국들의 정세를 논하는데, 안평중은 손바닥을 들여다보듯이 훤히 알 뿐 아니라 용병과 치국 면에서 모두 경지에 이르러 있었다.

'안평중 같은 인재가 있는 제나라와는 전쟁을 하기보다 화친을 맺는 편이 좋겠구나.'

영왕은 스스로 안평중에게 화친을 제안했다.

안평중이 돌아오자 제의 장공은 크게 기뻐하며 많은 상을 내렸다.

임금이 누구든 상관없다, 오직 백성을 위해 정치를 할 뿐

당시 제의 장공은 대부 최저崔杼의 첩인 당강과 강제로 정을 통하고 있었다.

'임금이 신하의 첩과 정을 통하니 불행한 일이 생기겠구나.'

안평중은 하늘을 보며 탄식했다.

아니나 다를까 장공이 자신의 첩과 통간한다는 사실을 알게 된 최저는 대로하여 장공을 시해하고 정권을 장악했다. 제나라의 대부들은 장공이 죽었는데도 최저의 눈치를 보느라 곡을 하지 못했다. 하지만 안평중만은 장공의 시신에 절을 올리고 곡을 했다.

"안평중을 죽여야 합니다. 장공을 위하여 곡을 하니 장군의 적입니다."

최저의 부하들이 말했다.

"안평중을 죽이면 민심을 잃을 것이다."

최저는 안평중을 죽이지 못하게 했다. 그리고 경공을 추대하여 제나라 왕으로 삼은 뒤 안평중에게 물었다.

"그대는 전 임금에게 곡을 했으니 새 임금에게는 충성을 하지 않겠지?"

"나라에는 임금이 있어야 한다. 새 임금이 전 임금의 장례를 성대하게 치르면 충성할 것이다."

"그대는 전 임금을 위하여 정치를 하지 않았는가?"

"누가 임금이어도 상관하지 않는다. 나는 오직 백성을 위하여 정치를 한다."

안평중은 조금도 두려워하지 않고 말했다.

"그렇다면 새 임금 밑에서도 백성을 위하여 정치를 할 수 있는가?"

"할 수 있다."

최저는 안평중의 기개에 감탄했고, 경공에게 그를 천거하여 다시 재상에 임명하게 했다. 안평중은 경공 밑에서도 백성을 위한 정치를 폈다.

복숭아 두 개로 난폭한 세 장수를 죽게 하다

제나라에는 용맹한 장군 셋이 있었는데, 그들은 의형제를 맺었으면서도 각자 자신이 항상 최고라고 거들먹거렸다. 바로 공손첩公孫捷, 전개강田開疆, 고야자古冶子였다. 그들은 전쟁에서 공을 몇 번 세운 뒤로 기고만장해져 임금에게까지 불손하게 굴었다.

'이자들을 제거하지 않으면 변란이 일어나 백성이 피해를 본다.'

안평중은 세 장군을 제거하기로 마음먹었다. 그리고 경공에게 선도仙桃 복숭아 두 개를 얻어 세 장군을 불렀다.

"재상, 무슨 일로 우리를 불렀습니까?"

세 장군이 달려와 안평중에게 물었다.

"대궐에 들어갔더니 임금님께서 귀한 복숭아 두 개를 주셨소. 장군은 셋인데 누구에게 주어야 할지 모르겠구려. 그래서 임금에게 가장 큰 공을 세운 장군에게 주면 공평할 것이라고 생각했소. 과연 누가 큰 공을 세웠는지 차례대로 말해보시오."

안평중의 말에 공손첩이 먼저 앞으로 나섰다.

"나는 임금을 모시고 사냥을 하다가 호랑이에게 물릴 뻔한 임금을

구한 일이 있습니다. 임금을 구했으니 큰 공을 세운 것이 아닙니까?"

공손첩이 어깨를 펴고 자신만만하게 말했다.

"임금을 구한 공을 어찌 작다고 할 수 있겠소? 그대가 먹는 것이 당연하오."

안평중은 선도 복숭아 하나를 공손첩에게 주었다. 공손첩은 기뻐하면서 맛있게 먹었다.

"호랑이에게서 임금을 구한 것은 공이고 자라에게 잡아먹힐 뻔한 임금을 구한 것은 공이 아닙니까?"

고야자가 눈에서 불을 뿜으면서 소리를 질렀다.

"그대도 공을 세웠으니 복숭아를 먹을 자격이 있소."

안평중은 고야자에게도 선도 복숭아를 주었다. 고야자가 복숭아를 맛있게 먹는 모습을 본 전개강이 분노로 몸을 부들부들 떨었다.

"나는 임금을 모시고 여러 나라와 전쟁을 벌여 서나라를 병합했으며, 담, 거, 서나라가 주공을 맹주로 추대하게 만들었습니다. 이 공이 작다는 말입니까?"

전개강이 펄펄 뛰면서 소리를 질렀다.

공손첩과 고야자는 머쓱한 표정을 지었다.

"아뿔싸! 그대의 말을 들으니 두 장군보다 공이 크오. 하지만 복숭아는 이미 두 장수가 먹어치웠으니 어쩌겠소? 참으로 애석한 일이오!"

안평중이 무릎을 치는 시늉을 했다.

"내가 이토록 큰 공을 세우고도 임금이 하사하신 복숭아를 먹지 못했으니 원통하고 분하여 조정에 설 면목이 없다. 더 이상 살아서 무엇을 하겠는가?"

전개강은 격분하여 칼로 목을 찔러 자결했다. 그러자 공손첩의 얼굴이 하얗게 변했다.

"전 장군의 이야기를 들으니 내가 복숭아를 먹은 것은 진실로 잘못이다. 그를 볼 염치가 없으니 황천에 가서 잘못을 빌어야겠다."

공손첩도 비통하게 외치고 칼을 뽑아 자신의 목을 베었다.

"우리 셋은 생사를 같이하기로 의형제를 맺었는데 이제 둘이 죽었으니 나는 무슨 면목으로 살아 있겠는가?"

고야자도 칼을 뽑아 가슴을 찔러 자결했다.

"장군들이 제 성질을 못 이겨 스스로 죽음을 선택했구나."

안평중은 복숭아 두 개로 성질이 난폭한 세 장수를 죽게 만들어 제나라의 우환거리를 제거했다. 먼저 경쟁자의 마음을 읽었기에 가능한 일이었다.

세 장수를 제거한 안평중은 사마양저司馬穰苴를 발탁하여 군사를 조련하게 했다. 사마양저는 군령을 삼엄하게 세워 제나라 군대를 강군으로 만들고 훗날 《사마양저병법》을 저술하여 명성을 떨친 인물이다.

복숭아 두 개로 세 사람을 죽이다,
이도살삼사二桃殺三士

복숭아 두 개로 무사 세 명을 죽인다는 뜻으로, 교묘한 책략으로 상대를 자멸하게 하는 것을 비유한 말이다. 《안자춘추》에 실린 우화로, 안평중이 선도 복숭아 두 개를 이용해 성질이 난폭한 세 장수, 공손첩·전개강·고야자를 모두 자결케 하였다는 내용이다.

크든 작든
세상사는 심리전이다

심리전으로 제나라를 되찾은 지장, 전단

> **전단**(田單)
> 제나라 공실의 성씨인 전田 씨의 지족으로, 민왕湣王이 재위에 있을 때 작은 즉묵성에서
> 하급 관리로 일했다. 연나라 무장 악의樂毅의 활약으로 제나라가 70여 개의 성을 빼앗기
> 는 위기에 처했을 때, 평소의 뛰어난 지략을 인정받아 즉묵성의 장군으로 추대되었다.
> 이후 이간책을 벌여 연나라 혜왕이 악의를 쫓아내도록 했고, 1천여 마리의 소뿔에 예리
> 한 칼을 매달고 소꼬리에는 기름을 묻혀 불을 붙인 화우진火牛陣 전법으로 제나라의 잃
> 어버린 땅을 모두 되찾았다.

수십만 대군에 맞서 즉묵성을 지키다

위나라의 대장군 악양이 죽고 수십 년 뒤에 영수에서 악의樂毅가 태어
났다. 병서를 좋아하고 무용이 출중했던 그는 조나라에서 대장군이
되었으나, 그를 총애하던 무령왕이 죽자 위나라로 돌아왔다. 하지만
위나라에서는 그를 발탁하지 않았다. 이때 연나라는 제나라의 침략
을 받았다. 제나라 군이 휩쓸고 지나간 연나라 땅에서는 아비규환의
참상이 벌어졌다. 거리에 시체가 즐비하고 집들은 불에 탔다.

'내가 반드시 제나라에 복수할 것이다.'

연나라 소왕은 제나라의 침략에 보복하기 위해 천하에 포고하여

인재들을 초청했다. 이때 악의가 연나라로 왔다. 악의는 연나라의 대장군이 되어 군사를 양성하고 나라를 부강하게 한 뒤에 진, 초, 위, 조와 동맹을 맺고 수십만 대군을 이끌어 제나라를 침략했다.

악의는 용병의 귀재였다. 그는 전국시대 강대국 중 하나인 제나라를 무인지경으로 휩쓸었다. 악의가 이끄는 연나라 군대는 연전연승을 거두었고, 제나라 군대는 도처에서 패하여 70개 군현을 연나라에 빼앗기고 말았다. 결국 제나라에는 거주와 즉묵이라는 작은 군현만 남게 되었다.

즉묵에서는 전단이 성을 방어하고 있었다. 전단은 지용을 겸비한 인물이었으나, 포악한 제의 민왕은 그를 크게 중용하지 않아 제나라 도읍 임치에서 하급 관리로 일하고 있었다. 전단은 연나라가 쳐들어오자 즉묵에 이르러 연군에 대항했다. 그는 용병의 귀재인 악의와 맞서 치열한 항쟁을 벌였다.

'대체 즉묵성에 누가 있기에 이토록 완강하게 버틴단 말인가?'

악의는 요새와 같은 즉묵성에 위압감을 느꼈다. 수십만 대군이 포위하여 공격을 하는데도 즉묵성은 함락되지 않았다.

'즉묵성에는 식량이 얼마 남지 않았을 것이다.'

악의는 즉묵성을 고사시키기로 작전을 세우고, 즉묵성을 포위한 채 몇 달 동안 공격을 하지 않았다.

전가가 거주성을 장악하다

한편 연군이 파죽지세로 임치성을 향해 달려오자 제나라 민왕은 몇 몇 신하를 거느리고 임치성을 탈출하여 위나라로 달아났다. 그러나 잔악한 민왕을 위나라는 환영하지 않았다. 민왕은 할 수 없이 위나라에서 떠나 다른 나라를 방랑하다가 제나라로 돌아왔지만 악의와 동맹을 맺은 초나라 대장군 요치에게 살해되었다.

이때 민왕을 수행하던 신하 중에 제나라 왕손 전가田賈가 있었다. 그는 12세의 평범한 소년이었는데, 아버지가 일찍 죽고 편모슬하에서 자란 그를 민왕이 측은하게 여겨 시종으로 거두었던 것이다. 하지만 위나라에서 민왕의 행적을 놓쳐버린 전가는 혼자서 집으로 돌아왔다.

"너는 임금을 모시는 시종인데 어찌 집으로 돌아왔느냐? 임금은 어디에 계시느냐?"

전가의 어머니가 물었다.

"어디에 계신지 모릅니다."

전가가 지친 표정으로 말했다. 연나라 군사들을 피하여 수백 리 길을 왔기 때문에 매우 지쳐 있었다.

"임금이 어디에 계신지 모른다니, 그게 무슨 말이냐?"

"연나라 군사가 도성으로 쳐들어오자 저는 임금을 모시고 위나라까지 갔었습니다. 그런데 임금께서 밤중에 시종인 저에게도 알리시지 않고 몰래 어디론가 가버리셨습니다. 그래서 사방으로 찾았으나 도저히 어디 계신지 알 수 없어 이렇게 집으로 돌아왔습니다."

사실 민왕은 혼자 살겠다고 시종인 전가에게도 알리지 않고 달아났던 것이다.

"나는 네가 아침에 집을 나가면 저녁이 될 때까지 문설주에 기대어 너를 기다렸다. 네가 밤에 외출하면 날이 밝을 때까지 대문에 귀를 기울이며 잠을 자지 않고 네가 돌아오기만을 기다렸다. 신하를 기다리는 임금의 마음도 아들을 기다리는 어머니와 다를 바 없을 것이다. 너는 즉시 임금을 찾아가거라."

어머니의 호된 질책에 전가는 아무 대답도 하지 못하고 민왕을 찾아 위나라로 들어갔다. 그리고 다시 민왕이 거주에 있다는 말을 듣고 찾아갔으나, 그의 임금은 이미 초나라 대장군 요치에게 죽임을 당한 뒤였다. 전가는 통곡을 하고 운 뒤에 왼쪽 어깨를 드러내놓고 제나라 사람들에게 호소했다.

"초나라 대장군 요치는 우리 임금의 구원 요청을 받고 군사를 이끌고 와서 재상이 되었다. 그가 제나라의 재상이면서 임금을 죽였으니, 이와 같은 역적이 어디에 있는가? 요치를 죽여서 임금의 원수를 갚고자 하는 자는 나처럼 왼쪽 어깨를 드러내놓고 나를 따르라!"

전가는 목이 메어 외쳤다.

제나라 사람들은 전가의 충성심에 감격했다. 그들은 앞을 다투어 전가처럼 어깨를 드러내고 결사대를 조직했다.

제나라 민왕을 죽이고 기고만장해진 초나라 군대는 거주성 밖에 분산하여 둔병하고 있었다. 요치는 성 안에서 연의 소왕이 자신을 제왕에 봉한다는 소식을 기다리며 술판을 벌이고 있었다. 그러자 군사들도 병기를 땅에 놓고 여자들을 희롱하며 술만 마셨다.

이때 전가가 거느린 결사대는 한밤중에 성 안으로 진입하여 요치를 난도질하여 죽이고 성문을 굳게 닫아걸었다. 대장을 잃은 초나라 군대는 우왕좌왕하다가 자기 나라로 달아나거나 제나라 군대에 항복하고 말았다.

전가는 거주성을 장악한 뒤에 즉묵성의 전단과 연합하여 연나라 군대에 대항했다.

연나라 태자가 악의를 모함하다

연나라에는 기겁騎劫이라는 대부가 있었는데, 병법에도 나름대로 조예가 깊은 인물이었다. 그는 대장군이 되어 제나라를 초토화시켜 영웅이 된 악의를 투기했다. 그래서 친하게 지내던 태자 악자樂資에게 악의를 모함하는 말을 고했다.

"악의는 반년 만에 제나라의 대부분을 함락하여 우리 영토로 만들었습니다. 그런데도 즉묵과 거주를 함락하지 않고 제나라 백성의 민심만 얻으려 하고 있습니다. 이는 장차 악의가 제나라의 왕이 되려는 속셈입니다."

연나라 태자 악자는 기겁의 말이 그럴듯하다고 생각했다. 그는 즉시 소왕에게 달려가 보고했다.

"대왕, 악의가 제나라의 임금이 되려고 음모를 꾸미고 있습니다."

악자는 악의를 소환하여 참수하라고 주장했다.

"악의가 무슨 음모를 꾸몄다는 말이냐?"

소왕이 이해할 수 없다는 표정으로 악자를 쳐다보았다.

"대장군 악의는 제나라의 군현 70여 개를 파죽지세로 점령했습니다. 그의 용병술은 과연 뛰어납니다. 이제 제나라의 두 개 성만 남겨놓았는데, 더 이상 공격을 하지 않고 있습니다. 이는 민심을 얻어서 제나라 왕이 되려는 흉계입니다."

"닥쳐라! 악의가 아니라면 누가 산동의 강국인 제나라를 멸망시킬 수 있겠느냐? 그가 제왕이 된다고 해도 하나도 이상할 것이 없다. 너는 누구에게 간사한 말을 듣고 악의를 모함하느냐? 충신과 간신도 구별하지 못하는 자가 어찌 태자라고 할 수 있느냐?"

소왕은 노발대발하여 악자에게 곤장의 벌을 내렸다. 그러고는 전령을 보내 악의를 제나라 왕에 책봉했다. 그러나 악의는 극구 사양하고 받들지 않았다.

"보아라! 악의는 제왕에 책봉을 해도 사양하는 사람이다. 그런데 그가 반역을 일으키겠느냐?"

소왕은 악의를 더욱 신임했다. 하지만 오래지 않아 소왕은 병으로 죽고, 태자인 악자가 뒤를 이어 즉위하여 혜왕惠王이 되었다.

유언비어로 적의 심리를 흔들다

즉묵에서 제나라 군대를 지휘하던 전단은 첩자를 통해 연나라의 이런 사정을 소상히 파악하고 있었다.

'연의 소왕은 현명한 군주지만 혜왕은 어리석은 군주다. 이제는 심리전을 전개해야 한다.'

전단은 악의를 모함하는 유언비어를 널리 퍼트렸다. 그 내용은 악의가 제나라 왕이 되려고 할 뿐 아니라 연나라까지 빼앗으려고 한다는 것이었다. 애초 이 유언비어는 혜왕을 겨냥했기 때문에 곧바로 그의 귀에 들어갔다. 연나라 대부들도 일제히 악의를 모함했다.

'악의가 이제야 본심을 드러내는구나.'

혜왕은 악의를 대장군에서 해임하고 연나라로 소환했다.

'혜왕은 간신에게 속아서 패업을 이룰 수 있는 기회를 놓쳤다. 연나라로 돌아가면 반드시 나를 죽이려고 할 것이다.'

이렇게 생각한 악의는 결국 조나라로 망명했다.

악의를 내친 혜왕은 악의 대신 기겁을 연군 대장군에 임명해 즉묵을 공격하게 했다.

"즉묵성이 뭐가 대단하여 몇 달 동안 정복하지 못하는가? 전군은 총공격하라!"

기겁은 부임하자마자 즉묵성을 대대적으로 공격했다. 화살이 비 오듯이 날고 시체가 산처럼 쌓여갔다. 그러나 전단의 지휘를 받는 즉묵성은 완강하게 버티었다. 막대한 손실을 입은 쪽은 오히려 연나라 군대였다.

'이제는 연나라를 격파할 때가 되었다.'

전단은 그렇게 생각하고, 즉묵성 백성들 사이에 다음과 같은 말을 널리 퍼트렸다.

"내가 밤에 꿈을 꾸었는데 꿈에서 옥황상제를 만났다. 상제께서 말씀하시기를 '연은 망하고 제는 다시 일어설 것이다. 며칠 뒤에 신인神人을 보내줄 것이다'라고 하셨다. 그러므로 이제 신인이 오시기만 하면 우리는 연군을 대파하고 나라를 되찾을 수 있다!"

전단의 말에 즉묵성의 백성은 웅성거렸다. 그들은 전단의 말을 반은 믿고 반은 믿지 않았다. 전단도 이 정도는 예상하고 있었다. 그는 며칠이 지나지 않아 이름 없는 소년 군사에게 눈처럼 흰 옷을 입히고 신인으로 위장시켰다.

"이분이 신인이시다. 어젯밤에 상제께서 신인을 나에게 보내셨다!"

전단은 소년 군사에게 정중히 절을 올린 뒤에 그를 화려한 장막으로 모셨다. 그러고는 군령을 내릴 때마다 신인에게 아뢰었다. 또 성안의 모든 백성에게 신인의 영이라면서 식사를 할 때 조석으로 조상에게 먼저 제사를 지내라고 지시했다. 제사를 지낼 때는 마당에 상을 차려놓고 밥 한 그릇과 물을 놓되 새들이 와서 먹어도 쫓지 말라고 했다. 그러자 하늘을 날던 새들이 집집마다 제사상이 차려진 것을 보고 마당에 내려앉아 음식을 쪼아 먹었다.

연나라 군대는 즉묵성 안에 아침저녁으로 새들이 일제히 날아 내려앉는 것을 보고 이상하게 생각했다. 연군 진영에서 보기에 그 모습은 가히 장관이었다. 이에 기겁이 성 안에 첩자를 보내 알아보니, 이 모든 일이 신인의 지시로 이루어졌다는 보고가 올라왔다. 연나라 군대는 하늘이 제나라 군대를 돕는다고 생각하여 싸우기를 두려워했다.

전단은 다시 유언비어를 지어내어, 연군 진영에 널리 퍼트렸다.

"악의는 사람이 너무 인자해서 탈이야. 연나라 군대가 제나라 병사의 코를 베어 죽였다면 제군은 무서워서 벌써 항복했을 것이다."

전단이 퍼트린 유언비어를 들은 기겁은 제나라 포로들의 코를 모조리 베었다. 이 사실이 제군 진영에 전해지자 군사들은 연나라 군사를 더욱 두려워하면서 포로가 되지 않기 위해 수비를 더욱 엄중하게 했다. 전단은 유언비어가 소기의 성과를 달성하자 또다시 유언비어를 지어내 연군 진영에 퍼트렸다.

"즉묵 백성의 묘지는 모두 성 밖에 있다. 연나라 군대가 묘지들을 파헤치면 제나라 군대는 꼼짝없이 항복하게 될 것이다. 기겁은 어리석어서 이런 이치를 모른다."

기겁은 소문을 듣자마자 군사를 풀어 성 밖에 있는 제나라 백성의 무덤을 모두 파헤쳐 백골을 부수고 망가진 관 조각을 불태웠다.

조상의 무덤이 파헤쳐진 것을 알게 된 즉묵 백성은 통곡하면서 연나라 군대를 저주했다. 그들은 전단 앞으로 몰려와 연나라와 싸우게 해달라고 아우성을 쳤다. 전단은 경에 병사를 선발하여 대기시키고 성 위에는 노약자들만 세워서 연나라 군대에게 소리를 지르게 했다.

"지금 즉묵성에는 식량이 모두 떨어져 백성이 죽어가고 있습니다. 우리는 기회를 봐서 성문을 열고 나가 항복하겠습니다."

제나라 노약병들이 소리를 지르자 연나라 병사들은 희색이 만면했다. 악의가 몇 달 동안이나 공격하면서도 해내지 못한 일을 한 달 만에 이루게 되었다고 생각한 것이다. 기겁은 전단이 항복하러 나오기만을 기다리며 매일 술만 퍼마셨다.

화우진으로 적을 물리치고 빼앗긴 나라를 되찾다

"연나라 군대가 우리의 계략에 말려들었다. 제나라 군사와 백성은 한 사람도 빠지지 말고 연나라 군대와 싸울 준비를 하라!"

전단이 영을 내렸다. 그러잖아도 목숨을 걸고 싸울 생각만 하고 있던 제나라 군사들은 비장하게 결의를 다졌다. 성 안의 백성은 부녀자까지 창과 낫, 쇠스랑 따위를 들고 나왔다.

"연나라 군대는 우리보다 열 배나 많다. 그들을 이기려면 귀신도 놀라게 할 계략을 써야 한다."

전단은 성 안에 있는 소를 모두 끌고 나오게 했다. 얼추 1천여 마리가 되었다. 전단은 이 소들에게 울긋불긋한 옷을 해 입히고 용의 무늬를 그려 넣었다. 뿔에는 시퍼렇게 날이 선 장검 한 자루씩을 매달고, 꼬리에는 기름에 담근 삼실을 빗자루처럼 엮어놓았다. 모든 준비가 갖추어지자 5천 명의 정예병에게 장창을 들고 소들의 뒤에 일렬로 서게 했다. 그들의 얼굴에도 형형색색의 물감을 칠하여 귀신처럼 무시무시하게 만들었다.

마침내 날이 캄캄하게 어두워졌다. 전단이 신호를 하자 즉묵성의 육중한 성문이 열리면서 1천여 마리의 소가 일제히 연군 진영을 향해 내달렸다. 기름에 젖은 삼실에는 불이 붙어 있어서 소들은 미친 듯이 괴성을 질러댔다. 그 뒤를 제나라 군대의 정예병 5천 명이 괴이한 함성을 지르며 쇄도했다.

"저게 뭐냐? 불붙은 괴물이 나타났다!"

연나라 진영의 파수병들이 놀라서 소리를 질렀다. 소들이 달리는 소리가 천지를 진동하고 울음소리가 지옥에서 들려오는 것 같았다.

"괴물이다!"

막사에서 잠을 자던 병사들이 밖을 내다보고 대경실색했다. 울긋불긋한 용무늬 옷을 걸친 짐승들이 뿔에 칼을 매달고 이리저리 뛰는데, 도저히 막을 수가 없었다. 연나라 병사들은 소떼에 짓밟혀 죽거나 뿔에 매달린 칼에 찔려 죽었다. 꼬리에 불이 붙은 소떼는 연군 진영을 미쳐 날뛰며 짓밟았다. 그 뒤를 제나라 정예병이 따르며 도륙하는데, 그들의 얼굴도 신병神兵처럼 무시무시했다.

"퇴각하라!"

연나라 병사들은 혼비백산하여 달아나기 시작했다.

제나라의 정예병 뒤로는 전단이 이끄는 대군이 몰려와 연나라 병사들을 도륙하기 시작했다. 즉묵성의 군사들로서는 최후의 일전이었다. 부녀자까지 동원된 군사들은 놋그릇을 두드리며 내달리면서 낫과 죽창으로 연군을 무수히 찔러 죽였다.

아비규환의 참상이 벌어졌다. 연나라 대장 기겁은 황급히 수레를 타고 도망치다가 전단에게 발각되어 창에 찔려 죽었다. 마침내 칠나

라는 전단의 화우진火牛陣에 말려들어 대패하고 말았다.

전단은 그 여세를 몰아 거주성의 전가와 연합하여 파도가 몰아치듯 연나라 군대를 추격했다. 연나라 군대가 대패하고 대장 기겁이 전단에게 죽었다는 말을 들은 제나라 고을들이 일제히 연나라에게 반기를 들고 전단에게 투항했다. 전단은 투항한 병사들까지 모아서 숨 쉴 틈도 주지 않고 연군을 몰아쳤다. 연나라 병사들의 시체가 길바닥에 자욱하게 깔렸다. 제나라는 마침내 연나라 군사들을 완전히 몰아내고 빼앗긴 70여 개의 군현을 모두 수복했다.

"빼앗긴 나라를 되찾은 것은 모두 전단의 공로다."

장수들은 전단을 제나라의 왕으로 추대하려고 했으나 그는 거주에 있는 양왕을 모셔다가 충성을 맹세했다.

작은 즉묵성의 하급 관리에서 장군이 되고, 급기야 제나라의 왕으로 추대된 전단은 크든 작든 세상사는 심리전으로 이루어진다는 것을 잘 알고 그것을 이용한 인물이다. 심리전만 잘 펼쳐도 문제를 해결할 수 있고, 거꾸로 상대방이 기싸움을 걸 때는 흔들리지 않을 수 있다.

제나라의 시조, 강태공

고대 중국의 제나라를 세운 시조 강태공은 주나라 무왕을 보좌하여 은나라를 멸망시키고 천하를 평정한 인물이다. 원래 강태공은 동해에 사는 가난한 사람이었는데, 위강에서 낚시를 하던 어느 날 인재를 찾아 떠돌던 서백이후 주나라 문왕이 됨의 눈에 띄어 주나라 재상이 되었다. 이 고사에서 한가하게 낚시하는 사람을 '강태공'이라 부르는 속어가 생겨났다.

소小를 취하여
대大를 이루는 지혜

진시황의 마음을 읽고 현명하게 대업을 이룬 장군, 왕전

왕전(王翦)

조, 연, 초나라를 멸망시켜 통일 진나라를 이룬 일등공신 장군. 백기 장군 이후 진나라를 이끌어간 명장이며, 초나라를 정복할 때 진시황의 포악한 성정을 알고 그에게 반란의 의심을 사지 않기 위해 사욕이 많은 모습을 보인 원모심려遠謀深慮의 지혜를 발휘했다. 그의 아들 왕분, 손자 왕리 또한 그를 이어 강한 장군이 되었다.

장군은 늙어서 겁쟁이가 되었는가

기원전 5세기에 이르러 춘추오패 가운데서도 가장 강력했던 진晋나라가 조·위·한나라의 삼진三晋으로 갈라지면서 전국시대에 들어섰다. 그리고 전국시대 말기에 이르러 훗날 천하를 통일하는 진시황이 백기와 왕전이라는 뛰어난 장수들을 발탁하여 이들 세 나라를 차례로 멸망시켰다. 그러나 조나라의 40만 대군을 몰살시켜 명성을 떨친 백기는 안타깝게 간신들의 모함으로 억울한 죽임을 당했다.

진나라 시황제는 세 나라에 이어서 연나라까지 멸망시킨 뒤에 대신들을 모아놓고 회의를 열었다. 오랫동안 치열하게 쟁투를 벌였던 제후국들이 대부분 멸망하고 이제 몇 나라밖에 남아 있지 않아 그 어느 때보다 천하 통일의 분위기가 무르익어 있었다.

"위나라를 멸망시켰으니 삼진은 이제 우리 진奏나라 땅이 되었소. 다음에는 초나라를 쳐야 할 것 같은데, 경들은 어떻게 생각하오?"

시황제가 진나라 대신 위료에게 물었다.

"당연히 초나라를 쳐야 합니다."

위료가 머리를 조아리면서 대답했다.

시황제가 무릎을 치면서 기뻐하고 장군 이신을 불렀다.

"과인은 이제 남쪽의 강대한 초나라를 정벌하려고 한다. 그대가 초나라를 정벌하려면 군사가 얼마나 필요한가?"

시황제가 이신에게 물었다.

"신에게 20만 군사를 주시면 초나라를 멸망시킬 수 있습니다."

이신이 우렁차게 대답했다.

"이신 장군은 군사 20만을 주면 초나라를 정벌한다고 한다. 그대는 얼마나 있으면 초나라를 정벌하겠는가?"

시황제가 노老장군 왕전에게 물었다.

"초나라는 나라가 크고 땅이 넓어서 60만 명이 있어야 합니다. 신은 20만 군사로는 초나라를 정벌할 수 없습니다."

왕전이 머리를 조아리고 대답했다.

"왕전 장군은 늙어서 겁쟁이가 되었다. 이신 장군은 20만 명이면 충분하다고 하니 그야말로 용맹하지 않은가? 이신을 대장군에 명하니 초나라를 정벌하라."

시황제는 왕전에게 실망하여 이신을 대장군에 임명한 뒤에 20만 대군을 주고 초나라를 공격하게 했다. 왕전은 시황제가 자신을 믿어주지 않자 병이 났다는 핑계를 대고 물러났다.

60만 군사가 없으면 초를 정벌할 수 없다

이신은 20만 대군을 거느리고 당당하게 초나라로 출정했다. 그는 부장인 몽무, 몽염 등과 함께 초나라를 대대적으로 공격했으나 결국 대패하여 초나라 군사들에게 쫓기게 되었다. 시황제는 비로소 왕전의 말이 옳았다는 것을 깨닫고 사과했다.

"과인이 장군의 말을 가볍게 생각하여 이신이 초나라에 크게 패했소. 전장에서 보고를 받으니 초군이 계속 우리 군사를 추격하고 있다고 하오. 그대는 병중이라도 과인을 버리지 마시오."

"신은 이미 늙고 병들어서 정신이 오락가락합니다. 대왕께서는 다른 장군을 발탁하시어 군사를 맡기십시오."

왕전은 정중하게 사양했다.

"그대를 늙었다고 한 내 말은 잘못이오. 그대에게 진심으로 사과할 테니 우리나라의 대장군이 되어주시오."

"대왕께서 신을 대장군으로 발탁하시어 초나라를 정벌하시려면 60만 군사를 주셔야 합니다."

"60만 대군은 동원하기도 어렵거니와 그들을 이끌고 전장으로 나가는 것은 더욱 어렵소. 군사의 행렬이 족히 1백 리는 뻗칠 것이오. 그들의 군량이며 마초는 또 얼마나 많이 들 것인지 짐작이나 해보았소? 전쟁 비용도 엄청나게 소용되어 국고가 텅텅 빌 것이오."

"신은 60만 군사가 없으면 초를 정벌할 수가 없습니다."

"과인이 알기로, 옛날에는 대국이라야 3군을 두고 그보다 작은 나라는 2군을 두었소. 춘추오패가 천하에 위엄을 떨칠 때도 1천 승이 있었을 뿐이오. 병거 1승이면 군사가 75명, 1백 승이면 7천5백 명, 1천 승이라야 7만 5천 명에 지나지 않았소. 오패도 군사가 10만 명을 넘지 않았는데 60만의 군사는 너무 많지 않소?"

시황제가 고개를 흔들며 난처한 표정을 지었다.

"오패가 있을 때와 지금은 전쟁의 양상이 현저하게 다릅니다. 춘추시대의 전쟁은 서로 날짜를 정하여 싸우고 진을 친 뒤에도 효시嚆矢를 날린 뒤에야 비로소 전투를 시작했습니다."

춘추시대에는 대부분 전쟁을 할 때 양군이 진을 친 상태에서 전투를 시작한다는 의미로 화살을 날렸는데, 이것을 '효시'라고 한다. 어떤 일의 시작을 의미하는 효시는 바로 여기서 유래된 말이다.

"그때와 지금이 다르다는 것이오?"

"제나라 환공이 패업을 이룰 때 군사는 고작 3만 명밖에 되지 않았습니다. 그러나 우리에게 멸망한 조나라의 군사는 40만이었고, 초나라는 백만 대군을 갖고 있습니다. 우리 군사가 아무리 용맹하다고 해도 이들을 격파하는 일은 결코 쉽지 않습니다."

"듣고 보니 장군의 말이 옳소."

"아울러 전쟁의 양상도 현저하게 달라졌습니다. 그때는 항복을 하면 군사를 거두고 돌아가 나라를 보전하게 해주었으나 이제는 땅을 빼앗고 나라를 멸망시킵니다. 아무리 약한 나라라 해도 멸망시키려 하면 목숨을 걸고 지키기 때문에 정벌하기가 용이하지 않은 것입니다. 강한 자는 약한 자를 우세한 병력으로 짓밟아 사람은 죽이고 땅은 빼앗아버립니다. 옛날에는 전쟁으로 죽는 숫자가 수천 명뿐이었으나 지금은 작은 전투에도 수만 명이 목숨을 잃습니다."

왕전의 말에 시황제가 고개를 끄덕거렸다.

전쟁은 춘추시대를 지나 전국시대를 거치면서 대규모 살상전으로 변질되어 있었다. 수만 명을 도륙하고 목을 베어 해골산을 만들어놓고 보기 좋다고 하던 시절이었다. '경관京觀'이라는 말은 전쟁에 승리한 자들이 패전한 자들의 해골을 쌓아놓고 즐거워하던 데서 비롯되었다.

"장군의 말이 타당하나 우리 진나라에서 60만 대군을 동원하는 일은 쉽지 않소."

시황제가 계속 난색을 표했다.

"초나라는 동남쪽 지방의 광대한 영토를 가지고 있습니다. 나라가 멸망의 위기에 처하면 농부와 어린아이까지 병장기를 들고 싸우려고 나설 것입니다. 초군이 백만 명을 동원하는 것은 순식간의 일입니다. 신은 대왕께 60만 군사를 청했는데 실은 이것으로도 부족한 형편입니다."

왕전은 물러서지 않고 60만 대군을 주어야 출정을 하겠다고 고집했다.

"알겠소. 내가 60만 대군을 동원하여 그대에게 맡기겠소. 대신 초나라를 반드시 멸망시키시오."

시황제는 왕전을 수레에 태워 대궐로 돌아온 뒤에 대장군에 임명하고 60만 군사를 내주었다. 60만 군사는 진나라의 전 군을 동원한 숫자였다.

욕심이 많을 뿐 반역할 마음은 없다

왕전은 군사들의 모든 준비가 갖추어지자 친히 사열하고 출정했다. 진의 시황제는 교외에 나가 친히 출정연을 베풀어주었다. 왕전은 시황제에게 공손히 무릎을 꿇고 축수했다.

"대왕께서는 신의 잔을 받으시고 만수하십시오."

"장군은 반드시 초나라를 멸망시키라."

시황제는 왕전과 함께 술을 마셨다.

"신이 출정하기 전에 대왕께 청이 있습니다. 반드시 들어주시기를 바랍니다."

왕전이 술을 마시고 시황제에게 말했다.

"무슨 청인지 대장군은 조금도 어려워하지 말고 말하라."

시황제가 의아하여 왕전을 쳐다보았다.

왕전은 전지田地, 논밭, 택지宅地, 집을 지을 수 있는 땅, 원지園地, 동산 등 알짜배기 땅을 달라고 요구했다.

"하하하! 장군이 가난할까봐 그러는 것이오? 장군은 걱정하지 말고 가시오."

시황제는 웃으면서 왕전이 원하는 땅을 하사했다. 왕전은 군사를 이끌고 한참을 가다가 다시 시황제에게 사람을 보내 더 많은 땅을 요구했다. 시황제는 고개를 갸우뚱했다.

"신은 이미 늙었습니다. 대왕께서 벼슬을 내리신다고 해도 신은 오래 살지 못합니다. 그러니 신이 살아 있는 동안에 좋은 땅과 집을 얻어서 후손들이 가난하지 않게 물려주고 싶습니다."

"우리 대장군이 후손들에게 재산을 물려주고 싶어하니, 내가 어찌 거절하겠는가?"

시황제는 호탕하게 웃고 왕전이 원하는 땅을 모두 하사했다.

왕전은 대군을 이끌고 함곡관에 이르자 다시 시황제에게 사자를 보내 원지遠地를 달라고 청했다.

"왕전이 참으로 욕심이 많구나."

시황제는 왕전이 욕심꾸러기라고 비난하면서도 땅을 주었다. 왕전의 부장인 몽무는 왕전이 시황제에게 자꾸 땅을 달라는 것을 이해할 수 없었다.

"대장군께서는 어찌하여 또 땅을 달라고 하십니까? 저희 장수들이 생각하기에 욕심이 과하신 것 같습니다. 저희는 상관이 없으나 대왕께서 장군이 노욕老慾을 부린다고 생각하시면 어찌하려고 그러십니까?"

몽무가 땅을 달라는 청을 그만하라고 권했다. 왕전이 몽무를 보다가 유쾌하게 웃음을 터트렸다.

"내가 무슨 땅 욕심이 있겠나? 우리 대왕은 의심이 많은 분이다. 대왕께서는 나에게 60만 대군을 넘겨주었기 때문에 함양에는 군사가 하나도 없다. 내가 출정하고 나면 간신들이 대왕께 내가 반역을 일으키려 한다고 모함을 할 테고, 의심 많은 대왕은 초나라와 싸우기도 전에 나에게 자결하라는 영을 내리실 것이 분명하다. 그러나 내가 욕심이 많은 척 자꾸 땅을 달라고 하면, 욕심이 많을 뿐 반역할 마음이 없다고 생각하실 것이 아닌가? 나는 모함을 당하지 않기 위해 계략을 쓴 것이다."

왕전이 몽무에게 웃으면서 설명해주었다. 조나라 40만 대군을 격파한 백기 장군도 쟁쟁한 명성을 떨쳤으나 간신들의 모함으로 억울하게 자살하라는 명령을 받았던 것이다.

"과연 장군은 지략이 출중한 분이십니다."

몽무는 왕전에게 감탄하여 혀를 내둘렀다.

왕전이 예측한 대로 그가 초나라와 한창 전쟁을 벌이고 있을 때 진나라 조정에서는 왕전을 모함하는 간신들이 들끓었다. 그들은 왕전이 60만 군사를 진나라로 되돌려 모반을 일으키려 한다고 시황제에게 매일같이 아뢰었다.

"왕전은 욕심이 많은 장군일 뿐이다. 모반을 일으키려고 하는 자가 자꾸 땅을 달라고 하겠는가? 왕전이 전쟁은 잘하는데 땅에 대한 욕심이 지나친 것이 유일한 흠이다. 절대로 모반하지 않을 것이다."

시황제는 간신들의 모함을 물리쳤고, 왕전은 안심하고 2년 동안 전쟁을 하여 마침내 초나라를 멸망시키고 개선했다.

진나라의 천하 통일 과정

시황제의 진나라가 6국을 통일하는 과정에서 한韓나라를 제외한 다섯 나라는 왕전 부자에 의해 멸망당했다.

기원전 230년: 내사등內史騰에 의해 한나라 멸망.

기원전 229년: 왕전이 반간계를 써 조나라 왕이 이목 대장군을 죽이도록 한 후 조나라를 멸망시킴.

기원전 226년: 왕전이 연나라를 공격해 연나라의 수도 계를 빼앗고 멸망시킴.

기원전 225년: 왕전의 아들 왕분이 위나라를 공격해, 황하와 홍구 운하를 이용하여 3개월 만에 멸망시킴.

기원전 224년: 왕전이 초나라를 공격해 장수 항연을 죽이고 정복함.

기원전 221년: 왕분이 남아 있는 연나라와 조나라 군사를 치고, 곧바로 남하하여 제나라를 공격해 진나라의 천하 통일을 이룸.

권모술수에 대처하는
마음의 자세
삼천갑자의 전설, 동방삭

> **동방삭**(東方朔)
> 막힘이 없는 유창한 변설과 재치로 한나라 무제의 사랑을 받아 측근이 되었다. 그러나
> 단순한 시중꾼이 아닌, 무제의 사치를 간언하는 등 근엄한 일면도 있었다. 부국강병책을
> 주장하였으나 받아들여지지 않자 이를 자조하여 《객난客難》과 《비유선생지론非有先生之論》
> 등에 약간의 시문을 남겼다. '익살의 재사'로 많은 일화가 전해진다.

죽간 3천 개에 빽빽하게 써서 자신을 알리다

동방삭은 기원전 154년 제나라 염차현에서 태어났다. 우리나라에서
는 삼천갑자^{18만} 년를 살았다는 전설로 유명한데, 실제로도 기행과 파
행을 일삼으면서 한나라의 도읍 장안을 휘저었던 인물이다. 그가 주
로 활동하던 시대는 유방이 한나라를 세운 뒤 정세가 안정되어가던 7
대 황제 무제 시절이다.

　당시는 비록 정치는 안정되었으나 유학과 도학이 대립하던 시기이
기도 하다. 한나라는 고조 이후 도가를 천하의 중심 학문으로 여겨
노자의 무위사상을 국책으로 삼아왔다. 그러나 유학을 공부하는 학
자들이 점차 많아지면서 무제도 유학을 국책으로 삼아 개혁 정치를

실시하려고 했다.

무제는 인재를 널리 구하기 위해 천하에 포고하여 상서를 올리라는 조서를 내렸다. 그러자 출세를 바라는 약 1천 명의 신진 학자들이 치국책에 답을 하는 상서를 올렸다. 이때 동방삭은 죽간 3천 개에 글자를 빽빽하게 써서 올려 무제의 관심을 끌었다.

"신 동방삭은 어릴 때 양친을 여의고 형수의 손에서 자랐습니다. 열세 살부터 학문을 시작하여 삼동三冬, 3년 만에 문학과 역사에 두루 통달했으며, 열다섯에 격검擊劒, 검술을 배웠고, 열여섯에는 서경을 공부했습니다. 암송한 글자가 22만 자입니다. 열아홉에는 손자와 오자의 병법과 진을 치는 법을 공부했으니, 이때 암송한 글자가 22만 자입니다. 따라서 신 동방삭이 암송하는 글자가 도합 44만 자에 이르고, 또한 할 수 있는 일을 뒤로 미룬 적이 없습니다. 신 동방삭의 나이는 스물두 살이며, 신장은 9척 2촌, 눈은 구슬처럼 빛나고 이는 희고 가지런합니다. 용맹하기는 맹분孟賁, 쇠뿔을 맨손으로 뽑은 춘추전국시대의 역사과 같고, 빠르기는 경기慶忌, 오나라 공자로 달리는 짐승처럼 빨랐다는 역사와 같으며, 청렴하기는 포숙鮑叔, 관포지교의 포숙아과 같고, 신의를 지키기는 미생尾生, 약속을 지키려고 물에 빠져 죽은 사람과 같습니다. 신의 능력이 이 정도니 황제의 대신이 되는 것이 마땅하지 않겠습니까?"

동방삭이 무제에게 올린 상서의 내용 중 일부다. 무제는 자화자찬으로 가득한 이 상서를 쓴 동방삭을 처음에는 미친놈이라고 여겼지만, 결국 그를 2등으로 발탁했다.

"이놈은 미친놈이 아니면 천재다."

재기 넘치는 꾀로 조정에 발탁되다

무제는 전 생애에 걸쳐 흉노와 전쟁을 벌이고, 추은령推恩令을 실시하여 제후왕의 권력을 축소시키고, 친인척 비리를 가혹하게 다스린 무서운 황제였다. 황후의 일가를 몰살하는가 하면, 역모가 발각되면 삼족이나 구족을 멸하여 수백 명이 목숨을 잃는 경우도 허다했다.

그런 무제였지만 동방삭이 올린 방대한 상서를 두 달 동안 아무런 불평도 없이 읽었다. 읽는 데 시간이 오래 걸린 까닭은 글자 수가 많기 때문이기도 했지만, 이야기 내용이 포복절도할 정도로 재미있어서 아껴 읽었기 때문이다.

무제는 인재들을 뽑아놓고도 발령은 내지 않고 단지 녹봉을 아주 적게 주면서 대기하게 했다. 그러자 동방삭이 대궐의 말을 관리하던 난쟁이들에게 말했다.

"황제께서는 너희가 나라에 아무 도움이 되지 않으니 죽이겠다고 하셨다. 생각해보거라. 너희 난쟁이는 농사짓기도 쉽지 않고 군사가 되어 전쟁을 할 수도 없다. 나랏일에 아무 쓸모가 없는데 옷과 양식만 축내고 있는 너희들을 황제께서 왜 살려주시겠느냐?"

동방삭의 말을 들은 난쟁이들이 통곡을 했다.

"지금 울어야 무슨 소용이 있느냐? 황제께서 지나가실 때 살려달라고 울어라."

동방삭의 말을 들은 난쟁이들은 황제가 지나갈 때를 기다렸다 울부짖었다.

"너희는 어찌하여 울고 있느냐?"

무제가 이상하다고 생각하여 난쟁이들에게 물었다.

"폐하께서 소인들을 모두 죽인다고 하여 무서워서 울고 있습니다."

난쟁이들이 대답했다.

"누가 그런 말을 했느냐?"

"동방삭입니다."

"동방삭이 또 허풍을 떨었구나. 그놈을 불러와라."

무제가 영을 내렸다.

동방삭이 군사들에게 끌려오자 무제가 추궁했다.

"너는 왜 난쟁이들에게 내가 그들을 죽인다는 말을 했느냐?"

"신 동방삭은 어차피 죽을 것이니 말씀드리겠습니다. 난쟁이들은 키가 석 자밖에 되지 않는데 240냥의 녹봉과 좁쌀 한 부대를 받고, 신 동방삭은 키가 9척 2촌인데도 녹봉 240냥에 좁쌀 한 부대를 받습니다. 난쟁이들은 배가 터져 죽을 지경이고, 동방삭은 배가 고파 죽을 지경입니다. 신이 올린 상서가 맞으면 예우를 해주시고 맞지 않으면 쫓아내서 장안의 쌀을 축내지 마십시오."

동방삭의 말에 황제가 박장대소하고 금마문에서 대기하게 했다. 금마문은 학사들이 황제의 조칙을 기다리는 곳이었다.

자신의 잘못을 칭송으로 둔갑시키는 재치

동방삭은 무제의 총애를 받았다. 하루는 무제가 복날이라며 가까운 신하들에게 고기를 하사한다는 영을 내렸다. 그런데 고기는 왔으나 조칙이 내려지지 않았다. 학사들 모두가 조칙이 내려오기를 하염없이 기다리고 있는데 동방삭이 성큼 고기를 베었다.

"복날이라 일찍 퇴청할 것이니 동방삭은 폐하의 하사품을 먼저 받아가지고 갑니다."

동방삭은 깜짝 놀란 동료들을 아랑곳하지 않고 돌아갔다. 대관이 무례하다고 무제에게 고했다.

"너는 어찌하여 조칙도 기다리지 않고 고기를 베어 갔느냐?"

무제가 동방삭을 불러 추궁했다.

"신이 잘못했사옵니다."

동방삭이 무릎을 꿇고 아뢰었다.

"무엇을 잘못했는지 말해보라."

동방삭은 무제에게 두 번 절하고 큰 소리로 외쳤다.

"동방삭아, 동방삭아, 조칙을 기다리지 않고 하사품을 받아 갔으니 너는 참으로 무엄한 놈이로다. 동방삭아, 검을 뽑아 고기를 베었으니 너는 참으로 호쾌한 놈이로다. 동방삭아, 고기를 많이 베어 가지 않았으니 너는 참으로 청렴한 놈이로다. 동방삭아, 귀가하여 세군細君, 황제의 호위무사과 나누어 먹었으니 너는 참으로 인자한 놈이로다!"

동방삭의 말에 무제와 시종을 하던 대신들이 배꼽을 잡고 웃었다.

"고약한 자다. 잘못이 무엇이냐고 물었더니 자신을 칭송하는구나."

황제는 동방삭의 죄를 추궁하지 않고 오히려 고기를 더 많이 하사했다.

궁중이야말로 세속의 더러움을 피하는 안식처이다

동방삭은 술에 취해 궁궐 안으로 들어가 함부로 소변을 본 일이 있었다. 무제는 그 일로 동방삭을 내쳤다가 다시 시종으로 불러들였다. 그는 자주 무제의 말상대를 해주었다. 동방삭을 총애한 무제는 조칙을 내려 동방삭과 점심 식사를 하는 일이 많았는데, 음식을 다 먹지 못하면 소매 속에 싸가지고 갔기 때문에 동방삭의 옷은 항상 더러웠다. 황제가 옷이나 돈을 하사해도 동방삭은 모으지 않고 물 쓰듯 써버렸다. 특히 젊고 예쁜 여자를 좋아하여 항상 새로 맞아들이고 1년이 지나면 버렸다.

무제의 주위에 있는 낭관들은 이런 동방삭을 광인으로 취급했다. 그래도 그는 아랑곳하지 않고 술을 마시며 거침없이 살았다. 급기야 대신들이 동방삭을 어리석은데다 미치광이라고 탄핵했다.

"동방삭에게 일을 시키면 못하는 것이 없다. 누구도 그를 따르지 못할 것이다."

무제는 대신들의 탄핵을 일축했다.

"사람들이 모두 선생을 미쳤다고 합니다."

동료 낭관 중에 한 사람이 동방삭에게 말했다.

> 속세에 묻히기보다는
> 세속을 황궁에서 피하는 것이 낫다
> 궁중이야말로 세속을 피하고 자신을 피할 수 있는데
> 하필 깊은 산속에 은거할 필요가 있는가

황궁과 조정은 암투가 치열한 무서운 곳인데도 동방삭은 오히려 황궁이야말로 세속의 더러움을 피하는 안식처라고 생각했다.

끊임없는 기행 속에서도 황제의 총애를 독차지하다

어느 날 황궁의 건청궁에 고라니와 모양은 비슷하지만 정체를 알 수 없는 이상한 동물이 나타났다. 무제가 직접 가서 살폈지만 무슨 동물인지 알 수 없었다. 한나라의 박학다식한 대신들에게 물었으나 아는 사람이 없었다. 무제가 동방삭을 불러서 물었다.

"신은 이것을 알고 있습니다. 원하건대 향기로운 술과 상등미로 지은 밥을 마음껏 먹게 해주십시오. 그러면 말씀드리겠습니다."

무제가 웃으면서 허락했다.

동방삭은 맛있는 술과 음식을 잔뜩 먹고 배를 두드리면서 말했다.

"부들과 갈대가 있는 양어지의 밭과 성 밖에 있는 공전公典을 신에게 하사해주십시오. 그러면 말씀드리겠습니다."

무제가 다시 허락했다.

"이것은 추아騶牙, 덕과 인이 있다는 전설의 동물인데, 먼 곳에 있는 나라가 천자의 덕을 사모하여 귀속하려고 할 때 나타난다고 합니다. 머지않아 흉노가 항복할 것입니다."

동방삭이 말했다.

추아가 나타나고 1년이 지났을 때 과연 흉노의 혼야왕이 10만 정병을 이끌고 투항했다. 무제는 크게 기뻐하면서 동방삭에게 많은 재물을 하사했다. 그러나 동방삭은 그 돈을 전부 젊은 여자들에게 뿌렸다.

"공손홍, 동중서, 사마상여, 사마천, 상량홍은 우리 한나라의 인재들이라고 할 수 있는데, 그대와 비교하면 어떤가?"

하루는 무제가 동방삭에게 물었다. 공손홍과 동중서는 대학자이고, 사마상여는 문장가로 탁문군과의 사랑으로 명성이 높았으며, 사마천은 역작《사기》의 저자이고, 상량홍은 암산을 잘하여 열세 살에 대농상이 되었을 정도로 천재였다.

"폐하, 어찌 그런 자들과 신을 비교할 수 있습니까? 그들을 살펴보니 이빨은 들쑥날쑥하고 광대뼈는 툭 튀어나왔으며, 목은 내려앉고 얼굴은 볼품이 없습니다. 정강이와 다리는 붙어 있고, 볼기짝과 엉덩이는 분간이 되지 않아 뒤뚱거리며 걷는 꼴들을 보면 머릿속에 무엇이 들었는지 모르겠으나 한참 모자라 보이지 않습니까?"

당대의 명망 높던 인재들을 동방삭은 말 한마디로 깎아내렸던 것이다.

> 수양산에서 굶어 죽은 백이숙제는 어리석고
> 주하사가 된 노자는 노련하구나
> 배불리 먹고 거드름을 피우려면
> 농사를 짓는 것보다 벼슬을 하는 것이 낫지
> 조정에 은거하여 세상을 즐기면서 살며
> 시류를 거슬러 화를 자초하지 마라

동방삭은 기행이 끊이지 않았지만 무제의 총애를 받아 수십 년 동안 측근으로 활약하면서 벼슬이 태중대부급사중太中大夫給事中까지 올랐다. 한때 부국강병책을 상주했으나 받아들여지지 않자《객난客難》이나《비유선생지론非有先生之論》같은 시문을 남기기도 했다.

동방삭에 대한 전설 같은 이야기는〈사기열전〉'골계 편'과《한서열전》등에 자세하게 실려 있다.

암투가 끊이지 않는 궁중 속에서 오히려 인생의 즐거움을 찾은 그의 이야기는 권모술수에 대처하는 마음의 자세가 어떠해야 하는지를 잘 보여주는 듯하다.

장수의 대명사, 삼천갑자 동방삭

한국에선 동방삭이 장수長壽의 대명사인 '삼천갑자 동방삭'으로 변했다. 원래 수명이 삼십三十이었던 동방삭은 십十에 한 획을 더 그은 천千으로 바꿔 삼천갑자를 살게 됐다. 이에 동방삭을 잡으러 온 저승사자가 성남 분당의 탄천炭川, 숯내에서 숯을 씻는 꾀를 냈다. 길을 지나던 동방삭이 "내 삼천갑자를 살지만 이런 기괴한 모습은 처음 본다"고 말해 신분이 탄로나 붙잡히고 말았고, 이 이야기는 탄천이라는 지명의 유래가 되었다. 중국판 설화에서는 서왕모西王母의 복숭아를 훔쳐 먹어 장수하였다고 전해진다.

| 5장 |

꿈꾸는 20대,
내 인생의 원칙 세우기

첫 원칙이 미래를 좌우한다

《손자병법》을 완성한 춘추전국시대 최고의 군사전략가, 손자

손자(孫子)
본명은 손무(孫武). 제나라 사람으로 자신이 쓴 병법서를 오나라 왕 합려에게 바쳤고, 합려는 그의 능력을 높이 사 등용했다. 결국 오왕 합려는 그의 도움을 받아 강대국 초나라를 물리치고 제후들 중의 으뜸이라는 패자의 칭호를 얻었다. 손자가 저술한 병서 《손자병법》은 끊임없이 회자되며 현대인들에게도 깊은 영향을 주고 있다.

《손자병법》은 2천여 년 전에 손자가 지은 병서로, 현대의 기업가나 지도자들도 경영과 조직 운용에 폭넓게 응용하고 있다. 기록에는 '병서' 82편과 '도록' 9권으로 구성되어 있다고 하나, 실제로는 계計, 작전作戰, 모공謀攻, 형形, 세勢, 허실虛實, 군쟁軍爭, 구변九變, 행군行軍, 지형地形, 구지九地, 화공火攻, 용간用間 등 13편만이 전해 온다. 그러나 이들 13편만으로도 현대의 군사 전문가들로부터 탁월한 병서라는 평가를 받고 있으며, 실제로 누구나 한번쯤은 읽어야 하는 책으로 인식되어 있다. 특히 국가의 간성干城이 되려는 군인이나 기업을 이끄는 사람에게는 필독서나 다름없다.

적은 군사로 많은 군사를 이기게 하는 것이 병법이다

손자는 원래 제나라 사람이었으나 중국 천하를 돌아다니면서 고대의 전쟁터를 살핀 뒤에 오나라의 나부산에서 병법을 연구하여 병서를 지었다. 오나라의 오자서가 그 사실을 알고 병서와 함께 오왕 합려에게 천거했다. 춘추시대 최고의 열혈 장부로 불리는 오자서는 원래 초나라 사람이었는데, 간신 비무극의 모함으로 초의 평왕에게 아버지와 형이 살해되자 간신히 도망쳐 나와 여러 나라를 전전하던 중 오나라에 들어와 오왕의 신임을 받은 인물이다. 그는 부형의 원수를 갚기 위해 오나라의 부국강병을 이루려고 전력을 기울였다.

"손무라는 자는 어떠한 사람이오?"

병서 13편을 읽은 오왕이 오자서에게 물었다.

"손자는 제나라 사람인데 평생을 병법만 연구하면서 살았습니다. 이제 그는 자신의 병법이 실전에서 어떻게 쓰일지 시험하려고 합니다. 주공께서 그를 발탁하시면 초나라를 멸망시키고 패업을 이룰 수 있습니다."

오자서가 머리를 조아리며 대답했다. 초나라의 명문거족이고 맹장으로 명성을 떨친 오자서였다. 오왕은 고개를 끄덕거리고 오자서에게 지시하여 손무를 데려오게 했다. 그러나 백비를 비롯한 오나라 대신들은 오자서가 손무를 데려오는 것을 탐탁하게 여기지 않았다. 그들은 오자서가 없는 틈을 타서 손무가 일개 서생에 지나지 않아 병법을 모른다고 오왕에게 아뢰었다.

"그렇다면 과인이 손무를 시험해보면 알 것이오."

귀가 얇은 오왕이 대신들에게 말했다. 이내 오자서가 손무를 데리고 왔다. 오왕은 일단 손무와 예를 나누고 그를 상석에 앉혔다.

"선생의 병법을 자세히 읽었소. 우리 오나라는 군사가 적어서 대국과 싸워 이기기 어려울 것이오."

오왕은 손무와 담소를 한 뒤에 탄식을 하듯이 말했다.

"전쟁의 승패는 군사가 많고 적음에 있지 않습니다. 적은 군사로 많은 군사를 이기게 하는 것이 병법입니다."

손무가 눈을 지그시 감고 대답했다.

"허허. 말이야 쉽지, 적은 군사로 어찌 많은 군사를 이긴단 말이오?"

"외신外臣이 지은 병서를 읽으셨으면 그리 어렵지 않다는 것을 아실 것입니다. 잘 훈련된 군사가 필요할 뿐입니다."

"그렇다면 선생이 실제로 군사를 지휘할 수 있소?"

"병서를 썼으니 실전에서 시험해 보이고자 합니다. 외신에게 군사를 한번 맡겨보십시오."

"허허. 말은 그럴듯하나 실전 경험이 없는데 어찌 군사를 맡기겠소? 적은 군사로 많은 군사를 이기기 위해서는 훈련이 중요하다고 했는데, 그대가 훈련도 시킬 수 있소? 부녀자들도 훈련을 시킬 수 있소?"

오왕의 말에 손무의 굵은 눈썹이 꿈틀거렸다. 그의 두 눈에서 무쇠라도 녹일 것 같은 형형한 빛이 강렬하게 뿜어져 나왔다.

'오왕이 나를 시험하려고 하는군.'

손무는 속으로 그렇게 생각했다.

오자서가 살짝 미간을 접었다가 폈다. 손무가 공연히 만용을 부리고 있는 것이 아닌가 하는 생각이 들었다. 오나라의 대신들은 일제히 불가하다며 웅성거렸다.

"하하하! 부녀자들노 알 수 있습니까."

손무가 호탕하게 웃은 뒤에 거침없이 대답했다. 손무의 말에 오나라 대신들이 일제히 비웃었다. 오왕이 손무를 시험하려고 일부러 한 말인데도 그가 전혀 눈치 채지 못하고 대답했다고 생각한 것이다.

"좋소. 그럼 선생이 어떻게 군사 훈련을 하는가 한번 봅시다. 훈련 결과가 만족스러우면 선생을 우리 오나라의 군사軍師로 임명하겠소."

춤추고 노래하는 궁녀들이 군복을 입다

오왕은 궁녀 180명을 내주며 군사로 훈련시켜보라고 지시했다.

'말이 화근이구나. 하지만 내가 부녀자를 훈련시킬 수 없다고 했으면 더 어려운 문제를 냈을 것이다.'

손무의 눈가로 희미하게 미소가 번져 지나갔다.

"군사를 부릴 때 가장 중요한 일은 군령을 세우는 것입니다. 그래서 군사 훈련을 할 때는 군령관과 집법관을 두어 원수의 군령을 집행하게 하고, 고리鼓吏를 두어 북을 치게 합니다. 또한 부월斧鉞을 든 역사力士들을 아장牙將으로 삼아 군용軍容을 엄숙하게 합니다. 신을 원수에 임명한 뒤에 장사들을 주시어 군용을 갖추게 해주십시오."

손무가 의연한 목소리로 오왕에게 아뢰었다.

"선생이 대장군의 풍모를 갖추려 하는구려. 하하하!"

오왕이 원수의 인부印符를 내주고 아장은 군대에서 뽑아 쓰게 했다. 손무는 공손하게 오왕에게 사례하고 인부를 받은 뒤에 갑옷과 투구를 쓰고 왕궁을 호위하는 시위대에서 군령관, 집법관, 고리와 장수들을 차출하여 자신의 앞에 병풍처럼 늘어서게 했다.

'과연 손무가 부녀자들을 군사로 훈련시킬 수 있을까?'

오자서는 속으로 반신반의했다. 《손자병법》이 고금에 다시없는 병서라고는 해도 실전에서 어떻게 쓰일지 오자서도 확신할 수 없었다.

손무는 오왕의 궁녀들 180명을 90명씩 2대로 편성하고 오왕이 가장 총애하는 후궁 두 명을 각 대의 대장으로 삼았다. 오왕의 궁녀들은 군복을 입고 도열하자 희희낙락하면서 수다를 떨어댔다. 연무장에는 궁녀들의 지분 냄새가 진동했다.

오왕과 대신들은 높은 대 위에 앉아서 손무가 궁녀들을 훈련시키는 것을 지켜보고 있었다. 궁녀들이 군복을 입고 창을 들고 서 있는 모습은 가관이었다. 겉모양은 군사의 모양을 갖추었으나 줄도 맞지 않고 허리를 비틀거나 손으로 입을 가리고 웃는 등 대열이 엉성하기 짝이 없었다.

"춤추고 노래하는 궁녀들이 군복을 입으니, 볼 만하지 않은가?"

오왕이 연무장의 궁녀들을 가리키면서 웃자 대신들도 일제히 웃음을 터뜨렸다.

"너희들은 궁녀가 아니라 군사로 소집되었다. 지금부터 군사 훈련을 받을 것인데, 무엇보다 군령을 잘 따라야 한다. 너희들이 군법을 모르기 때문에 군령관이 설명할 것이다. 잘 듣고 명령에 따르도록 하라. 알았나?"

손무가 우렁찬 목소리로 호령을 했다. 궁녀들이 깜짝 놀라 손무를 쳐다보았으나 대답은 하지 않았다. 손무는 군령관에게 자세하게 군령을 설명하게 했다. 궁녀들은 군령관이 군령을 설명하는데도 귀담아 듣지 않았다. 손무는 두 번, 세 번 반복하여 설명을 하게 했다. 궁녀들은 여전히 허리를 비틀면서 교태를 부렸다.

"군령관이 세 번이나 군법을 설명했다. 이제 행군 훈련을 할 것이다."

손무는 대오를 짓고 행군하는 방법을 궁녀들에게 자세히 설명했다. 다섯 사람이 모여 오伍를 이루고 열 사람이 모여 총總이 되는 법을 가르친 뒤에 행군하는 법을 설명했다. 궁녀들은 손무가 하는 말은 들은 체도 하지 않고 오왕의 관심을 끌기 위해 교태를 부리느라 정신이 없었다.

"군령을 내리는데 듣지 않으면 군법을 위반하는 것이다. 군법을 위반하는 자는 참수한다."

손무는 여러 차례에 걸쳐 군법을 위반하면 참수한다는 사실을 가르쳤다.

군령을 바로세우면 부녀자들도 강군이 된다

"이제 훈련을 실시한다. 첫 번째 북소리가 울리면 일제히 기립하고 두 번째 북소리가 울리면 좌대는 왼쪽으로, 우대는 오른쪽으로 전향한다. 세 번째 북소리가 울리면 오른발부터 떼어놓으면서 북소리에 맞춰 행군한다."

손무는 각 대의 대장을 불러 직접 시범을 보이면서 훈련을 시켰다.

"북을 쳐라!"

손무가 마침내 엄숙하게 군령을 내렸다.

"북을 쳐라!"

군령관이 큰 목소리로 복창했다.

군령이 떨어지자 고리가 첫 번째 북을 울렸다. 이에 궁녀들이 모두 자리에서 일어났으나, 대오는 지렁이가 기어가듯 엉망이었다. 궁녀

들은 옆 사람과 이야기를 주고받거나 키득거렸다.

　"군사들은 들어라. 나는 엄숙하게 말한다. 군령을 선포했는데 따르지 않으면 군법을 위반하는 것이다. 군령은 누구도 위배할 수 없다. 한 번만 더 따르지 않으면 군법을 시행할 것이다. 고리는 다시 북을 쳐라!"

　손무가 대로하여 영을 내렸다. 고리가 군례를 바치고 다시 첫 번째 북을 울렸다. 그러나 궁녀들은 여전히 키득거리기만 했다.

　"부녀자들에게 군사 훈련을 시키는 일은 어림없다."

　오왕과 대신들도 웃었다.

　"군령관은 앞으로 대령하라."

　손무가 얼굴이 붉게 상기되어 군령관을 불렀다. 군령관이 황급히 손무 앞에 대령했다.

　"군령관이 보기에 군사들이 군령을 잘 따랐다고 보는가?"

　"군령을 따르지 않았습니다."

　"군법에는 군령을 따르지 않는 자를 어찌하라고 되어 있는가?"

　"참수하라고 되어 있습니다."

　군령관이 긴장한 표정으로 대답했다.

　"군령을 위반한 군사들 모두를 참수하는가?"

　"먼저 장수를 참한다고 되어 있습니다."

　"그렇다면 좌대와 우대의 대장을 참수하여 교만한 군사들을 경계하게 하라. 집법관은 두 대장을 잡아다가 목을 베라!"

　손무가 추상같은 영을 내렸다.

　"예."

　집법관이 군리를 이끌고 달려가 오왕이 아끼는 후궁 두 명을 잡아다가 손무 앞에 무릎을 꿇렸다. 두 후궁의 얼굴이 하얗게 질렸다. 오왕이 깜짝 놀라 손무에게 전령을 보내 말했다.

"나는 그대가 훌륭한 장군이고 용병이 뛰어나다는 사실을 진작 알고 있었다. 두 대장은 나의 총애하는 후궁이니 목을 베지 말라."

손무는 오왕의 말에 눈빛 한 번 흔들리지 않았다.

"신은 이미 원수의 인부를 받아 군을 통솔하고 있습니다. 진중에 있는 장수는 임금의 영이라도 따르지 않을 수 있습니다."

손무가 전령을 통해 오왕에게 아뢰었다. 오왕의 낯빛이 창백해지고 대신들이 일제히 웅성거렸다. 후궁들은 살려달라고 울부짖었다.

"군법을 집행하라!"

손무가 다시 군령을 내렸다. 그러자 집법관들이 우르르 달려들어 오왕이 총애하는 후궁들의 목을 베었다. 조금 전까지 웃고 떠들던 연무장이 바늘 떨어지는 소리마저 들릴 정도로 조용해졌다. 손무는 두 후궁의 시체를 치우게 하고 각 대의 대장을 다시 임명했다.

"군령을 내린다. 북을 쳐라!"

손무가 영을 내리자 군령관이 복창하고 고리가 북을 쳤다. 궁녀들은 일제히 북소리에 맞춰 오와 총을 이루고 일사불란하게 행군을 했다. 군령을 내릴 때도 웃고 떠들며 교태를 부리던 궁녀들의 모습은 찾아볼 수가 없었다. 손무가 전령을 보내 오왕에게 고했다.

"부녀자들의 훈련을 마쳤습니다. 대왕께서 내려오시어 친히 열병하십시오. 대왕께서 영을 내리시면 이들은 불속에라도 뛰어들 것입니다."

손무의 말을 전해들은 오왕은 고개를 흔들었다.

"그대의 훈련은 잘 보았다. 내가 친히 시험할 필요는 없을 것 같다."

오왕은 대신들을 이끌고 돌아가버렸다.

"대왕께 패업을 이루려는 꿈은 있으나 이늘 실천하려는 의도는 없는 것 같습니다. 저는 돌아가겠습니다."

손무가 오자서에게 말했다. 오자서가 손무를 만류하고 오왕에게 달려가 설득하자 오왕은 마침내 손무를 오나라 군사에 임명했다. 손무의 용병술로 강인해진 오나라 군대는 초나라를 격파하고 제나라와 진나라를 위협하여 중원의 패자가 되었다.

손무는 오나라가 강성해지자 군사 직에서 물러났으며 역사에서 홀연히 사라졌다. 그러나 임금의 영이라도 진중의 장수가 세운 첫 원칙을 저버릴 수 없다는 강력한 의지는 그가 남긴 병서《손자병법》에 고스란히 남아, 오늘날까지도 많은 영향을 주고 있다.

높은 꿈을 가진 이들의 필독서, 《손자병법》

13편으로 구성된《손자병법》은 단순한 국지적 전투의 작전서가 아니다.《손자병법》은 국가 경영의 요지, 승패의 기미, 인사의 성패 등 군사 분야뿐만 아니라 정치·경제·사회·외교 전 분야에 통용되는 지침을 담은 병법서인 동시에 철학서이다. 계 편, 작전 편, 모공 편, 형 편, 세 편, 허실 편, 군쟁 편, 구변 편, 행군 편, 지형 편, 구지 편, 화공 편, 용간 편의 13편, 5천여 자로 저술된《손자병법》은 완벽한 군사 전략의 체계를 이루어낸 손자의 역작이다. 그 속에 담긴 정신의 핵심은 군사학, 수학, 바둑, 경제학, 의학, 정보학 등 다방면에 큰 영향을 끼쳤으며 '싸우지 아니하고도 남의 군사를 굴복시키는 것이 착한 자의 으뜸이니라'라는 가르침을 주고 있다.

원칙은 결코 흔들리지 않는다

춘추시대 '법가'의 정통을 세운, 위앙

> **위앙(魏 鞅)**
> 전국시대 진나라의 정치가. 진나라가 전국시대를 통일할 수 있는 기반을 닦았으며, 그
> 공적으로 열후에 봉해지고 상商을 봉토로 받으면서 '상앙'이라고도 불렸다. 부국강병의
> 계책을 세우고 보수파와 투쟁하면서 형법, 가족법, 토지법 등 여러 방면에 걸친 대개혁
> 을 단행했다. 10년간 진나라의 재상을 지내며 엄격한 법치주의 정치를 폈으며, 효공이
> 죽은 뒤 태자와 중신들에게 원한을 사 극형에 처해졌다. 주요 저서로 《상군서商君書》가
> 있다.

누구든지 현인을 천거하라

훗날 중국 최초로 천하를 통일하는 진秦나라는 목공穆公 때 가장 번성
했다. 목공은 춘추시대 오패 중 하나로 불리기까지 했으며, 천하에서
많은 인재들을 초빙하여 나라를 부강하게 만들었다. 그러나 그가 죽
자 진나라는 급속하게 기울기 시작해, 전국시대가 도래했을 때는 가
장 가난하고 군사력이 약한 나라가 되어 있었다. 이때 진나라의 재건
을 기치로 내세운 인물이 효공孝公이다. 그는 진을 강성한 나라로 만
들기 위해 널리 포고령을 내렸다.

"옛적에 우리 목공께서는 기산과 옹읍 사이에 웅거하시어 어질고

바른 정치를 펴시고 무공을 중하게 여기셨다. 그러나 여러 대가 지나는 동안 뜻밖에 나라가 쇠퇴하여 선왕의 근거지였던 하서 땅을 빼앗기고 제후들이 우리 진나라를 업신여기게 되었다. 돌이켜보면 일찍이 이와 같이 수치스러운 적은 없었다. 나는 선왕들의 유지를 생각할 때마다 비통함을 금할 수가 없다. 빈객과 신하들 가운데 누구든지 우리 진나라를 강대하게 할 수 있는 계책을 올리는 자에게는 높은 관직과 봉지를 하사하고, 외국의 현인들에게도 높은 관직을 내릴 것이다. 이 일을 널리 포고하니, 누구든지 현인을 천거하라!"

중용하지 않으려면 죽여야 한다

이 무렵 위나라에 위앙이라는 인물이 살고 있었다. 그는 어려서부터 형명학刑名學, 법으로 나라를 다스려야 한다는 학문을 좋아했는데, 위나라 승상인 공숙좌의 비서 격인 중서자라는 말단 관리로 있었다. 승상 공숙좌는 상장군 방연과 함께 위나라를 강대국으로 만든 인물이었으나, 이제는 늙고 병이 들어 임종을 앞두고 있었다. 그의 죽음이 임박하자 혜왕이 문병을 왔다.

"위나라의 기둥인 공숙좌가 병이 심하니, 장차 이 나라를 누가 이끌어가겠소? 속히 쾌차하기를 바라오."

혜왕이 공숙좌의 손을 잡고 위로했다.

"신은 이제 죽을 것입니다. 죽기 전에 주공께 긴히 부탁드릴 일이 있습니다. 제 집에 있는 가신 위앙은 나이는 얼마 되지 않으나 고금에 드문 기재입니다. 제가 죽은 뒤에 그에게 국정을 맡기십시오."

공숙좌는 혜왕에게 형명가 또는 법가로 일가를 이루고 있는 위앙을 천거했다.

"어찌 승상부의 말단 관리에게 국정을 맡기겠소. 우리 위나라에도 인재는 많이 있소."

혜왕은 공숙좌의 천거를 거절했다.

혜왕이 위앙을 발탁할 뜻이 없다는 것을 알자 공숙좌는 주위를 물리친 뒤에 은밀하게 아뢰었다.

"대왕께서 위앙을 중용하지 않으시려면 반드시 그를 죽이셔야 합니다. 그가 외국으로 가면 우리 위나라에 위협이 됩니다."

공숙좌가 간곡하게 부탁했기 때문에 혜왕은 그렇게 하겠다고 약속하고 대궐로 돌아갔다. 혜왕이 돌아가자 공숙좌가 위앙을 불렀다.

"나는 대왕에게 그대를 천거했는데 대왕은 그대를 중용하지 않을 것 같소. 그래서 내가 죽은 뒤에 반드시 그대를 죽이라고 아뢰었소. 그러니 그대는 속히 달아나야 목숨을 건질 수 있소. 내가 대왕에게 그대를 죽이라고 간언을 올린 것은 나라를 위한 충성이고, 달아나라고 권하는 것은 인의를 지키기 위함이오."

공숙좌가 위앙에게 말했다.

"하하하! 대왕께서 저를 천거하는 승상의 말씀을 듣지 않았는데 저를 죽이라는 말씀은 듣겠습니까? 저는 당분간 위나라를 떠날 생각이 없으나 결코 죽지는 않을 것입니다."

위앙은 호탕하게 웃음을 터트리고 위나라를 떠나지 않았다.

'과연 위앙은 천리에 통달했구나.'

위앙의 말을 들은 공숙좌는 감탄했다.

진왕과 제도·왕도·패도에 대해 논하다

위앙은 공숙좌가 죽은 뒤에 그의 장례를 치르고 제나라로 건너갔다. 하지만 제나라에는 이미 맹자가 있었다. 위앙은 다시 한나라로 건너갔으나, 거기도 법가의 한 사람인 신불해가 재상으로 있었다. 그때 진나라의 효공이 천하에서 인재를 찾는 포고령을 내렸다는 사실을 알게 되었다. 위앙은 진나라로 건너가 효공의 총애를 받고 있는 대부 경감에게 청을 하여 효공을 만났다.

"진나라를 부강하게 할 수 있는 선생의 고견을 말씀해주십시오."

효공이 정중하게 묻자 위앙은 복희, 신농, 여와와 요순의 치세에 대해서 청산유수로 열변을 토했다. 그러나 효공은 눈살을 찌푸리며 바라보다가 고개를 절레절레 흔들었다. 위앙이 이야기를 마치고 물러가자 효공이 경감을 불러 질책했다.

"그대가 천거한 손님은 시류에 안 맞는 말을 장황하게 늘어놓았다. 그런 사람을 어찌 인재라고 하겠는가?"

경감이 사죄하고 물러나 나와 위앙을 나무랐다.

"그대는 대체 주공께 무슨 말씀을 올렸소? 대왕께서 그대를 망령된 사람이라고 하셨소."

"내가 주공께 제도帝道, 삼황오제의 치세하는 도를 설说했는데 이해하지 못하셨소. 그렇다면 다시 주공을 만나게 해주오."

위앙이 쓸쓸한 표정으로 말했다.

경감은 다시 위앙을 천거했다. 위앙은 이번에도 현실 정치와는 상관이 없는 고리타분한 이야기만 늘어놓아 효공을 실망시켰다. 위앙이 물러가자 효공이 또다시 경감을 질책했다.

"그대는 대체 무슨 말씀을 드렸기에 주공께서 이번에도 나를 책하시는 것이오?"

경감이 위앙에게 화를 벌컥 냈다.

"하하하! 나는 지난번에 제도에 대해 얘기했고, 이번에는 왕도王道, 하·은·주의 성왕들이 치세하는 도를 설했소. 아마 효공께서는 제도나 왕도에는 관심이 없고 오로지 패도覇道, 무력으로 하는 정치에만 관심이 있으신 모양이오. 다시 한 번 뵙게 해주면 효공을 만족시켜드릴 수 있소."

경감은 고개를 설레설레 흔들었으나 위앙이 간곡하게 부탁하여 다시 천거했다. 위앙은 천하의 정세를 설명하고 진나라가 무엇 때문에 누대에 걸쳐 가난하게 되었는지 도도한 언변으로 설파했다. 마지막으로 진나라의 부국강병책을 내놓자 효공이 무릎을 치면서 기뻐했다. 효공은 위앙과 사흘 밤낮을 담소한 뒤에 그를 좌서장으로 발탁했다.

경감은 효공이 위앙을 발탁하자 이해할 수 없었다.

"우리 군주께서는 며칠 전만 해도 그대를 망령된 자라고 했는데, 어찌하여 발탁하신 것이오?"

경감이 위앙에게 물었다.

"내가 오제삼왕五帝三王의 도를 실행하면 하, 은, 주 3대에 못지않은 태평성대를 구가하는 제왕이 될 것이라고 말씀을 올렸더니, 효공께서 말씀하시기를 '제도나 왕도를 실행하는 것은 너무나 멀고 길어서 나는 기다릴 수가 없다. 현명한 군주는 자신의 치세 동안 이름을 천하에 날리는데 어찌 수십 년, 백 년을 기다리라는 말인가' 하셨소. 그래서 오로지 나라를 부하게 하고 군사를 강하게 하는 패도에 대해 말씀을 올렸더니 나를 발탁하신 것이오."

위앙의 말에 경감은 자신도 모르게 탄성을 내뱉었다.

나라에서 한 약속은 반드시 지킨다

전국시대에는 각 나라들이 변법變法을 시행하여 법으로 나라를 다스리려고 했다. 그러나 귀족들의 반발이 심해 변법이 제대로 시행되지 않았다. 위앙은 진나라 효공에게 강력한 변법을 시행할 것을 권했다.

효공은 위앙과 함께 변법을 만들었으나 귀족과 백성의 반발을 두려워하며 망설였다.

"확신이 없으면 공명이 따르지 않고, 확신 없는 책략은 성공할 수가 없습니다. 나라를 경영하는 책략에 확신이 없으면 실행할 수가 없고, 확신을 갖고 있다면 강력하게 밀어서 실행해야 합니다. 책략을 시작할 때 백성에게 의논할 수는 없으나 성과를 얻으면 만족할 것입니다. 신법을 실시할 때도 처음에는 반발하는 사람들이 많겠지만 구례가 옳지 않다면 당연히 혁파해야 합니다. 반발하면 형벌로 다스려 법이 중하다는 것을 알리십시오."

위앙이 강경하게 주장했다. 효공은 마침내 위앙의 변법을 실시한다고 내외에 선포했다.

"성인은 백성의 풍속을 고치지 않고도 나라를 잘 다스리고, 지혜로운 자는 법이 없어도 백성을 잘 이끕니다. 종래대로 나라를 다스리면 관리나 백성이 모두 익숙하여 취급하기에 편리합니다."

진나라의 귀족들이 일제히 반대했다. 그러나 효공은 위앙을 좌서장에 임명하고 변법을 강력하게 밀어붙이게 했다.

위앙은 오가작통법五家作統法을 만들어 시행함으로써 서로의 죄를 고발하게 했다. 부정을 고발한 자는 상을 주고, 부정을 고발하지 않으면 허리를 베었다. 또 두 사람 이상의 남자가 분가하지 않으면 세

금을 두 배로 내게 하며, 군공이 있는 자는 경중에 따라 상을 주고, 개인적으로 사사로운 싸움을 하는 자는 형벌을 내렸다. 어른이든 아이든 힘을 모아 농사를 짓거나 상공업에 종사하게 하여 놀고먹는 사람이 없도록 했다. 또 게을러서 일을 하지 않는 자들은 관청의 노비로 삼아서 일을 시켰다. 위앙은 이처럼 모든 사안마다 일일이 법을 만들어 엄격하게 시행했다.

그러나 처음 신법을 선포하면 백성이 따르지 않을 것을 염려한 끝에, 나라에서 약속하면 반드시 지킨다는 것을 보여주기 위해 커다란 나무를 남문에 눕혀놓고 그 나무를 북문으로 옮긴 자에게 황금 열 냥을 주겠다는 방을 붙였다.

"저 쓸모없는 나무를 옮기는 데 누가 황금 열 냥을 주겠는가?"

백성은 그 말을 믿으려 하지 않았다. 위앙은 이번에는 나무를 옮기는 자에게 50냥을 주겠다고 방을 붙였다. 그러자 헛일하는 셈 치고 시험 삼아 나무를 옮긴 장정이 있었다.

"나라에서 한 약속은 반드시 지킨다."

위앙은 장정에게 약속대로 황금 50냥을 주었다. 백성은 비로소 나라에서 약속을 지킨다는 사실을 깨달았다.

"백성이 법을 지키지 않는 것은 고위층이 법을 지키지 않기 때문이다."

위앙은 태자가 법을 위반하자 그를 처벌하는 대신 태자의 스승에게 책임을 물어 처벌하고, 그 일가족에게는 묵형墨刑, 죄인의 이마나 팔뚝에 먹물로 죄명을 써 넣던 형벌을 가했다. 태자까지 법을 어겨 처벌을 받는 것을 본 백성은 공포에 떨면서 법을 지키기 시작했다.

1년이 지나자 진나라에는 노북과 상노가 없어지고, 길에 돈이 떨

어져도 줍는 사람이 없었다. 모든 사람이 법을 지키고 맡은 일에 충실하자 나라가 안정되고, 법이 엄격해도 위반하는 사람이 줄어들었다. 세금이 정확하게 걷히고 관리들이 백성을 수탈하지 않아 진나라는 점점 부강해졌다. 위앙이 마침내 진나라에 변화를 일으킨 것이다.

위나라를 물리치고 상군에 책봉되다

이 무렵 위나라와 제나라가 전쟁을 벌였다. 위나라의 상장군 방연은 제나라 군을 추격하다가 손빈의 계략에 빠져 마릉도에서 죽고, 위나라 대군은 제군에게 포위되어 몰살을 당했다.

"진과 위는 떼려야 뗄 수 없는 관계입니다. 우리 진나라는 10년 동안 변법을 실시하여 나라가 부강해졌고, 위나라는 방연이 계속 전쟁을 일으켰기 때문에 이웃 나라로부터 미움을 받고 제나라에 패하여 상장군 방연이 죽었습니다. 하늘이 준 기회이니 위나라를 쳐야 합니다."

위앙은 효공에게 위나라를 정벌할 것을 권했다. 효공이 허락하고 위앙을 상장군으로 삼아 출정하게 했다. 위앙은 대군을 이끌고 위나라를 향해 달려갔다.

"진나라가 쳐들어온다!"

국경에서 파발이 날아오자 위나라는 공자 앙을 상장군에 임명하고 위앙과 맞서게 했다.

"공자와 나는 위나라에서 친하게 지냈는데, 내가 진나라의 상장군이 되어 사웅을 겨루게 될 줄은 몰랐습니다. 공자와 내가 직접 만나 화친을 맺고, 진과 위 두 나라가 전쟁을 하지 않고 평안하게 지내는 것이 어떠합니까? 위앙이 술을 준비하여 기다리겠습니다."

위앙이 공자 앙에게 화친을 제안했다. 공자 앙이 찬성하고 양쪽 군대가 바라보이는 언덕에서 만나 맹약을 하려고 할 때 매복해 있던 진나라 군사들이 일제히 달려들어 공자 앙을 사로잡았다. 위앙은 상장군이 없는 위나라 군사를 대파했다. 제나라와 진나라에 패한 위나라는 진나라와 강화를 맺고, 황하 서쪽의 비옥한 땅을 진나라에 떼어준 뒤 도읍을 안읍에서 대량으로 옮겼다.

위앙은 위풍당당하게 개선했다. 오랫동안 위나라의 압박에 신음하던 진나라는 위나라를 격파하고 돌아온 위앙을 대대적으로 환영했다. 위앙은 상읍商邑 등 15개 읍을 하사받고 상군商君에 책봉되었다. 이때부터 위앙은 상군 또는 상앙으로 불렸다.

공정함으로 천하 통일의 기반을 조성하다

위앙은 철저한 원리 원칙으로 진나라를 이끌었으며, 부강해진 군대로 위나라와 전쟁을 하여 영토를 확장했다. 진나라를 강대국으로 만든 그의 정책의 핵심은 누구에게나 법을 공정하게 적용하는 것이었다. 그는 진나라에 군현郡縣을 처음으로 설치하여 지방 행정의 효율을 높였으며, 보수파의 반발을 물리치고 개혁을 단행하여 법치국가의 기반을 다졌다. 진나라가 천하를 통일하는 기반이 위앙으로부터 조성되었다 해도 과언이 아니다.

춘추전국시대에 가장 중요하게 생각한 치도의 근본은 공정한 상벌이었다. 공을 세운 자에게는 반드시 상을 주고, 죄를 지은 자에게는 그가 왕족이라도 벌을 주어야 했다. 동서고금을 막론하고 권력을 가진 자가 벌을 받는 일은 흔치 않지만, 위앙은 효공의 아들인 태자가 법을 어겼을 때 태자의 스승에게 코를 베고 얼굴에 먹으로 글자를 새기는 벌을 가할 정도로 상벌에 엄격했다.

지나침은 모자람만 못하다는 말이 있다. 위앙은 말년에 자신이 세운 엄한 법에 스스로 갇히는 신세가 되었다. 효공이 죽고 태자가 즉위하여 혜왕이 된 것이다. 혜왕은 위앙이 자신을 벌했던 일을 떠올리며 그를 죽이려 했다. 위앙은 할 수 없이 도망을 치다가 시골의 어느 허름한 여관에 이르렀다.

"위앙이 만든 법에 여권이 없는 자를 숙박시키면 처벌을 받게 되어 있습니다."

여관 주인이 숙박을 거절했다.

"법을 가혹하게 만든 폐해가 나에게까지 이르렀구나."

비로소 위앙은 법이 지나치게 가혹하면 안 된다는 것을 깨달았다.

위앙은 자신의 봉지에 있는 읍병들을 동원하여 정나라를 공격했으나, 결국 정나라 면지에서 진나라 군사에게 죽임을 당했다. 혜왕은 그를 거열형에 처하고 조리를 돌렸다.

"위앙처럼 모반하지 말라."

혜왕은 위앙의 일족까지 모조리 죽여서 멸문을 했다.

위앙은 법으로 나라를 다스리는 데 지나치게 가혹하여 백성의 원성을 샀다. 그러나 그의 개혁 정책은 통일 진나라의 초석이 되었다. 원칙은 결코 흔들리지 않음을 보여준 것이다.

진나라를 강성하게 만든
위앙의 변법

진나라의 1차 변법은 기원전 356년에 이루어졌다. 농업 중시, 군사적 공적에 따라 신분 상승과 특권을 부여하는 군공제 장려, 종실의 특권 제한, 호적 정리 등을 그 내용으로 한다. 기원전 350년에 이루어진 2차 변법 때는 수도를 함양으로 옮기고 작은 향鄕과 여러 읍을 묶어 31현縣제를 실시했으며 도량형 통일, 호구별 부세 실시, 토지 제도 개혁 등을 단행했다. 위앙의 변법은 진나라의 부국강병을 앞당긴, 전국시대에 가장 큰 효과를 본 개혁 수단이었다. 마침내 진나라는 연, 제, 한, 위, 조, 초를 정복하고 천하 통일을 이루었다.

다른 사람의 불평불만을 두려워하지 마라

'대쪽 법관'의 대명사, 장탕

장탕(張湯)
한나라 무제 때의 가장 유명한 혹리로, 섬서 두현 사람이다. 늘 무제의 뜻에 의지하는 판결을 내렸고, 정위廷尉, 국가 사법 관장 책임자에서 어사대부까지 올랐다. 자주 법령을 뜯어고쳐서, 한나라 제일의 청백리로 불리는 급암汲黯에게 꾸짖음을 받기도 했다. 간신들의 모함으로 무고하게 죽음을 당했다.

법은 누구에게나 공정해야 한다. 법이 공정하지 않은 사회는 부패한 사회고, 법이 공정하지 않은 국가는 망해가는 나라다. 봉건 왕조 시대의 권문세가들은 법을 지키지 않는 경우가 많았다. 왕족뿐 아니라 대소 관리들은 조금만 권세가 있어도 법을 위반하고 교묘하게 법망을 빠져나가곤 했다. 그러나 때때로 사건을 엄정하게 수사하고 법률에 따라 엄형에 처하는 관리들이 있어서 백성의 존경을 받았다. 사마천은 이들을 엄격한 관리라고 하여 '혹리열전'에 소개했다. 사마천 자신도 한나라 무제에게 궁형을 당한 처지여서 이런 혹리를 기록해 둘 필요가 있다고 생각한 것이다.

고기 훔친 쥐를 잡아 죄를 묻다

장탕은 한나라 무제 때 장안성 동쪽에 있는 두 땅에서 살았다. 그의 아버지가 한나라의 도읍 장안에서 장안령長安令, 시장의 승丞, 보좌관을 맡고 있어 집안은 비교적 윤택했다. 장탕은 어릴 때부터 형명학을 좋아해 상앙과 한비자를 즐겨 공부했다. 많은 책을 읽어서 논리 정연하고 사물을 명석하게 분석했다.

하루는 장탕의 아버지가 외출했다가 돌아와 집 안에 있던 고기가 없어진 것을 알았다. 그 고기는 복날 황제에게 받은 하사품이어서 장탕의 아버지는 일부러 아끼고 있었던 것이다. 장탕의 아버지는 불같이 화를 냈고, 혼자서 집을 보고 있던 장탕이 한 짓이라고 생각하여 회초리로 아들에게 매질을 했다.

"아버지는 전후 사정을 살피지 않고 나를 때리시는구나. 내가 반드시 범인을 밝혀낼 것이다."

장탕은 자신의 결백을 밝혀야 한다고 생각하고 한나라의 법전과 판결문을 구해 읽었다. 이어서 고기가 없어진 사건을 세밀하게 조사해 들어갔다. 아버지가 고기를 두었던 곳을 자세히 살피자 사람의 발자국은 보이지 않고 쥐가 드나든 흔적만 있었다. 결국 장탕은 쥐구멍을 찾아서 쥐를 생포하고 쥐가 먹다 남은 고기까지 증거로 확보했다.

"우리 집에서 고기를 훔친 자는 서鼠, 쥐의 족속이므로 이를 탄핵합니다. 체포 영장을 발부해주십시오."

장탕의 아버지가 사랑에서 책을 읽는데 장탕이 누군가에게 큰 소리로 말하는 소리가 들렸다. 마치 하급 관리가 상급 관리에게 고하는 소리 같았다. 장탕의 아버지가 의아하여 사랑에서 나오자, 대청 아래에 쥐가 가느다란 삼줄로 묶여 있고 그 옆에는 쥐가 먹다 남긴 고기가 있었다. 장탕은 대청과 대청 아래를 오가면서 범인, 추포관, 판관 역할을 혼자서 번갈아 하고 있었다. 형리가 범인을 체포하여 신문하고 재판하는 광경이었다. 하인들은 싱글벙글 웃으면서 구경했다.

"무슨 짓이냐?"

장탕의 아버지가 노하여 호통을 쳤다.

"아버님, 지난번 고기를 훔친 자가 누구인지 알아냈기에 그를 체포하여 엄형에 처하고자 합니다."

장탕이 망설이지 않고 대답했다.

"어떻게 쥐가 훔친 것을 아느냐?"

"여기 증거가 있습니다. 고기를 놓아두었던 곳에 쥐의 발자국이 있고 쥐구멍에 먹다 남은 고기가 있었습니다. 이놈이 저지른 죄가 분명합니다. 비로소 범인을 탄핵하고 체포했으니, 이제 신문을 하겠습니다."

장탕은 스스로 쥐를 탄핵하고 영장을 발부하여 체포하는 시늉을 한 뒤에 추궁하여 신문하기 시작했다. 범인은 죄를 부정하고 형리는 날카롭게 신문하는 광경이 연출되었다. 쥐는 온갖 변설로 자신의 무죄를 주장했다. 추포관은 논리적으로 이를 반박하면서 신문했다.

"물증이 뚜렷하니 네가 아무리 부인해도 소용이 없다. 네가 훔친 고기가 사사로운 것이라면 곤장을 맞는 죄에 해당하고 곤장을 맞지 않으려면 은자 50냥을 납부해야 한다. 그러나 황제의 하사품을 훔쳤으니 불경죄에 해당된다. 불경죄는 극악무도한 죄로 한나라의 법조문에 따라 책형磔刑, 사지를 찢어 죽이는 형벌에 처한다."

장탕은 판결문을 작성하여 선고하고 쥐를 찢어 죽였다. 징딩의 아버지가 놀라서 판결문과 탄핵하는 문서, 체포 영장을 살펴보자 경험이 많은 형리들보다 문장과 논리가 정확했다.

'이 아이는 형리로 대성할 재능이 있다.'

장탕의 아버지는 그날 이후 장안에서 일어나는 송사의 판결문을 모두 장탕에게 쓰게 했다.

궁중 암투와 역모 사건을 철저히 파헤치다

장탕은 성장하여 장안에서 하급 관리가 되었다. 그 무렵 한나라 무제의 어머니의 동생인 주양후가 죄를 지어 옥에 갇혔다. 그가 무고하다는 사실을 알게 된 장탕은 그를 적극적으로 도와 옥에서 풀려나게 만들었다. 주양후는 벼슬이 높아지자 장탕을 높은 관리들과 귀족들에게 천거했고, 장탕은 그의 천거로 조정의 관리가 되었다. 사건 수사가 공정하고 판결문이 논리 정연하여 무제의 총애를 받은 그는 점차 벼슬이 높아졌으며, 마침내 어사대부가 되어 한나라의 중요한 옥사를 다루게 되었다. 그가 맡은 분야는 형사사건이었다.

무제의 부인인 진황후는 무제가 총애하는 후궁 위자부를 투기하여, 인형에 바늘을 꽂아 위자부의 베개 속에 넣어두고 황궁에 저주하는 물건들을 묻었다가 발각되었다. 무제는 대로하여 장탕에게 이 사건을 철저하게 파헤치라고 지시했다. 장탕은 많은 사람이 감히 두려워하는 사건을 맡아 철저하게 조사했다.

진황후는 무제의 누나인 장공주의 딸로, 무제는 태자 시절 아버지인 경제와 두태후의 총애를 받던 그녀를 태자비로 맞이했으나 조금도 사랑하지 않았다. 게다가 공주로 귀하게 자란 그녀는 태후의 손녀이기도 해서 황제마저 두려워하지 않고 오만하게 행동했다.

장탕은 진황후 사건을 철저하게 수사하여 수십 명의 관련자들을 참수했다. 진황후는 사건이 자신에게까지 확대되자 자살했고, 역모에 연루되면 삼족이나 구족을 멸한다는 한나라 당시 법전에 따라 진황후 일족은 어린아이들까지 처형되었다.

진황후 투기 사건은 궁중 암투가 빚어낸 결과로, 진황후가 정말로 그러한 짓을 했는지, 위자부가 꾸며낸 음모인지는 알 수 없다. 장탕은 한나라 최대의 옥사라 불리는 이 사건을 해결한 공로로 태중태부라는 자리에까지 올랐다.

'장탕은 잔인한 자다.'

진황후 사건 이후에도 궁중 암투와 역모 사건이 계속 일어났으며, 장탕은 동료 형리인 조우와 함께 이들 권력형 사건들을 해결해갔다. 그러나 법에 따라 수백, 수천 명을 참수하면서 원성을 사게 되었다.

관직이 높아질수록 자신에게 엄격해지다

장탕은 조우를 선배로 깍듯이 예우했다. 조우는 청렴한 형리였으나 천성이 오만했으며, 관사에 손님이 오는 것을 싫어하고 한나라의 귀족이나 대신이 면회를 와도 일체 만나지 않았다. 반면 장탕은 지위가 높아지면서 관리로서나 인간으로서나 덕망을 갖추려고 노력했다. 손님이 찾아오면 반드시 정성껏 대접하고 어렵게 사는 벗의 자제나 가난한 형제들을 돌보았다. 관식이 높아실수록 그는 자신에게 임격하게 법을 적용했다.

'벼슬이 높아질수록 깨끗하고 겸손해야 한다.'

장탕은 추울 때나 더울 때나 가리지 않고 나라의 원로나 학자를 찾아가서 문안을 드렸다. 중요한 사건을 재판할 때는 반드시 고전을 이용하여 판결문을 썼는데, 무제 또한 이를 칭찬하곤 했다. 그러나 모든 판결문이 무제의 마음에 들 수는 없었다.

"신의 수하들이 쓴 판결문은 폐하께서 지적하신 내용과 같습니다. 신이 그들의 판결문을 배척하고 신의 주장을 쓴 것이니 신에게 죄가 있습니다."

무제가 추궁할 경우 장탕은 수하들의 잘못을 감추고 자신의 잘못이라고 아뢰었다. 그러나 황제가 판결문을 칭찬할 때는 수하들에게 공을 돌렸다.

"신이 상주한 판결문은 수하들이 작성한 것입니다."

장탕은 권세 있는 자들에게 더 엄격하게 법을 적용하여 처벌을 받도록 했다. 반대로 가난한 백성들이 죄를 지으면 법조문을 느슨하게 적용하여 되도록 석방시켰다.

황제의 신임을 얻다

한고조 유방이 한나라를 창업했을 때부터 변경에는 늘 흉노의 침략이 끊이질 않았다. 이에 따라 고조가 30만 대군을 이끌고 출정한 일이 있었다. 이때 한나라 군대는 흉노의 함정에 빠져 7일 동안이나 곤욕을 치른 끝에 흉노를 형으로 받들기로 하는 굴욕적인 화친 조약을 맺었는데, 이후 한나라는 흉노에게 해마다 많은 공물을 바치고 공주를 시집보내야 했다.

무제는 이런 상황을 타개하고자 10년 동안이나 차근차근 준비한 뒤 위청과 곽거병 등의 맹장을 보내 흉노를 토벌하게 했다. 한나라는 흉노와의 전쟁에서 대승을 거두었지만, 오랜 전쟁 탓에 국가 재정은 파탄이 나고 말았다. 게다가 흉노의 혼야왕이 투항하면서 귀순한 백성 10만 명의 생활 안정 비용도 마련해야 해서 한나라 재정은 더욱 궁핍해졌다.

한나라는 재정을 충당하기 위해 소금과 철을 조정 차원에서 전매하기로 하고 이 일을 장탕과 공손홍, 상홍량 등에게 맡겼다. 나라에서 소금과 철을 팔기 시작한 것이다. 또 왕족이나 귀족이 재산을 은닉하고 세금을 내지 않자 고민령^{告緡令}을 반포하여 이를 고발하는 자에게 은닉 재산의 절반을 주고 나머지 절반은 나라에 귀속시켰다. 그러나 이런 조치에도 경제는 쉽사리 회복되지 않았다.

전쟁과 흉년으로 백성의 삶이 도탄에 빠졌으며, 관리들은 이런 백성을 수탈하느라 여념이 없었다. 더 나아가 소금이나 철을 몰래 파는 자들도 있었다. 장탕은 이러한 자들을 가혹하게 처벌하여 또다시 수백, 수천 명을 참수했다. 당시 무제는 장탕 등을 발탁하여 공포정치를 실시하고 영토를 확장하려 했는데, 외적인 성과와 달리 내부적으로는 백성을 도탄에 빠트리고 말았다.

그 무렵 흉노가 사신을 보내 화친을 제의했다. 무제가 대신들을 불러놓고 대책을 말하라고 지시했다. 박사의 벼슬에 있는 적산이 말했다.

"화친하는 것이 좋습니다."

"흉노는 화친을 해놓고도 항상 우리 변경을 침략하는 신의 없는 자들이다. 어째서 화친하는 것이 좋으냐?"

무제가 적산에게 화친해야 하는 이유를 물었다.

"무기는 흉기입니다. 지금까지 이것을 자주 사용해서 좋았던 적이 없습니다. 고조 황제께서는 평성에서 곤욕을 치르신 뒤에 화친을 맺으셨고, 효문제께서도 북벌을 하다가 오히려 흉노에게 당했습니다. 또 효경제께서는 전쟁을 즐기지 않은 덕분에 천하가 부유해지고 충실해졌습니다. 그러나 폐하께서 즉위한 뒤로는 흉노와 자주 전쟁을 벌여 국고가 텅텅 비고 백성이 도탄에 빠지고 말았습니다. 이러한 현실을 직시하신다면 무기가 흉기라는 사실을 아실 것입니다."

무제는 얼굴빛이 변하여 장탕에게 물었다.

"그대는 어찌 생각하는가?"

"어리석은 유학자의 잘못된 생각입니다. 흉노는 화친을 맺고 한 번도 약속을 지키지 않았습니다."

장탕이 아뢰었다.

"저는 처음부터 우직하여 충성밖에 모릅니다. 그러나 어사대부 장탕 같은 놈은 겉으로만 충성하는 자입니다. 회남왕, 강도왕의 반란 사건을 처리할 때 그는 냉혹한 판결문으로 수백 명을 죽이고 제후들을 가차 없이 탄핵하여 황실의 골육을 이간질했습니다. 이는 국가를 다스리는 책략이 아닙니다."

적산이 장탕의 말을 반박했는데, 이는 무제의 정책을 노골적으로 반박한 것이나 다름없었다.

"네가 그렇게 국가의 책략을 잘 아느냐? 짐이 너를 군의 태수로 임명하면 흉노의 침략을 막을 수 있겠느냐?"

"신은 태수로 마땅치 않습니다."

"그러면 현령은 할 수 있겠느냐?"

"현령도 마땅치 않습니다."

"그렇다면 국경의 초소 대장은 할 수 있겠느냐?"

무제가 싸늘하게 노려보자 적산은 대답을 잘못하면 처벌을 받을 것 같다는 생각이 들었다.

"할 수 있습니다."

적산이 식은땀을 흘리면서 대답했다.

무제는 적산을 흉노의 땅에 인접한 국경 초소장으로 임명했다. 그러나 그가 초소에 부임한 지 겨우 한 달 만에 화친을 맺었던 흉노가 침입하여 목을 베어 갔다.

"보라. 흉노는 화친을 하고도 약속을 지키지 않는 자들이다. 내가 전쟁을 하고 싶어서 하는가?"

무제는 화친이 잘못된 정책이라고 선언했다.

간신들의 모함으로 옥중에서 자결하다

지위고하를 막론하고 엄격한 법의 잣대를 들이댄 탓에 관료들의 미움을 산 장탕은 결국 여러 해가 지나 간신들의 모함을 받고 옥에 갇혔다. 이때 장탕은 신문을 맡은 조우에게 자신의 결백을 주장했다.

"황제께서는 그대에게 자살을 명하셨다. 그런데 어찌 잘못을 인정하지 않는가?"

황제의 영에 따라 자살하면 삼족이나 구족을 멸하지 않는다는 예에 따라 장탕은 가족을 살리기 위해 옥중에서 자결하고 말았다. 그가 남긴 가산은 5백 냥밖에 되지 않았으며, 그나마 봉록이나 황제의 하사금이었고 뇌물은 하나도 없었다. 무제는 뒤늦게 장탕의 죽음을 애석하게 생각하여 그의 아들을 조정 대신으로 발탁했다.

장탕은 법을 적용함에 있어 다른 사람의 불평불만을 두려워하지 않았다. 법은 공정해야 한다는 원칙이 있었기 때문이다. 그는 수많은 사람들을 처형했으나 공정했기 때문에 명성을 떨쳤다.

청렴하지만 융통성 없이 가혹했던 관리들을 담은 '혹리열전'

혹리열전은 사마천의 〈사기열전〉 중 청렴하지만 융통성 없이 가혹했던 관리들을 모아서 소개한 부분이다. 혹리열전의 초창기 혹리들은 법을 엄정하게 진행하는 면모 위주로 기록되어 있지만, 시간이 갈수록 부패해가는 혹리들의 모습도 보인다. 한나라 효경제 때의 관리 질도, 한나라 경제 때의 관리 영성, 한 왕실의 외척 주양유, 한나라 무제 때의 관리 조우와 장탕 등이 소개되어 있다.

원칙에도 원칙이 있다

나라와 자식 사이에서 고뇌한 비운의 장군, 악양

> ### 악양(樂羊)
> 위나라 문후文侯의 장군. 중산국을 정벌한 공적으로 영수靈壽를 봉지로 받았다. 이후 부귀를 누리며 살았고, 춘추전국시대의 악의 장군과 송나라 악비 장군 등 유명한 무인 자손을 많이 배출했다. 중산국을 정벌할 당시 자신의 아들이 인질로 잡혀 있는 상황인데도 위나라에 대한 충성을 저버리지 않았다. 화가 난 중산국 왕이 그 아들을 죽여 국을 끓여 보냈지만 태연히 그 국을 먹은 '악양식자樂羊食子'의 일화가 전한다.

〈사기열전〉에는 악양에 대한 내용이 한 줄밖에 나오지 않는다. 하지만 풍몽룡의 《열국지》에는 그에 대한 이야기가 자세히 실려 있다. 중국 역사에서 악 씨 일가는 대대로 무인을 배출했다. 악양에 이어 악의가 춘추전국시대에 크게 활약하고, 송나라 때는 악비 장군이 충절과 무용으로 천하를 뒤흔들었다.

황금에 침을 뱉고, 짜던 베를 자르다

전국칠웅의 하나인 위나라 문후는 나라를 부국강병하게 하고자 천하의 어진 인물을 많이 초빙했다. 이때 대부 적황이 악양을 문후에게 천거했다.

"악양은 어느 나라 사람이고, 무엇을 하는가?"

문후가 적황에게 물었다.

"악양은 우리나라의 곡구 지방 출신으로 문무를 겸비한 인재입니다."

적황이 머리를 조아리면서 대답했다.

"악양에 대해서 자세히 말해보시오. 어찌 그러한 인물이 초야에 묻혀 있다는 말이오?"

문후의 질문에 적황이 다음과 같은 일화를 들려주었다.

어느 날 길을 가다가 황금 한 덩어리를 주운 악양은 횡재했다면서 신이 나 집으로 돌아왔다.

"황금을 어디서 얻으셨습니까?"

악양의 아내가 놀라서 황금과 악양을 번갈아 쳐다보며 물었다.

"내가 황금을 어디서 얻겠소? 길에서 주운 것이니 부인은 걱정하지 마시오. 설마 내가 도둑질이라도 했겠소?"

악양은 기분이 좋아 호탕하게 웃었다. 그는 황금으로 가난한 아내에게 비단옷이며 패물을 잔뜩 사주겠다고 말했다. 그러자 아내는 얼굴빛이 달라지면서 악양이 주워 온 황금에 침을 뱉었다.

"부인, 어찌하여 내가 애써 주워 온 황금에 침을 뱉는 거요?"

악양이 화를 벌컥 냈다.

"자고로 군자는 남몰래 샘물도 훔쳐 마시지 않고 염치 있는 사람은 부정한 음식을 먹지 않는다고 했습니다. 황금의 주인이 누구인지도 모르는데 왜 집으로 가지고 와서 당신의 이름을 더럽히려고 하십니까?"

아내의 말에 악양은 크게 깨달았다. 그는 자신의 행동이 부끄러워 얼굴을 들지 못했다.

"깨달았으면 되었으니 자책하지 마세요."

아내가 비로소 악양을 위로했다.

악양은 황금을 들판에 버리고 돌아와 학문을 배우러 떠나겠다고 아내에게 말한 뒤에 집을 나섰다. 그는 천하를 두루 돌아다니면서 숨어 있는 기인이사에게 학문을 배우기 시작했다.

여러 해가 지났다. 악양은 문득 고향에 있는 아내와 자식들이 사무치게 그리워져 집으로 향했다. 고향까지 수천 리 길이었기 때문에 여러 달이 걸렸다. 그가 비바람과 눈보라를 맞으면서 길을 재촉하여 여러 달 만에 거지꼴이 되어 집에 이르렀을 때, 악양의 아내는 불도 때지 않은 차가운 방에서 베를 짜고 있었다. 옷차림은 남루하고 얼굴은 가난 때문에 수척했다. 악양은 아내의 초라한 모습을 보자 가슴이 뭉클했다.

"학문은 다 배우셨습니까?"

악양의 아내는 베를 짜다가 악양에게 물었다.

"학문의 길은 끝이 없는데 어찌 다 배우겠소? 당신이 고생을 하는 것이 안타까워 도중에 달려왔소."

악양의 말에 그의 아내는 칼을 들고 단숨에 베를 잘라버렸다.

"부인, 이게 무슨 짓이오? 어찌 애써 짜던 베를 자른단 말이오?"

악양이 깜짝 놀라서 소리를 질렀다.

"베를 짜는 것은 옷을 만들기 위해서입니다. 천을 다 짜야 옷을 만들 수 있듯이 학문을 다 배워야 출세를 하고 부귀를 누릴 수 있습니다. 당신은 모처럼 뜻을 세웠으나 학문을 배우기도 전에 중도에서 포기하고 돌아왔으니, 이 끊어진 천과 무엇이 다르겠습니까? 첩이 옷을 지을 수 없듯이 낭군께서도 출세를 할 수 없을 것입니다."

아내의 말에 악양은 쇠망치로 뒤통수를 한 대 얻어맞은 듯한 기분이 들었다.

'내가 생각이 짧았구나. 학문을 다 배우기 전에는 결코 돌아오지 않으리라.'

악양은 아내와 작별하고 집을 떠났다. 밖에는 눈보라가 사납게 몰아쳤다. 문설주에 기대어 남편이 눈보라 속으로 떠나는 모습을 지켜보는 아내의 눈에서는 하염없는 눈물만 흘러내렸다.

천하에 아들을 공격하는 아버지가 어디 있겠는가

위나라 문후는 적황의 이야기를 다 들은 뒤에 화려한 수레를 보내 악양을 데리고 오게 했다.

문후가 악양과 이야기를 나눠보자 과연 그의 학문이 높고 병법에도 밝은 것을 알 수 있었다. 뿐만 아니라 성품까지 강직했다. 문후는 악양을 대장군으로 발탁하려고 했으나, 대부들은 악양의 아들이 중산국이라는 나라의 대부로 있다며 반대했다. 중산국은 문후가 정벌을 하려고 벼르고 있는 적국이었다.

"과인은 오래전부터 중산국을 정벌하려 했소. 그런데 그대의 큰아들이 중산국에서 벼슬을 하고 있다니 난처하기 짝이 없구려."

문후가 악양에게 말했다.

"상부의 도리는 사기가 모시는 임금을 위하여 공업功業을 세우는 것입니다. 신이 어찌 사사로운 인정에 얽매여 대사를 그르치겠습니까? 중산국을 격파하지 못하면 군령으로 벌을 받겠습니다."

악양이 정색을 하고 말했다. 군령으로 벌을 받겠다는 것은 목숨을 바치겠다는 의미였다.

문후는 악양을 대장군에 발탁하고 5만 군사를 주어 중산국을 정벌하게 했다. 악양은 5만 대군을 이끌고 중산국으로 달려갔다.

"적군이 온다!"

중산국은 발칵 뒤집혔다. 군사들이 소집되고 장수들이 전쟁터로 달려갔다.

중산국에는 대장군 고수가 있었다. 그는 악양의 군대가 국경을 돌파하자 추산에서 방어진을 펼쳤다. 중산국의 영토를 무인지경으로 휩쓸고 추산 앞 문산에 이른 악양은 가래나무가 많아 방어하기 어려운 추산의 중산국 군대를 화공으로 돌파하고, 드디어 중산국 도성을 겹겹이 에워쌌다. 중산국 왕 희굴이 비로소 당황하여 대신들에게 대책을 물었다.

"위군의 대장군 악양은 대부 악서의 아비입니다. 악서를 성루에 올려 보내 위군을 물러가게 하십시오."

중산국의 대부 공손초가 희굴에게 아뢰었다.

희굴은 무릎을 치면서 기뻐한 뒤에 악서를 불렀다.

"너의 아비가 우리나라를 공격하고 있다. 너는 즉시 성루로 올라가서 아비에게 물러가도록 말하라. 네 아비가 물러가면 큰 상을 내릴 것이다."

희굴이 악서에게 영을 내렸다.

"신의 부친은 중산국에서 벼슬을 주겠다고 했는데도 오지 않았습니다. 신과는 비록 부자간이라고는 하나 듣지 않을 것입니다."

악서가 재배하고 아뢰었다.

악양은 중산국을 공격할 때 아들인 악서에게 편지를 보내 중산국 왕은 어진 임금이 아니니 위나라로 돌아오라고 권했었다. 아울러 자신이 대장군이 되어 중산국을 공격할 예정이니 부자간에 어려움이 없도록 벼슬에서 물러나라고 했으나 악서는 듣지 않았다. 악서는 뒤늦은 후회를 했다.

"너는 부귀를 누리는 신하로 그만한 일도 할 수 없다는 말이냐? 그러고도 네가 나의 신하냐?"

희굴이 눈을 부릅뜨고 악서를 다그쳤다. 악서는 한숨을 내쉰 뒤에 성루로 올라가 악양을 향해 공손히 절을 했다.

"아버님, 소자 악서이옵니다."

"너는 무슨 할 말이 있느냐?"

악양은 아들이 성루에 올라오자 진영 앞으로 말을 타고 나왔다.

"아버님께서는 소자의 낯을 보아 군사를 물리쳐주십시오. 천하에 아들을 공격하는 아버지가 어디에 있습니까?"

악서가 처연하게 외쳤다.

"군자는 위태로운 나라에 있지 않으며, 부귀나 벼슬을 탐하여 문란한 나라에서 일을 하지 않는 법이다. 나는 군명을 받들어 백성을 죽음의 수렁에 빠지게 한 너희 임금의 죄를 벌하러 왔다. 너는 속히 네 임금에게 항복하라고 권하라. 그렇지 않으면 나를 볼 수 없을 것이다."

악양은 악서를 향해 호통을 쳤다. 악양이라고 해서 아들을 사랑하지 않을 까닭이 없다. 그러나 아들은 그의 말을 듣지 않고 폭군인 중산국 왕 밑에서 벼슬을 하고 있었다. 누차에 걸쳐 타일렀으나 부귀가

탐이 나서 돌아오지 않은 것이다.

"항복을 하고 하지 않는 것은 임금이 하는 일입니다. 신하 된 자가 어찌 그 같은 말을 입에 담을 수 있겠습니까? 다만 한 달만 공격을 미뤄주시면 소자가 임금을 설득해보겠습니다."

악서가 악양을 향해 말했다.

"네가 그렇게 원한다면 부자간의 정리를 생각해서 한 달간 말미를 주겠다. 너는 좋은 계책을 마련하라. 네가 계책을 마련하지 않으면 죽게 될 것이다."

악양이 악서에게 다짐을 했다. 부자지간이었으나 그들은 서로의 안부조차 묻지 못했다.

자신의 아들로 끓인 인육탕을 마시다

중산국의 왕 희굴은 악양이 휴전을 하자 악서 때문에 공격을 하지 않는 것으로 판단하고 아무런 대책도 세우지 않은 채 술에 빠져 여자들과 뒹굴면서 세월을 보냈다. 그는 악서만 성 안에 있으면 악양이 절대로 공격을 하지 않을 것이라고 생각했다. 악서가 몇 번이나 대책을 촉구했으나 못 들은 체했다.

한 달이 지나자 악양이 항복을 재촉했다.

"네 아비에게 한 달만 더 연기하라고 말하라. 그렇지 않으면 너를 죽일 것이다."

희굴이 악서에게 영을 내렸다. 악서는 내키지 않았으나 임금의 영이라 어쩔 수가 없었다.

"아버님, 한 달만 더 공격을 미뤄주십시오. 아버님이 공격을 하면 중산국 왕이 소자를 죽일 것입니다."

악서가 눈물을 흘리면서 말했다.

악양은 아들 때문에 차마 공격하라는 명령을 내리지 못했다.

"그리하라. 나는 한 달이 지나면 인내하지 않을 것이다."

악양은 두 번이나 더 기한을 연기해주어 석 달이 지나갔다. 그러나 중산국은 여전히 성 안에서 버티었다.

"대장군께서는 어찌하여 성을 포위하고도 공격하지 않습니까? 아드님 때문에 그러십니까?"

선봉장인 서문표가 악양에게 반발하고 나왔다.

"부자지간의 인연을 끊는 것을 어찌 하루아침에 해치울 수 있겠소? 내가 공격을 하면 내 아들은 반드시 죽게 될 것이오."

악양이 비감한 표정으로 말했다.

"대장군은 군령을 받고 있습니다."

중산국을 정벌하지 않으면 군령에 의해 참수된다. 서문표는 그 사실을 강조하고 있었던 것이다. 악양이 중산국 도성을 포위하고도 석 달 동안 공격을 하지 않자 위나라 조정에서도 그를 비난하기 시작했다.

"위군은 중산국을 공격하기 시작하여 승전을 거듭하면서 도읍에 이르렀습니다. 승리를 목전에 두고 있는데도 악양은 석 달 동안이나 공격을 하지 않았습니다. 막대한 군량을 소모하고 있으니 즉시 악양을 소환하여 참수하십시오."

한 사람이 악양을 비난하자 대신들이 앞 다투어 비난했다. 문후는 대신들의 비난에 귀를 기울이지 않았다. 악양을 참수하라는 대신늘의 상주문을 상자에 차곡차곡 보관하고 오히려 사람을 보내어 악양을 위로했다.

"과인은 아들 때문에 성을 공격하지 못하는 그대의 마음을 이해한다. 어느 아비가 아들을 죽음으로 몰아넣겠는가?"

악양은 문후의 위로에 감동하여 마침내 중산성을 공격하라는 영을 내렸다. 오랫동안 공격 명령만 기다리던 위군이었다. 악양의 영이 떨어지자마자 위군은 중산성을 맹렬히 공격했다. 중산국은 대장군 고수의 지휘로 격렬하게 저항했으나, 중산성을 겹겹이 에워싸고 파도가 몰아치듯 사납게 공격하는 위군을 감당할 수 없었다. 희굴은 비로소 두려움에 떨었다.

"위군의 공격이 계속되니 우리는 머지않아 멸망할 것이다. 경은 대책을 세우라."

희굴이 공손초에게 영을 내렸다.

"신에게 마땅한 계책이 있습니다. 악양은 악서의 아비입니다. 악양을 물러가게 하려면 악서를 묶어서 성루에 매달고 살려달라고 울부짖게 해야 합니다. 위군이 물러가지 않으면 악서를 죽이겠다고 위협을 하십시오."

공손초의 말에 희굴은 고개를 끄덕거렸다. 악서는 죄 없이 포승줄에 묶여서 중산성 성루에 매달리게 되었다.

"아버님, 소자는 이제 죽게 되었습니다. 소자를 살리시려면 군사들을 데리고 물러가십시오."

악서는 성루에 매달려 악양을 향해 울부짖었다.

위군은 놀라서 더 이상 중산성을 공격하지 못했다.

"너는 천하에 불초한 놈이다. 중산국에서 벼슬을 살면서 중산국이

이기도록 출중한 계책을 세우지도 못했고 화평을 청하여 사직을 보존하는 계책도 마련하지 못했다. 그러니 너같이 불초한 자가 어찌 살기를 바라느냐?"

악양은 대로하여 악서를 꾸짖고 친히 활을 쏘았다. 중산국의 병사들이 대경실색하여 악서를 성루에서 끌어내렸다.

"아비가 우리나라를 공격하는데 그 아들을 어찌 살려둘 수가 있습니까? 대왕께서는 속히 악서를 죽이십시오."

공손초가 희굴에게 아뢰었다.

"악서가 무슨 잘못이 있느냐?"

희굴이 난처한 표정으로 말했다.

"악서를 죽이면 신이 적군을 물러가게 할 수 있습니다."

공손초의 말에 희굴은 악서를 죽이라는 영을 내렸다. 공손초는 악서의 수급을 베고 인육으로 국을 끓였다. 그러고는 사자를 통해 악양에게 보냈다.

"저희 임금께서는 악서가 위군을 퇴병시키지 못했기 때문에 수급을 베고 살코기를 끓여서 인육탕을 만들었습니다. 악서의 처와 자식은 아직도 우리 도성에 살아 있습니다. 장군께서 군사를 돌려 물러가지 않으면 장군의 손자들도 모두 인육탕을 만들겠다고 했습니다."

사자가 인육탕을 받들고 큰 소리로 외쳤다. 악양은 경악하여 전신을 부들부들 떨었다. 그의 눈에서 피눈물이 흘러내렸다. 위군 병사들도 대장군이 처한 상황을 보고 웅성거렸다.

"너는 무도하고 어리석은 임금을 섬겨서 이 꼴을 당했으니 누구를 원망하겠느냐? 내가 너를 사랑하지 않아 이 꼴로 만든 것이 아니다. 나는 여러 차례 기회를 주었으나 네가 활용하지 못했다. 이 탕을 길에 버리면 너를 버러지들이 먹을 테니 차마 그렇게는 못하겠다. 차라리 내가 먹는 편이 낫다."

악양은 아들의 수급을 향해 큰 소리로 외치고 중산국의 사자가 보는 앞에서 인육탕을 모두 마셨다. 그러고는 무시무시한 눈으로 사자를 쏘아보면서 소리쳤다.

"너희 임금이 보내준 인육탕은 잘 먹었다. 중산성을 함락하는 날 내가 친히 너희 임금에게 사례를 할 것이다. 우리 군중에도 너희 임금을 삶아서 인육탕을 만들 만한 큰 솥이 있다."

중산국의 사자는 안색이 창백하게 변해 돌아갔다.

악양은 피눈물을 흘리면서 공격 명령을 내렸다. 악양의 아들이 비참하게 죽었다는 말을 들은 위군도 눈물을 흘리면서 중산성을 공격했다. 전투는 치열했다. 그러나 악양이 선두에 서서 맹렬하게 지휘했기 때문에 위군은 마침내 성벽을 타고 성루로 오르는 데 성공했다.

"공격하라!"

위군은 물밀듯이 중산성 안으로 쏟아져 들어갔다. 중산국의 왕 희굴은 위군이 성 안으로 노도처럼 밀려들어오자 목을 매어 자결했다. 공손초는 위군에게 사로잡혔으나 악양의 손에 목이 날아갔다.

용병의 귀재이나 자애로움이 없다

악양은 마침내 중산국을 완전히 멸망시키고 개선했다.

"대장군은 이번 전쟁에서 아들을 잃었으니 상심이 클 것이오."

문후는 친히 교외까지 나와서 악양을 영접했다.

"신은 오로지 대왕을 위하여 충성을 다했을 뿐입니다."

악양은 공손하게 대답했다. 문후는 시종들에게 지시하여 커다란 나무 상자 두 개를 악양의 집으로 운반하게 했다.

'대왕께서 나에게 금은보화를 하사하시는구나.'

악양은 집으로 돌아오면서 그렇게 생각했다. 그러나 집에 도착하여 나무 상자를 열자 그 안에는 악양을 죽이라는 위나라 대신들의 상주문이 가득했다.

"아아, 조정의 대신들이 이렇게 모함을 했는데도 대왕께서는 끝까지 나를 신임해주셨구나."

악양은 감격하여 대궐에 들어가 문후에게 절을 올렸다. 문후는 악양의 공을 인정하여 포상을 하려고 했으나 악양은 사양하고 받지 않았다. 문후는 악양을 영수군에 책봉한 뒤에 식읍食邑을 주어 부귀를 누리면서 살게 했다. 그러나 두 번 다시 대장군에 발탁하지 않았다.

"악양은 용병의 귀재인데 어찌하여 우리 대왕께서는 그를 대장군에 발탁하시지 않는 것이오?"

적황이 의아하여 대부 이극에게 물었다.

"악양은 자신의 아들로 끓인 인육탕을 먹은 사람입니다. 그런 사람에게 어찌 중책을 맡길 수 있겠습니까? 관중이 역아를 멀리하라고 제의 환공에게 충간을 올렸던 것과 같은 이치입니다."

이극의 말이었다.

적황은 그때서야 문후의 깊은 뜻을 이해할 수 있었다. 문후는 중산국을 정벌한 악양이 용병의 귀재라는 사실은 알았으나 그에게 자애로움이 없다고 판단한 것이다. 이는 충의 원칙에도 원칙이 있음을 보여준다.

춘추전국시대에 대활약한
악양의 후손, 악의樂毅

악의는 악양의 후손으로 선조들의 가업을 이어받아 어릴 때부터 병법을 좋아하고 뛰어난 군사적 재능을 보였다. 이후 연나라의 무장이 되어 조·초·한·위·연의 군사를 이끌고 당시 강대국이던 제를 정벌해 70여 개 성을 빼앗는 전적을 올렸다. 소왕이 죽고 혜왕이 즉위하자, 제나라 전단의 이간책으로 죄를 덮어쓰고 조나라로 망명했다. 그러나 혜왕이 그를 잃은 것을 후회하여 사죄해왔기 때문에 연·조 두 나라의 객경客卿이 되어 활동했고 조나라에서 세상을 떠났다.

남이 가지 않은 길을 가라

남과 다른 생각으로 부를 모은 거상, 임공

사마천의 〈사기열전〉 중 '화식열전'은 부^富에 대한 이야기다. 사마천은 정치가, 사상가를 비롯하여 협객과 의원까지 열전에 기록한 뒤에 부자들을 찾아 그들이 어떻게 돈을 벌었는지 상세하게 기록했다. 사실 인류의 역사에서 가장 중요한 것은 의식주고, 의식주가 풍요롭기 위해서는 부를 가지고 있어야 한다.

부를 이루는 방법에는 여러 가지가 있는데, 고대에는 권력을 갖거나 장사를 하여 돈을 버는 것으로 제한되었다. 장사는 평화로울 때도 이익을 남기지만 전쟁이 일어나면 상황이 순식간에 바뀐다. 전쟁으로 부자가 망하기도 하고 막대한 돈을 버는 사람들도 탄생한다.

중국 고대에도 전쟁은 사람들에게 많은 기회를 제공했다. 전쟁은 막대한 전쟁 물자를 필요로 하기 때문이다. 병기를 제조하기 위해 철이 필요하고 군사들에게 먹이기 위해서 수만 석의 양곡이 동원된다. 운송 수단과 물가의 등락 등을 이용해 돈을 벌 기회가 도처에 널려 있다.

돈을 모아 부자가 되려면 쓰지 않는 것이 첫 번째다

임공은 장안 근처에 있는 선곡 땅에서 태어났다. 그의 조상은 대대로 현에서 관청의 창고지기를 하면서 가난하게 살았다. 하지만 임공은 가난한 조상들의 삶을 되풀이하고 싶지 않았다. 그는 어떻게 하든지 부를 모아야겠다고 생각하면서 창고지기를 그만두고 장사를 하기 시작했다. 그는 소금 장사로 약간의 재물을 모았고, 그 뒤에는 농사와 목축에 손을 댔다.

부는 축적과 증식으로 이루어진다. 축적은 부를 모으는 것으로, 검소하고 절약해야 한다. 임공은 이러한 부의 속성을 잘 알고 있었다.

"부지런한 자가 성공한다. 우리 가족은 땅에서 나는 것을 항상 소중하게 생각하고 부지런히 일을 하라."

임공은 항상 가족들에게 당부했다. 그는 허름한 옷을 입고 고기를 먹지 않았다. 술도 함부로 마시지 않았다.

임공이 태어나서 살던 시대는 천하를 통일한 진秦나라가 2세 황제 호해와 환관 조고의 폭정으로 어지러울 때였다. 2세 황제가 조고로 인해 제대로 된 정치를 펼치지 못한 중국에서는 천하의 풍속이 사치에 젖어 금은보석과 비단 같은 호화로운 물품을 사들이는 것이 크게 유행했다.

"돈을 모아 부자가 되려면 쓰지 않는 것이 첫 번째다. 돈이 하늘에서 저절로 굴러 떨어진다고 생각하지 마라."

임공은 온 나라가 사치 풍조에 물든 가운데서도 가족들에게 먹고 입는 것을 농사나 목축으로 얻은 생산물로 한정시키고 누구나 그 원칙을 지키게 했다. 일을 할 때는 술과 고기를 일체 금지시켰다. 임공이 가법을 정해 엄격하게 실천했기 때문에 그들은 점점 더 많은 돈을 모을 수 있었다. 그의 집에서는 누구나 땅에 떨어진 하찮은 물건이라도 소홀히 하지 않았는데, 하늘에서 내리는 비 한 방울도 받아서 허드렛물로 쓰곤 했다.

"나라가 어지러운데 아껴서 뭘 해? 전쟁이 일어나면 모든 것이 잿더미가 될 테니 우선 배불리 먹고 봐야 돼. 돈을 아끼는 것은 어리석은 짓이야."

사람들은 임공을 비웃었다.

남들과 똑같은 생각을 하면 결코 부자가 될 수 없다

천하가 어지러워지자 중원 각지에서 영웅호걸이 들고 일어났다. 초 땅에서 진승과 오광이 반란을 일으키고, 뒤이어 항우와 유방이 일어났다. 중국 천하는 영웅들이 벌이는 전쟁에 휘말렸다. 곳곳에서 전쟁이 벌어지자 사람들은 피난을 가기 시작했다.

"전쟁이 일어났으니 금을 사라. 곡식을 사 모아봤자 군대에 약탈을 당한다."

사람들은 다투어 금을 사들이기 시작했다. 금값이 폭등하고 곡식 값이 폭락했다.

"집안에 있는 금을 팔아 곡식을 사들여라."

임공은 가족들에게 지시했다.

"금을 팔면 안 됩니다. 곡식을 팔아 금을 사야 합니다."

아들이 임공에게 불만스럽게 말했다.

"이놈아, 전쟁이 일어났는데 금을 사서 어디에 쓰느냐?"

"피난을 갈 때 요긴하게 쓸 수 있습니다. 곡식을 잔뜩 사면 피난을 갈 수도 없지 않습니까? 다른 사람들은 모두 금을 사들이기 위해 혈안이 되어 있습니다."

"어리석구나."

임공은 어이가 없다는 듯이 웃음을 터트렸다.

"아버지, 제가 왜 어리석습니까?"

"세상 사람들이 모두 너와 같은 생각을 하고 있다. 그러니 금값이 오르는 것이 아니냐? 우리는 장사꾼이니 당연히 값이 오를 때 팔고 쌀 때 사들여야 하는 것이다. 다른 사람과 똑같이 생각하면 절대로 장사에 성공할 수 없으니, 너는 아무 소리 말고 곡식이나 부지런히 사들여서 땅속에 묻어라. 생각을 바꾸어야 한다."

임공은 불만이 가득한 아들에게 억지로 금을 팔아 쌀을 사들인 다음 땅속에 묻게 했다. 그들은 곡식 값이 폭락했기 때문에 적은 돈으로 많은 쌀을 사서 땅속에 묻을 수 있었다.

전쟁이 끝나자 피난을 갔던 사람들이 돌아오기 시작했다. 피난에서 돌아온 사람들이 금을 팔고 다투어 곡식을 사들였기 때문에 이번에는 금값이 폭락하고 곡식 값이 폭등하기 시작했다. 전쟁으로 농사를 짓지 못해 곡식 값은 더욱 올랐다.

"자, 이제 땅속에 묻어두었던 곡식을 꺼내서 팔아라."

임공은 땅속에 비축한 곡식을 팔아서 금을 거두어들였고, 순식간에 거부가 되었다.

재산을 물려줄 것인가, 돈 버는 비결을 물려줄 것인가

거부가 된 임공의 가족들은 크게 기뻐했다. 임공은 부자가 되어도 교만하지 않고 장사를 계속했다. 그러나 그가 한나라 제일의 부자가 되었기 때문에 태수나 나라의 관리들도 공손하게 허리를 굽혀 받들었다.

"아버님, 이제는 장사를 접고 부귀를 누려도 좋을 듯합니다. 아버님의 혜안으로 우리는 한나라에서 제일가는 부자가 되었습니다."

아들이 기뻐하면서 말했다.

"부는 모으는 것보다 지키는 것이 더욱 어렵다. 너는 내가 재산을 물려주기를 바라느냐, 돈 버는 비결을 물려주기를 바라느냐?"

임공이 아들에게 물었다.

아들이 곰곰이 생각하다가 대답했다.

"돈 버는 비결을 가르쳐주십시오."

"우리는 이제 부자가 되었다. 장사를 하지 않고 계속 써도 몇 대를 살 수 있을 것이다. 그러나 부를 지키는 것은 나라를 지키는 것과 같다. 진나라는 여러 대에 걸쳐 백성들을 부강하게 하고 왕들이 정치를 잘하여 천하를 통일할 수 있었다. 그러나 2세 황제에 이르러 환관 조고를 등용하는 바람에 멸망하지 않았느냐? 장사를 할 때는 사람을 잘 써야 한다. 너는 우리 집안의 부귀와 영화가 자자손손 이어지기를 바라느냐, 우리 대에서 끝나기를 바라느냐?"

"그야 자손 대대로 부귀하기를 바랍니다."

"그렇다면 근면하고 검소해라. 재물이 네 주머니 속에 있다고 해도 언제 먼지처럼 사라질지 모르는 것이다."

임공은 아들에게 농사와 목축에 힘을 쓰도록 했다. 그리고 그것을 가법으로 정해 대대로 부귀를 누릴 수 있었다. 그렇지만 임공은 한 번도 비열한 수단으로 돈을 벌지 않아 향리의 사람들로부터 더욱 존경을 받았다.

재산을 지키는 이치와 나라를 경영하는 이치는 같다

한나라를 건국한 고조 유방이 임공에 대한 소문을 듣고 그를 불렀다. 그래서 임공은 미천한 장사꾼이었으나 천자를 알현하게 되었다.

"그대는 거만巨萬의 부를 축적했다고 하는데, 비결이 있는가?"

고조가 임공에게 물었다.

"특별한 방법이 있는 것은 아닙니다."

임공이 공손히 아뢰었다.

"그래도 부를 축적한 데는 남다른 이유가 있을 것이 아닌가?"

"제가 부자가 된 것은 원칙에 충실하게 살고 정세를 잘 판단하여 물건을 사고팔아 이윤을 얻었기 때문입니다."

"정세를 판단하는 것은 무엇인가?"

"사람들은 누구나 비슷한 생각을 합니다. 하지만 저는 사람들과 달리 생각합니다. 저는 그것을 역발상이라고 합니다."

"예를 들 수 있는가?"

"남월南越에는 미개한 오랑캐들이 사는데 신발을 신지 않는 풍습이 있습니다. 제가 아들에게 남월에 가서 신발을 팔라고 했더니, 아들은 신발을 신지 않는 풍습을 가진 사람들에게 어떻게 신발을 파느냐고 했습니다. 그래서 제가 신발을 신지 않는 풍습을 바꿔 신발을 신게 만들면 엄청난 부를 이룰 것이라고 했습니다. 아들이 가서 그렇게 하여 많은 돈을 벌어 왔습니다."

"풍습을 어떻게 바꾸었는가?"

"먼저 여자들에게 돈을 주고 예쁜 신발을 신게 했습니다. 그러자 여자들이 예쁘게 보이기 위해 다투어 신발을 샀고, 마침내는 남자들까지 신발을 신게 되었습니다."

임공의 말에 고조는 무릎을 치면서 크게 감탄했다.

"재물이라는 것은 벌기도 어렵거니와 지키는 것도 어렵다고 한다. 그대는 어떤 방법으로 재산을 지키는가?"

"근면 검소하고, 사치나 허영을 부리지 않는 것으로 지킵니다."

"옳다. 그대가 말한 이치는 나라를 경영하는 이치와 같다."

고조는 만족하여 임공에게 주연을 베푼 뒤에 돌려보냈다.

천자를 만나고 향리로 돌아온 임공은 더욱 사람들의 존경을 받으면서 여생을 마쳤다. 그의 자손들도 가법을 잘 지켜서 대대로 부귀를 누리며 살았다.

뛰어난 지혜와 장사 수단으로 막대한 부를 쌓은 고대 중국의 부자 상인들

범려 : 도주공陶朱公이라 불리며, 중국에서 부자를 이야기할 때 가장 먼저 입에 올리는 인물이다. 월나라 왕 구천을 도와 천하를 얻은 후 정도로 가서 장사를 했다. 19년 동안 세 차례나 천금을 벌어들여 큰 부자가 되었다.

탁 씨卓氏 : 조나라 사람으로 진나라의 천하 통일 후 촉 땅의 임공으로 이주하여 광산을 개발했다. 무쇠를 만들어 팔았으며 광산의 노비가 1천여 명에 이를 정도로 큰 부를 쌓았다. 직접 드넓은 사냥터를 만들어 사냥을 즐겼고, 깊은 연못을 만들어 뱃놀이와 낚시를 즐겼다는 일화가 전한다.

무염 씨無鹽氏 : 한나라 경제 때의 인물로 오초칠국의 난이 터졌을 때 토벌군의 제후들에게 고리로 돈을 빌려주었고, 난이 평정된 후 원금의 열 배 이상을 벌어 거부가 되었다.

| 6장 |

꿈꾸는 20대,
나만의 자신감 단련하기

지피지기면 백전불태다

앉은뱅이가 되어 통쾌한 복수를 성공한, 손빈

> ### 손빈(孫賓)
> 전국시대 제나라 출신으로, 유명한 군사가이자 병가의 대표적인 인물. 방연과 동문수학
> 했으나, 위나라 혜왕에게 신임을 얻어 고관대작이 된 그의 모함으로 누명을 쓰고 앉은뱅
> 이가 되었다. 훗날 손빈은 제나라 군사가 되었고, 제나라와 위나라가 격돌한 마릉전투에
> 서 방연과 지모를 겨루어 대승하였다. 그가 쓴 《손빈병법》은 병가의 필독서로 후세에 길
> 이 전해졌다.

오나라 군대를 중원 최강으로 만든 손자의 명성은 파다하게 퍼져 나
갔다. 그러나 정작 손무 자신은 어디로 갔는지 행방을 알 수 없었다.
사람들이 그의 병서를 구해 읽으려고 오나라로 몰려왔으나 그는 속
세를 떠난 뒤 다시는 나타나지 않았다.

그로부터 1백 년이 지났다. 역사에서는 춘추시대가 막을 내리고
전국시대가 도래했다. 이때 손자의 후손인 손빈이라는 인물이 나타
나《손자병법》이 불후의 명저라는 사실을 또 한 번 입증한다.

귀곡자에게 병학을 배우다

손빈은 손무의 후손이었지만, 정작 그는 이름도 알려지지 않은 한 도인에게 병학^{兵學}을 배웠다.

전국시대 주나라 양성 땅에 귀곡이라는 깊은 골짜기가 있었다. 첩첩의 연봉^{連峰}과 기암괴석으로 둘러싸인 귀곡은 한낮에도 귀신이 나올 것처럼 음산하여 여간해서는 사람들이 발을 들여놓지 않는 곳이었다. 이따금 약초를 캐는 사람이나 사냥꾼만 지나갈 뿐 평소에는 인적조차 없었다. 황량한 바람 소리만이 하루 종일 귀곡을 지나다녔다. 이 음산한 골짜기에 현자가 살고 있었는데, 사람들은 골짜기의 이름을 따서 귀곡자라고 불렀다.

귀곡자의 제자들 가운데 유명한 사람들로는 위나라의 방연과 장의, 제나라의 손빈, 낙양의 소진이 있다. 이때 손빈과 방연은 결의형제하고 병학을 함께 배웠다. 방연이 나이가 조금 더 많아 형이 되고 손빈은 동생이 되었다.

"나는 이제 더 배울 것이 없으니, 위나라에 돌아가 장군이 되어 명성을 떨칠 것이네."

귀곡자에게 더 이상 배울 게 없다고 생각한 방연은 손빈에게 하산하겠다고 말했다.

"형님이 출세를 하시면 꼭 아우도 불러주십시오."

손빈은 바깥세상으로 나가고 싶어 방연에게 부탁했다.

"하하하! 내가 출세를 하면 반드시 아우를 도울 것이니 걱정하지 말고 내 연락을 기다리게."

방연은 큰소리를 쳤다.

귀곡자의 허락을 받고 하산한 방연은 위나라로 들어갔다. 그는 위나라에서 장수로 발탁되어 공을 세우고 상장군이 되었다.

"방연이 떠나니 너도 떠나고 싶은 게냐?"

손빈이 방연을 생각하면서 먼 산만 바라볼 뿐 공부를 게을리 하자 귀곡자가 혀를 차면서 물었다.

"그렇습니다. 제자도 방연 형님을 따라 세상에 나가 이름을 떨치고 싶습니다."

손빈이 공손하게 대답했다.

"세상의 공명이란 부질없는 것이다. 나에게 도학을 배워 신선이 되는 것이 어떠하냐?"

"스승님, 제자는 세상에 나가고 싶습니다."

귀곡자는 손빈이 간절하게 원하자 혀를 차며 손무의 병서를 내주었다.

"네 생각이 정히 그러하다면 이 병서를 공부한 뒤에 나가거라. 이 병서는 아무에게도 주어서는 안 된다."

손빈은 귀곡자에게 손무가 남긴 병서를 얻어 공부를 했다. 그러나 공부가 다 끝났는데도 방연에게서 아무런 연락도 오지 않았다.

"방연은 너를 질투하고 있다. 네가 위나라에 가면 자신의 자리가 위태로워지지 않을까 걱정하는 것이다."

귀곡자와 교분을 나누고 있는 묵자墨子가 손빈에게 말했다.

'무정한 것이 사람이구나. 나와 그렇게 약조를 해놓고도 불러주지 않으니⋯⋯.'

손빈은 위나라 쪽을 향해 탄식했다.

"위나라에 방연이라는 상장군이 있다는데, 손빈까지 오면 그야말로 천하 통일을 이룰 수 있을 것입니다."

묵자가 위의 혜왕을 찾아가 담소를 나누다가 손빈의 이야기를 꺼냈다.

"손빈은 어디 사람이며, 스승은 누구입니까?"

혜왕이 깜짝 놀라서 물었다.

"스승은 귀곡자이고 상장군 방연과 동문수학을 했는데 대왕께서 모르신단 말입니까? 손무의 병법을 다 공부했으니 그는 방연보다 훌륭한 인재입니다."

혜왕은 묵자가 떠나자 상장군 방연을 불렀다.

"그대와 동문수학한 손빈이라는 자가 손무의 병법을 모두 터득했다고 하는데, 어찌 천거하지 않는가?"

혜왕이 질책을 하자 방연은 당황했다.

"손빈이 저와 동문수학한 것은 사실입니다. 그러나 제가 떠나올 때는 손빈의 공부가 다 끝나지 않았었습니다. 마침 대왕께서 지적하시니 신이 불러오겠습니다."

방연은 식은땀을 흘리며 아뢴 뒤에 즉시 사람을 보내 손빈을 데려오라고 지시했다.

'손빈이 손무의 병서를 터득했으니 분명히 나보다 월등하여 대왕의 총애를 받을 것이다. 병서를 빼앗고 그를 없애자.'

방연은 손빈을 해칠 음모를 꾸몄다.

손빈은 위나라로 오자 방연을 먼저 찾아왔다. 그러자 방연은 손빈을 극진히 대우하면서 은밀하게 손무의 병서를 빌려달라고 했다.

"손무의 병법이 있다는 말은 처음 들었습니다."

귀곡자의 당부를 받은 손빈은 병서가 없다고 잘라 말했다.

방연은 여러 차례 회유했는데도 손빈이 병서를 내놓지 않자 혜왕에게 손빈이 제나라의 첩자라 고하며 모함했다. 혜왕은 손빈의 무릎뼈를 도려내고 얼굴에 자자刺字, 얼굴이나 팔뚝에 먹물로 죄명을 찍어 넣던 벌를 가하라는 영을 내렸다. 위나라 군사들은 손빈을 포박하여 무릎뼈를 도려냈다. 손빈은 처절한 비명을 지르며 이를 악물었다. 눈에서 피눈물이 흘러내리고 머리카락이 곤추섰다. 손빈은 마침내 앉은뱅이가 되었으며 얼굴에는 '사통외국私通外國'이라는 글자가 새겨졌다.

'같은 스승에게 학문을 배운 나를 이렇게 만들다니, 방연은 금수와 같은 자다. 내가 반드시 그를 비참하게 만들어줄 것이다.'

손빈은 피눈물을 흘리면서 맹세했다. 그날부터 손빈은 미치광이 흉내를 내면서 위나라를 탈출할 계획을 세웠다.

방연은 돼지우리 같은 곳에 손빈을 가둬놓고 학대했다. 그 무렵 제나라 사신이 위나라로 찾아왔다. 손빈은 방연 몰래 제나라 사신을 만나 자신의 억울한 사정을 말하고 구해줄 것을 부탁했다.

"방연은 참으로 악독한 놈이오."

손빈이 고통을 당하는 것을 분하게 여긴 제나라 사신은 손빈을 몰래 수레 안에 숨겨서 귀국했다.

제나라에는 명장 전기가 장군으로 있었는데, 손빈과 이야기를 나눠본 뒤에 그가 기재奇才라는 사실을 알고 빈객으로 대우했다. 그러던 어느 날, 손빈은 전기가 제나라 왕자와 마차 경주를 하면서 매번 많은 돈을 잃고 있다는 사실을 알게 되었다. 말의 조건은 큰 차이가 없었으며, 다만 전체적으로 왕자의 말이 약간 우세한 정도에 지나지 않았다.

"소인이 장군을 경주에서 이기게 해드릴 테니 큰돈을 거십시오."

손빈이 전기에게 말했다.

"선생이 무슨 재주로 나를 경주에서 이기게 해준단 말이오?"

전기는 웃으면서 손을 내저었다.

"그 방법을 일러드릴 테니 경주에서 이기면 대왕에게 저를 천거해 주십시오."

"좋소. 경주에서 이기기만 하면 반드시 천거하리다."

"그럼 방법을 일러드리겠습니다. 말들은 모두 상중하가 있고, 장군의 말이나 왕자의 말은 큰 차이가 없습니다. 장군은 하등의 말을 왕자의 상등의 말과 겨루게 하고, 장군의 중등의 말을 왕자의 하등의 말과 겨루게 하고, 장군의 상등의 말을 왕자의 중등의 말과 겨루게 하십시오."

손빈이 말하자 전기가 고개를 끄덕거렸다.

전기는 손빈의 말대로 하여 왕자와 세 번을 겨루었는데, 한 번은 지고 두 번을 이김으로써 경주 전체적으로 승리를 거두었다. 전기는 크게 기뻐하면서 손빈을 제의 위왕에게 천거했다. 위왕은 손빈을 군사에, 전기를 상장군에 임명했다.

나무 아래서 방연에게 복수하다

위나라는 방연을 상장군으로 임명한 뒤에 군사가 상대해서 소나라를 침략했다. 그러자 조나라는 황급히 제나라에 많은 예물을 바치면서 구원을 청했다.

"엉켜 있는 실은 망치나 주먹으로 때린다고 해서 풀어지지 않습니다. 우리가 군사를 이끌고 가 조나라를 구하려 하면 우리도 막대한 손실을 감수해야 합니다. 위나라는 조나라를 침략하기 위하여 대군을 동원했으니 위나라 본국에는 군사가 거의 없을 것입니다. 이때 위나라 도읍인 대량을 공격하면 위나라는 자국을 방어하기 위해 군사를 철수시킬 수밖에 없고, 결국 조나라는 위기에서 벗어날 수 있습니다."

손빈이 전략을 세우자 전기는 즉시 군사를 이끌고 위나라 대량으로 달려갔다. 방연이 깜짝 놀라 군사를 철수시키자 제나라 군대도 위나라에서 막대한 전리품을 취한 뒤에 철수했다.

"군사의 계략이 탁월하오."

제나라 위왕과 전기가 기뻐하면서 말했다.

"소인은 위나라 상장군 방연에게 씻을 수 없는 원한이 있습니다. 그를 죽일 때까지 소인의 이름을 비밀에 부쳐주십시오."

손빈이 위왕과 전기에게 말했다. 이렇게 하여 손빈은 이름을 감추고 제나라 군사로 활약했다. 손빈이 군사를 맡은 뒤로 제나라는 다시 부국강병하게 되었다. 그는 오로지 나라를 부유하게 하고 군사를 강군으로 양성하는 데 전력을 기울였다.

어느덧 13년의 세월이 흘렀다. 위나라와 조나라가 연합하여 한나라를 침략하자 한나라는 다급하게 제나라에 구원을 청했다. 이때 손빈은 상장군 전기와 함께 대군을 이끌고 위나라 도읍 대량으로 쳐들어갔다.

"방연은 반드시 우리를 추격하여 올 것입니다. 병법에 이르기를,

승리하기 위해 1백 리를 전력으로 달리면 상장군이 전사하고, 승리하기 위해 50리를 전력으로 달리면 군사의 절반밖에 도착하지 못한다고 했습니다."

방연이 한나라에서 철수한다는 소식이 들려오자 손빈도 위나라에서 철수했다. 그러면서 첫날에는 아궁이 10만 개를 만들었다가 철거하게 하고 이튿날은 5만 개, 사흘째 되는 날은 3만 개로 아궁이 수를 줄였다.

"번번이 위나라를 방해하는 제나라를 반드시 멸하리라."

방연은 군사를 휘몰아 제나라 군사를 맹렬하게 추격했다.

"제군은 우리가 추격하자 꽁지가 빠져라 달아나고 있다. 제나라 군대에서는 벌써 절반의 군사들이 이탈했다."

방연이 제나라 군대가 진을 쳤던 곳에 이르러 말했다.

"그것을 어찌 아십니까?"

위나라 장수들이 의아하여 물었다.

"아궁이 숫자를 세어보라. 어제는 10만 개였는데 오늘은 5만 개뿐이니 군사가 절반밖에 남지 않은 것이다."

"과연 영명하십니다."

위나라 장수들이 탄복하여 말했다.

방연은 보병을 머물러 있게 하고 기병만 이끈 채 맹렬하게 제나라 군사를 추격했다. 그러나 방연이 어찌나 빠르게 달리는지 군사는 절반밖에 따라오지 못했다.

"위군이 어디까지 따라왔느냐?"

손빈은 퇴각하는 길에 척후병들을 파견하여 위군의 동태를 계속 살폈나.

"사록산을 넘고 있습니다. 위군은 밤에도 쉬지 않고 달려오고 있습니다."

척후병들이 손빈에게 보고했다.

"오늘 해질 무렵이면 위군이 마릉도에 도착할 것이다."

마릉도는 산 중간에 있는 험준한 협곡으로, 겨우 말 한 필이 지나갈 수 있는 길이라 하여 붙은 이름이었다. 손빈은 군사들에게 지시하여 마릉도 주변에 있는 나무를 한 그루만 남겨두고 모조리 베어버렸다. 그리고 남은 한 그루의 나무는 껍질을 벗긴 뒤 그 위에 손수 글을 썼다.

龐涓死此樹下

'방연사차수하龐涓死此樹下'란 '방연은 이 나무 아래서 죽는다'라는 뜻이다. 글씨 밑에는 손빈이라고 써넣었다.

한편 방연은 질풍처럼 말을 달려 해가 진 뒤에야 마릉도에 이르렀다. 그러나 위군의 병거는 더 이상 앞으로 나아갈 수 없었다. 마릉도가 워낙 험준한 산에 있기도 했지만 제나라 군사들이 아름드리나무들을 쓰러뜨려 길을 막아놓았기 때문이다.

"제군은 얼마 가지 못했다. 속히 나무들을 치우고 추격하라!"

방연은 위나라 군사들을 사납게 독려했다. 그는 한시바삐 제나라 군대를 추격하여 전멸시키고 싶었다. 그때 병사 하나가 달려와 나무에 글씨가 쓰여 있다고 보고했다. 방연은 병거에서 내려 나무로 다가갔다. 그러나 어둠 때문에 무슨 글자인지 보이지 않았다. 방연은 군사들에게 부싯돌을 쳐서 횃불을 밝히라고 지시했다. 이내 불이 밝혀지자 방연은 나무 밑으로 다가갔다. 순간 방연의 얼굴이 창백하게 변했다.

'아아, 내가 수자豎子, 더벅머리 아이새끼라는 욕에게 또 당했구나!'

방연이 미처 한탄을 하기도 전이었다. 좌우 협곡에서 천지를 진동하는 듯한 철포가 울리더니 화살이 바람을 가르는 날카로운 소리를 내며 빗발치듯 날아오기 시작했다. 좌우 5천 명, 합해서 1만 명의 제군이 쏘아대는 화살이었다. 위군은 여기저기서 처절한 비명을 지르며 죽어갔다. 횃불은 위군이 있는 곳을 알려주는 신호나 다름이 없었다.

'아아, 내가 또다시 손빈의 명성만 높게 해주었구나.'

방연은 손빈이 후세에 명성을 남기게 될 것을 생각하고는 분통이 터져 스스로 목을 찔러 자결했다.

《손자병법》에 적을 알고 나를 알면 백번을 싸워도 백번이 모두 위태롭지 않다는 말(지피지기백전불태知彼知己百戰不殆)이 있다. 손빈은 방연을 잘 알고 있었기 때문에 마릉도로 유인하여 복수할 수 있었던 것이다.

《손자병법》의 정신을 계승한, 《손빈병법孫賓兵法》

《손빈병법》은 다른 말로 《제손자齊孫子》라고 불리어 《손자병법》과 구별된다. 손빈이 산동성의 황가사원 광명사光明寺에서 은거하며 집필하였다. 《손자병법》이 처음 출토되었을 당시 손빈의 작품이라는 설도 있었으나, 1972년 4월 은작산 한나라 무덤에서 엄청난 양의 《손빈병법》 죽간이 발견되어 이들 둘이 다르다는 사실이 밝혀졌다. 이후 총 16편으로 정리되었으며, 주요 편목으로는 금방연, 견위왕, 위왕문 등이 있다.

송곳으로 허벅지를 찌르며 공부하다

천하를 말로 조롱한 유세객, 소진

> ### 소진(蘇秦)
> 동주東周 낙양 출생. 전국시대 중엽의 유세가로, 장의張儀와 함께 귀곡자鬼谷子에게 가르침을 받았다. 일개 서생 출신으로 전국시대에 진에 맞서 6국을 연합하는 합종책을 유세하여 재상을 지내고, 15년간 중원에 평화를 가져왔으나 동문인 장의가 연횡을 주장하며 등장하는 바람에 결국 거열형으로 죽고 만다. 그의 동생 소대, 소여도 역시 유세가로 알려져 있다.

각종 선거철이 되면 후보자들이 전국을 돌아다니면서 연설을 하는데, 이를 '유세遊說'라고 한다. 유세라는 말은 문자 그대로 떠돌아다니면서 말한다는 뜻으로, 전국시대에 소진과 장의가 합종연횡으로 명성을 떨치면서 널리 쓰이게 되었다.

10만여 자의 치국책으로도 진왕을 설득하지 못하다

소진은 동주 낙양 사람으로, 어릴 때부터 장의와 함께 귀곡자에게 유세학을 배웠다. 귀곡자는 소진에게도 장의처럼 신선학을 배우라고 했으나, 세상에 나가 공명을 떨치고 싶어한 소진은 스승과 작별하고 낙양으로 돌아왔다. 그러나 동주 천자인 현왕은 소진을 알아주지 않았다. 소진이 몇 년 동안 하는 일도 없이 빈둥거리자 형과 형수, 누이와 아내, 첩조차도 그를 비웃었다.

'나를 알아주는 사람을 스스로 찾아갈 수밖에 없구나.'

소진은 실망하여 진秦나라로 발걸음을 옮겨 혜문왕을 찾아갔다.

"귀곡자 선생에게 유세학을 배웠다고요? 유세학이 과연 쓸모가 있소?"

혜문왕이 소진에게 정중하게 물었다.

"대왕께서는 유세학을 가볍게 보지 마십시오. 유세학은 천하를 좌우할 수 있는 학문입니다."

소진은 웃으면서 말했다.

"말로 천하를 좌우한다니, 믿을 수가 없소."

"대왕께서 제후들에게 땅을 바치라고 통고하셨다는 말을 들었습니다. 이는 진나라가 강대국이기 때문입니까?"

진나라는 위앙의 변법 시행으로 강대해져 있었고, 혜문왕은 군사가 강하고 백성이 부유하자 인근의 나라들을 협박하여 땅을 빼앗고 있었다.

"그렇소이다."

"대왕께서 천하를 통일하려면 이는 하책입니다."

"그렇다면 상책은 무엇이오?"

"진나라는 사방이 천험의 요새로 둘러싸여 있습니다. 동쪽으로 관하가 흐르고 서쪽으로는 한중이 있습니다. 남쪽으로는 파촉이 있고 북쪽에는 호락이 있습니다. 어디 그뿐입니까? 진나라는 기름진 땅이 천 리에 이르고 백만에 이르는 강군도 있습니다. 신의 계책대로 하신다면 천하의 제후들을 병탄하고 주 왕실까지 장악할 수 있습니다. 그러면 대왕께서는 제왕이 되어 천하를 통일하게 되는 것입니다. 그런데 어찌 제후들에게 땅덩어리를 조금 떼어달라고 하십니까? 차라리 제후국들을 멸망시키십시오."

진나라의 혜문왕은 소진의 말이 지나치다고 생각했다. 천하 통일의 시기가 무르익기는 했으나 전국칠웅이 버티고 있었기 때문이다.

소진이 혜문왕에게 여러 가지 계책을 아뢰었으나 물러가 있으라는 말만 들었다. 객사로 돌아온 소진은 하늘을 우러러보다가, 그날부터 10만여 자에 이르는 치국책을 써서 혜문왕에게 바쳤다.

혜문왕은 유세객 소진이 올린 10만여 자의 방대한 저술을 보았다. 소진의 치국책은 천하를 좌우할 만한 경천동지할 내용이었지만 혜문왕은 그것을 꼼꼼하게 읽을 기분이 아니었다. 그는 소진의 치국책을 한쪽에 처박아두고 거들떠보지도 않았다.

'진왕도 나를 알아주지 않는구나.'

소진은 혜문왕이 자신을 발탁하지 않자 실망했다. 그는 혜문왕이 불러줄 때까지 끈질기게 기다렸으나 1년이 지나도 소식이 없었다. 그러다 노자가 떨어져 여관비와 식비를 마련할 수 없게 되었고, 음식을 먹는 날보다 굶주리는 날이 더 많아졌다.

'이제는 고향으로 돌아갈 수밖에 없구나. 그러나 무슨 낯으로 돌아갈 것인가?'

《음부경》의 오묘한 뜻을 깨닫다

소진은 비참했으나 허기진 배를 움켜쥐고 낙양의 집으로 돌아왔다. 얼굴에서는 땟물이 흐르고 옷은 누덕누덕 떨어져 초라하기 짝이 없었다. 그의 가족은 거지꼴로 돌아온 소진을 차갑게 맞이했다. 어머니는 소진을 호되게 야단치면서 농사나 지으라 하고, 형수는 베를 짜면서 내다보지도 않았다. 소진의 아내는 쌀이 떨어졌다면서 밥조차 주지 않았다. 형과 동생도 그를 쌀쌀맞게 대하기는 마찬가지였다. 그는 자신의 처지가 비참했다.

'아, 천하를 농락할 지모를 가진 내가 집에서조차 구박을 받아야 하다니…….'

소진은 우물에서 물을 퍼서 배를 채우고 다락방에 올라가 누웠다. 그러나 배가 고파 잠이 오지 않았다. 그는 눈물을 흘리며 자신의 비루한 신세를 한탄했다.

"어머님과 형님들이 잠드셨어요. 아까는 눈치를 보느라고 구박을 했으나 지금은 모두 잠드셨으니 방으로 내려오세요. 밥을 차렸어요."

아내가 소진을 데리러 다락방으로 살금살금 올라온 것은 밤이 깊었을 때였다.

'아, 그래도 나를 생각하는 것은 아내밖에 없구나.'

소진은 눈물을 흘리며 아내를 따라 방으로 내려가 허겁지겁 밥을 먹었다. 아내가 그런 소진을 보고 혀를 찼다.

"도대체 얼마나 굶었기에 이렇게 드시는 것입니까?"

소진의 아내가 치맛자락으로 눈물을 찍으면서 울었다.

"당신이니까 하는 말이지만 먹는 날보다 굶주리는 날이 많았소. 십

떠나면 고생이라는데, 그 말이 맞소."

소진이 면구스러운 표정으로 대답했다.

"우리 주나라 사람들은 농업과 상업에 종사하면서 2할의 이익을 내기 위해 진력하는데 당신은 입이나 혀로 이익을 얻으려 하니 곤궁한 것은 당연한 일이지요. 이제라도 농사를 지으면 굶지는 않을 거예요."

"나에게 천하를 농락할 지혜가 있는데 어찌 농사를 짓고 있겠소?"

"혀로 일어난 사람은 혀로 망한다는 말도 있어요."

소진의 아내가 한심하다는 듯 혀를 찼다. 소진은 아내조차 자신을 믿어주지 않는다는 사실에 더욱 마음이 아팠다.

"사람들은 유세학을 잘못 알고 있소. 유세학에 대해 마치 세 치 혓바닥을 놀려 출세하는 것으로 알고 있는데, 사실은 치국책을 말로 설명하는 것이오. 훌륭한 책략으로 치국을 하고 외교를 잘하여 외환이 없게 하는 것이오. 내가 출세를 하여 반드시 당신에게 부귀를 누리게 해주리다."

"당신이 이렇게 곤궁한 처지에 있으면서도 뜻을 꺾지 않으니 장부라고 할 만하군요. 그렇다면 이를 악물고 해보세요."

소진은 아내의 격려에 힘입어 강태공이 남긴 《음부경陰府經》을 다시 공부하기 시작했다. 강태공의 《음부경》은 전설의 책으로, 훗날 한고조를 도와 천하를 통일한 장량도 이를 공부하여 천하제일의 책사가 되었다.

소진은 무섭게 공부에 전념했다. 방문을 닫아걸고 측간에 갈 때 외에는 한 말자국노 바깥출입을 하시 않았나. 졸음이

오면 송곳으로 허벅지를 찌르고 눈이 감기면 여뀌풀로 눈을 찔렀다. 그는 혹독하게 자신을 단련했다. 이렇게 수년 동안 형설지공螢雪之功을 쌓자 마침내《음부경》의 오묘한 뜻을 깨달을 수 있었다.

'하하하! 이제야말로 나는 천하를 눈 아래 두게 되었구나!'

소진은 만족하여 크게 웃었다.

기회는 기다리는 것이 아니라 내 스스로 만드는 것이다

소진은 아내와 작별하고 다시 북쪽의 연나라를 향해 걸음을 떼어놓았다. 전국시대 일곱 나라를 면밀하게 살피자 문공이 다스리는 연나라가 자신을 발탁할 가능성이 많았기 때문이다. 중원의 북쪽에 위치한 연나라는 중원에 그다지 관심을 기울이지 않았지만, 변법을 실시한 진나라가 강성해지면서 연나라에게도 땅을 떼어 바치라고 협박을 하고 있었다.

"나는 연나라를 강하게 만들 비책을 갖고 있소. 나를 문공에게 천거해주시오."

소진은 여관에 든 뒤 연나라 대부들에게 부탁했다. 그러나 연나라 대부들은 주나라 낙양에서 온 소진을 하찮은 인물로 생각했다. 그들은 유세객을 세 치 혓바닥이나 놀려 출세하려는 자들로 생각했고, 소진이 발탁되면 자신들의 자리가 위태로워질까봐 일부러 천거하지 않았다. 소진은 연나라에서 1년 동안이나 머물면서 문공을 만나려 했으나 좀처럼 기회가 오지 않았다. 그러는 동안 노자가 모두 떨어졌고, 밥값마저 없어서 끼니를 거르는 곤궁한 처지가 되었다.

'천하를 경영할 만한 재주를 갖고 있어도 쓰일 데가 없으면 무슨 소용이랴. 나는 흙속에 묻혀 있는 진주로다.'

소진이 울적하여 거리를 걷고 있는데 문득 떠들썩한 소리가 들리면서 사냥을 나가는 문공의 행차가 가까이 다가왔다.

'기회가 오기를 마냥 기다릴 수는 없다. 기회는 내가 만들어야 한다.'

소진은 비장하게 입술을 깨물고 문공의 수레 앞으로 달려갔다.

"뭐 하는 놈이냐?"

군사들이 우르르 달려들어 소진을 베려고 했다.

"대왕을 뵙고 싶소. 대왕께 아뢸 말씀이 있소."

소진은 수레 앞에 꿇어 엎드려 큰 소리로 외쳤다.

문공이 수레에서 내려 소진에게 다가왔다.

"그대는 누구인가?"

문공이 허름한 옷차림의 소진을 보고 눈살을 찌푸리면서 물었다.

"대왕께 아룁니다. 신은 주나라 낙양 사람으로 소진이라고 합니다. 귀곡자 선생에게 수학하여 세상에 나왔으나 대왕을 만날 길이 없어 행렬 앞으로 뛰어들게 되었습니다."

소진이 공손히 절을 하고 아뢰었다.

문공은 깜짝 놀라고, 뒤에 서 있던 연나라 대부들이 일제히 웅성거렸다.

"그대가 소진 선생이오? 지난날 진나라 혜문왕에게 10만여 자에 이르는 방대한 저술을 올렸다는 말을 들었소. 나는 선생의 이름을 오래전에 듣고 한번 만날 기회가 있기를 간절히 바랐는데, 이렇게 만나게 되다니 하늘이 돕는 것 같소. 나와 같이 궁으로 들어가서 이야기를 나눕시다."

진나라에 대항하기 위한 합종설을 펼치다

문공은 사냥을 취소하고 소진을 수레에 태워 대궐로 돌아왔다. 그리고 소진을 상석에 앉히고 차를 대접하면서 정중하게 말했다.

"고명한 선생을 모시게 되어 영광입니다. 부디 우리 연나라에 머물면서 많은 가르침을 주시오."

"대왕께서 이렇게 정중하시니 몸 둘 바를 모르겠습니다. 지금 진나라가 땅을 요구하고 있지 않습니까?"

소진이 감격하여 절을 올리고 물었다.

"그렇소. 진나라는 강대해져 우리나라에게도 땅을 떼어달라고 요구하고 있소. 땅을 떼어주지 않으면 침략해 올 텐데 방도가 없겠소?"

"어찌 방도가 없겠습니까? 연나라는 동쪽으로 조선과 요동이 있고, 북에는 임호와 누번이라는 호국(胡國)이 있고, 서쪽으로는 운중과 구원이 있고, 남쪽으로는 호타수와 역수라는 강이 있습니다. 국토는 사방 2천 리에 이르고 수십만 명의 군사가 있습니다. 또한 6백 승의 병거와 6천 필의 훌륭한 군마를 가지고 있습니다. 중원의 여러 나라와 비교할 때 연나라의 국세는 절반에도 미치지 못합니다. 그런데도 연나라는 수백 년 동안 전쟁의 피해를 입지 않았고 침략을 당한 일도 없습니다. 그 이유가 무엇인지 알고 계십니까?"

소진이 도도하게 열변을 토하자 문공이 의아한 표정을 지었다. 문공의 뒤에 앉아 있던 대부들도 고개를 갸우뚱했다.

"과인은 그 까닭을 잘 모르오. 선생께서 고견을 말씀해주시면 귀를 씻고 듣겠소."

"그 이치는 다음과 같습니다. 연나라가 외국으로부터 침략을 당하지 않은 것은 남쪽에서 조나라가 다른 나라들의 침략을 막아주고 있기 때문입니다. 진과 조가 다섯 차례나 싸워 진이 두 번 이기고 조가 세 번 이겼으나 양쪽 다 그 전쟁으로 막대한 손실을 입었습니다. 그러나 연나라는 아무런 피해도 입지 않았습니다. 지금은 오히려 배후에서 이들 두 나라를 압박하고 있는 실정입니다. 그런데 진나라가 강한 나라라는 말만 듣고 무서워 떨면서 땅을 떼어주려고 하고 있습니다."

"선생의 말씀이 옳소. 그러나 땅을 떼어주지 않았다가 강대한 진나라가 침략할까봐 걱정하는 것이오. 진나라가 침략해 오지 않는다면 어찌 땅을 떼어주겠소?"

"진나라가 연나라를 침략하려면 운중과 구원을 지나고 대곡과 상곡을 넘어와야 합니다. 군사들이 군량과 마초를 싣고 수천 리를 지나와야 겨우 연나라에 이를 수 있는 것입니다. 설사 진나라가 백만 대군을 이끌고 연나라의 도읍을 함락한다고 해도 너무나 멀어서 오랫동안 다스릴 수는 없습니다. 하지만 조가 연을 친다면 열흘이 못 되어 수십만 군대가 역수를 건너 연에 이르게 됩니다. 그런데 대왕께서는 천 리 밖의 일을 근심하고 백 리 밖의 일을 근심하지 않으면서 조나라와 손을 잡지 않고 진나라의 협박에 굴복하여 땅을 떼어주려 하고 계십니다. 이는 스스로 멸망하려고 하는 것입니다."

"그러면 어찌하는 것이 좋겠소?"

"합종合從을 해야 합니다."

"합종이 무엇이오?"

"연, 조, 한, 위, 제, 초의 6국이 북에서 남으로 동맹을 맺어 서쪽의 진나라를 막는 것입니다. 6국이 합세하면 천하의 강국인 진나라도 결코 방심할 수 없을 것입니다. 그러니 연나라가 주축이 되어 합종을 하면 진을 얼마든지 방어할 수 있습니다. 대왕께서 허락하시면 신이 5국을 순회하여 합종을 성사시키겠습니다."

"아, 선생의 제안은 참으로 훌륭합니다. 선생은 반드시 합종을 성사시켜 우리 연나라 백성이 안심하고 살아갈 수 있게 해주시오."

문공은 소진을 즉시 재상에 임명하고 많은 황금과 수레를 하사했다.

수레를 타고 고향에 들르다

귀곡에서 하산한 지 수년 만에 연나라 재상이 된 소진은 다섯 나라를 방문하여 유세하는 데 성공했다. 다섯 나라 제후들이 모두 소진을 후대하고 황금과 수레를 하사했기 때문에 초나라에서 조나라로 돌아오는 소진의 행렬은 제후들의 행차보다 더 화려하고 엄중했다. 수레의 행렬이 20리나 뻗치고 주악 소리가 수십 리 밖에서도 들릴 정도였다. 소진의 행렬이 낙양을 지날 때는 주나라 현왕이 교외까지 나와서 영접을 하고 사람들을 시켜 길을 쓸게 하는가 하면 교외에 장막을 세우게 하기도 했다.

낙양에 살고 있던 소진의 식구도 일제히 구경을 나왔다. 그들은 소진의 어마어마한 행차가 이르자 모두 무릎을 꿇고 절을 했다. 소진의 아내와 형수는 감히 얼굴조차 들지 못했다.

'우리 가족이 나왔구나.'

소진은 수레 위에서 가족의 모습을 발견하고 반가운 마음이 들었다. 그는 수레를 세우게 하고 얼굴조차 들지 못하는 형수를 내려다보았다.

"형수는 어찌하여 시동생에게 고개를 들지 못하오? 지난날에는 밥도 해주지 않고 냉대를 하다가 오늘은 이토록 공경하니 영문을 모르겠구려."

소진이 형수에게 웃으며 말했다.

"시동생이라고 해도 지난날에는 곤궁했으나 지금은 관직이 높고 부귀하여 황금이 많으니 공경하지 않을 수 없습니다."

소진의 형수가 대답했다.

'나는 빈천할 때나 부귀할 때나 똑같이 한 사람인데 사람들이 이렇게 대하는구나. 부귀하면 일가친척도 두려워하여 공경하고 빈천하면 일가친척도 업신여기니 세상인심이 어떤 것인지 알겠다.'

소진은 깊이 탄식했다. 그는 일가친척을 수레에 태워 집으로 갔다. 그리고 고향에 수많은 황금을 뿌려서 대궐 못지않은 집을 지어 일족을 모여 살게 한 뒤에 연나라로 돌아갔다.

소진이 전국시대 6국의 동맹을 성사시켜 진나라에 대항한 것을 합종이라 하고, 장의가 강국인 진나라로 하여금 다른 나라와 개별적으로 동맹을 맺게 하여 합종을 깬 것을 연횡이라고 한다. 이를 합쳐 합종연횡이라고 하는데, 오늘날에도 정치권에서는 이 합종연횡이 쉴 새 없이 이루어지고 있는 것을 볼 수 있다.

치열한 정치외교 싸움의 본보기,
합종연횡合從連衡

정치·사회·외교 등 각 분야에서 각자 자기 이익에 따라 이리저
리 붙는 모습을 나타내는 합종연횡은 전국시대 중엽 소진과 장의
에 의해서 시작되었다. 소진이 주장한 합종책은 연·제·조·
위·한·초 등 연나라에서 초나라에 이르는 남북선상南北線上의 동
방 6국을 연합시켜 공동으로 서쪽의 진나라에 대항하자는 것이었
고, 이로써 당시 강대국이던 진나라는 15년 동안 감히 6국을 넘보
지 못했다. 연횡책의 대표 인물은 장의이고, 동방의 6국 중 어느 한
나라를 진나라와 연합시켜 다른 나라를 공격하는 것을 그 내용으
로 한다. 장의의 유세로 6국은 연횡책에 넘어갔지만, 장의의 처지
가 불리해지자 연횡책을 깨고 다시 합종책으로 돌아갔다.

학문에 정진함을 나타내는
손경과 소진의 고사, 현량자고懸梁刺股

'머리카락을 대들보에 묶고, 허벅지를 송곳으로 찌른다'는 뜻으
로, 잠을 잊고 분발하여 학문에 정진하는 것을 비유한 말이다. 한
漢나라의 손경과 유세객 소진 두 사람의 일화에서 유래되었다.
'현량'은 손경의 공부법에서 비롯되었는데, 그는 새끼줄로 머리
카락을 묶어 대들보에 매달고 책을 읽다가 졸음이 오면 새끼줄이
팽팽해지면서 머리카락을 잡아당기게 하여 잠을 쫓았다고 한다.
'자고'는 소진이 공부할 때 잠을 쫓기 위해 송곳으로 허벅지를 찔
렀다는 일화에서 유래한다.

나보다 더 뛰어난 명의는 없다

'죽은 사람도 일어나게 한' 전설의 명의, 편작

> **편작**(扁鵲)
> 중국 고대의 전설적인 명의名醫. 죽었던 괵나라 태자를 되살렸다는 일화로 유명하며, 현재
> 전해오는 편작의 전기는 여러 명의의 일화가 합쳐진 것으로 여겨진다. 보고 듣고 묻고 맥
> 을 짚는 진찰법인 사진법四診法을 발명하였으며, 편자돌침, 침구침과 뜸, 안마, 탕액탕약, 열
> 위약물로 환부를 문지름 등의 치료법을 썼다. 진나라 태의령 이혜의 시기로 암살되었다.

예부터 중국 의술은 《황제내경黃帝內經》에서 시작되었다 하며, 한의학
의 시조는 신의神醫로 불린 편작을 꼽는 데 주저함이 없었다. 중국 역
사상 의성醫聖으로 불린 인물로는 편작과 화타가 있다. 편작과 화타가
의성이라 불린 까닭은 그들이 단순히 명의라서가 아니라 치병제중治病
濟衆, 즉 병을 다스리고 중생을 구원한 의원들이었기 때문이다. 〈사기
열전〉에는 '창공편작 편'에 편작 이야기가 자세히 기술되어 있다.

장상군에게 의술을 전수받다

편작은 준주시대에 활약한 의원으로, 성명은 진월인秦越人이나. 여관

에서 사환으로 있을 때 신비한 노인 장상군에게 금방禁方, 함부로 남에게 전하지 않는 약방문의 구전과 비서를 전수받았다고 한다.

"나는 예로부터 전해져 내려오는 황제의 의서를 가지고 있다.《황제내경》에는 얼굴에 나타나는 다섯 가지 색깔을 보고 질병을 진단하는 오색진법부터 맥서 등에 이르기까지 병을 치료하는 수많은 기서가 있다. 이 기서에 통달하면 병자가 죽을지 살지 예측할 수 있다. 본초本草, 한의약에서 다루는 약재도 자세히 언급하고 있는 바, 이 비전의 의서를 습득하면 천하의 명의가 될 수 있다."

하루는 장상군이 편작을 불러놓고 조용히 말했다. 그는 여관에 머물면서 편작이 훌륭한 의원이 될 자질이 있다고 판단하여 자신의 의술을 전수하기로 결정했던 것이다.

편작은 장상군에게 《맥서脈書》,《상경上經》과《하경下經》,《오색진五色診》,《기해술奇咳術》,《규도음양외변揆度陰陽外變》,《약론藥論》,《석신石神》,《접음양接陰陽》 등 아홉 권의 책을 받았다.

이들 가운데 《맥서》는 《황제내경》에 포함되어 있는 비서로, 인체의 맥을 자세하게 기술해놓은 책이었다. 장상군은 이 책을 교재로 편작에게 맥을 잡는 법부터 진맥하는 방법까지 맥법에 관한 모든 것을 일일이 가르쳤다.

"《상경》과《하경》은 고대의 의학서다.《상경》은 인체와 자연의 관계를 논한 책이고,《하경》은 질병의 변화를 논한 책이다. 이 책들을 수없이 읽고 또 읽어 백성의 병을 치료해야 한다."

"예."

"《오색진》은《황제내경》의 소문과 영추에 기록되어 있는데, 주로 얼굴의 안색으로 병을 진찰하는 법이다. 또《약론》은 약으로 쓰이는 본초를 기술한 책으로, 자연에는 우리 몸을 치료하는 약이 수없이 많다. 본초는 주로 초근목피를 말하지만, 동물이나 광물에서도 재료를 구할 수 있다."

장상군은 편작을 데리고 다니면서 일일이 약초에 대해서 알려주었다.

"도라지는 거담, 편도선염, 최유, 진해, 화농성 종기, 천식 및 폐결핵의 거담제로 쓰인다. 질경이는 어디에 쓰이는지 아느냐?"

"예. 신장, 방광, 요도에 병이 있을 때 씁니다."

편작이 대답했다.

"기해술은 어디에 쓰이느냐?"

"병자가 내는 소리를 듣고 진찰하는 것입니다."

"규도음양외변은 무엇이냐?"

"겉으로 드러나는 변화를 관찰하여 체내의 음양성쇠를 헤아리는 것입니다."

"석신은?"

"석신은 침과 뜸을 말합니다."

"똑같은 병이라고 해도 환자마다 그 원인과 양상은 다르다. 그러므로 좋은 의원이 되려면 진찰을 잘해야 하고 환자에 맞는 약을 써야 한다. 특히 환자에 맞는 약을 만들어내는 일이 중요하니 항상 연구하고 시험해야 한다."

장상군은 편작에게 의술을 전수하고 홀연히 떠났다. 이후 편작은 의술에 평생을 바쳤다. 그는 환자가 있는 곳이면 어디든 찾아갔으며, 한가할 때는 약초를 캐러 다니면서 본초를 연구했다.

죽었던 괵나라 태자를 살리다

편작은 천하를 떠돌면서 환자들을 치료하다가 조나라의 수도인 한단에 이르렀는데, 그곳의 많은 부인들이 병을 앓고 있었다.

'이 나라의 부인들이 음란하여 화류병이 생긴 것이다.'

편작은 조나라에서 여자들이 남자와 자유롭게 잠자리를 하는 풍습을 보고 부인병의 원인을 알아냈다. 그는 병원을 열고 부인병을 앓는 부인들을 치료했으며, 조나라 의원들도 편작에게 그 치료법을 배워 갔다.

'이제 여기는 내가 없어도 되겠구나.'

편작은 조나라를 떠나 다시 여행을 하기 시작했다. 그가 주나라의 낙양에 이르자 이번에는 노인들이 귀와 눈 때문에 고생을 하고 있었다. 편작은 노인들의 눈이 나빠지는 원인을 찾기 시작했다. 모든 병은 원인을 알아야 치료할 수 있기 때문이다.

'낙양은 물이 좋지 않아서 눈에 질병이 많이 생기는구나.'

편작은 이번에도 노인들의 눈을 전문적으로 치료하는 병원을 열었다. 노인들에게 더러운 냇물을 먹지 못하게 하고, 우물물도 바로 떠서 먹지 말고 물속에 섞여 있는 물질이 침전된 뒤에 마시게 했다. 그는 눈을 맑게 하고 귀를 밝게 하는 약을 연구하여 낙양의 의원들에게 가르친 뒤에 정나라로 떠났다.

정나라에는 속병을 앓는 환자들이 많았다. 이곳 남녀들은 하나같이 술을 좋아하여 매일 술을 마신 탓에 위장병이 생긴 것이다.

제나라에 이르자 사람들이 피부병을 앓고 있었다. 바다와 강이 가까운 제나라는 공기가 습하고 습지의 벌레들이 많아 피부병이 자주 발생하고 있었다. 제나라 사람들의 피부병을 치료한 편작은 황하 북쪽에 있는 작은 나라인 괵으로 떠났다.

편작이 제자들을 거느리고 괵나라 도성에 이르자 태자가 죽었다면서 사람들이 슬퍼하고 있었다. 편작은 태자가 여자들을 지나치게 좋아하여 갑자기 죽었다는 말을 듣고 의아하게 생각했다.

"태자는 언제 죽었습니까?"

편작이 도성의 백성에게 물었다.

"오늘 아침에 죽었습니다."

"태자를 치료한 의관은 누구입니까?"

"중서자中庶子 범괴范魁라고 합니다."

편작은 대궐 문에 가서 중서자 범괴의 면회를 청했다. 궁문을 지키는 군사들은 편작이 왔다고 하자 범괴를 데리고 왔다.

"저는 편작이라는 의원입니다. 태자께서는 무슨 병에 걸리셨습니까?"

편작이 범괴에게 물었다.

"그대는 어찌하여 그것을 묻소?"

"저는 제나라 막읍 사람인데 의술을 조금 배웠습니다. 우연히 괵나라를 지나가다가 태자께서 병이 드셨다는 말을 들었습니다."

"우리 태자께서는 오늘 새벽닭이 울 때 운명하셨습니다."

범괴가 침통한 표정으로 대답했다.

"그러면 아직 입관은 안 했겠군요?"

"어떻게 벌써 입관을 하겠습니까? 돌아가신 지 반나절도 채 되지 않았습니다."

"저는 의술을 배워 환자들을 치료하기 위해 천하를 주유하고 있습니다. 의술은 보잘것없지만 기회를 주신다면 태자를 살려낼 수 있을 것 같습니다."

"선생의 의술이 얼마나 고명한지는 모르겠으나 어떻게 이미 돌아가신 태자를 살려낼 수 있겠습니까? 그런 의술을 가진 사람은 지금까지 한 명밖에 없었습니다. 옛날에 유부愈跗라는 훌륭한 의원이 있었는데, 그 의원은 병을 고칠 때 탕액湯液, 예쇄醴灑, 단술, 돌침, 도인導引, 안올按扤, 안마, 독위毒熨, 바르는 약를 사용하지 않고 옷을 한 번 풀어헤쳐 살펴보는 것만으로 병의 징후를 알았다고 했습니다. 유부는 이렇게 진찰한 뒤에 오장五臟에 있는 수혈腧穴의 상태에 따라 피부를 가르고 살을 열어 막힌 맥을 통하게 하고, 끊어진 힘줄을 잇고, 척수와 뇌수를 누르고, 고황과 횡격막을 바로하고, 장과 위를 씻어내어 치료했다고 합니다. 선생께서 이와 같은 경지에 이르렀다면 태자를 살릴 수 있겠지요."

범괴는 편작을 비웃듯이 말했다. 자신의 의학 상식을 자랑하고 있는 것 같기도 했다.

"중서자께서 말하는 의술은 가느다란 관을 통해서 하늘을 보고 좁은 문틈으로 세상을 보는 것이나 다름없습니다. 물론 유부는 훌륭한 의원입니다. 저는 병자의 맥을 짚어보거나 기색을 살펴보고 목소리를 들어보거나 몸의 상태를 살펴보지 않아도 병이 어디에 있는지 알 수 있습니다. 양에 관한 증상을 음에 관한 증상으로 미루어 알 수 있고, 음에 관한 증상을 양에 관한 증상으로 살필 수 있습니다. 중서자께서 내 말을 믿을 수 없다면 시험 삼아 태자에게 가서 살펴보십시오. 태자의 귓속에서 소리가 나고 간혹 코가 벌름거릴 때도 있을 것입니다. 태자의 다리를 더듬어 올라가 음부에 이르면 아직도 온기가

남아 있을 것입니다."

범괴는 황급히 태자에게 달려가 증세를 살폈다. 과연 편작이 말한 대로 태자의 귓속에서 소리가 나고 음부에 온기가 남아 있었다.

'이 사람이 정말 훌륭한 의원이구나.'

중서자는 편작을 태자의 방으로 안내했다. 태자는 20세가 갓 넘어 보였으나 낯빛이 창백했다. 편작은 오랫동안 태자를 진맥한 뒤에 고개를 끄덕거렸다.

"태자의 병은 시궐^{尸厥}이라고 합니다."

편작이 괵나라 임금을 향해 말했다.

"시궐은 어떤 병이오? 태자가 살아 있기는 합니까?"

괵나라 임금이 편작에게 물었다.

"시궐은 대개 양기가 음기 속으로 흘러 내려가 위를 움직이고 경맥과 낙맥을 막히게 하고 상초^{上焦}, 중초^{中焦}, 하초^{下焦}에 이어 방광으로 흘러 내려가는 것입니다. 그리하여 양맥은 아래로 내려가고 음맥은 위로 올라가지만 발양^{發陽}하지 못합니다. 위에는 양기가 끊어져 낙맥이 있고 아래는 음기가 끊어져 근뉴^{筋紐}가 있는 것입니다. 음기가 파괴되고 양기가 단절되어 혈색이 없어지고 맥이 어지러워져 몸이 죽은 것처럼 움직이지 못하게 된 것입니다."

편작이 시궐에 대해서 설명하자, 중서자 범괴와 괵나라 임금은 감탄한 표정을 지었다.

"태자께서는 아직 죽지 않았습니다. 양기가 음기로 들어가 오장을 누르는 자는 살고 음기가 양기로 들어가 오장을 누르는 자는 죽습니다. 대체로 이러한 일은 오장의 기가 몸속에서 역상^{逆上}할 때 돌연히 일어나는 것입니다. 명의^{名醫}는 이러한 설을 취하지만 용의^{庸醫}는 의심하여 믿지 않습니다."

곽나라 임금은 감탄하여 속히 태자를 치료해줄 것을 편작에게 부탁했다.

편작은 제자 자양에게 지석砥石, 침을 갈게 한 뒤 태자의 몸에 있는 삼양三陽과 오회五會를 차례로 찔렀다. 삼양은 손과 발에 있는 혈이고, 오회는 오장으로 통하는 혈을 말한다. 잠시 시간이 흘렀다. 방 안에 무거운 침묵이 감돌았다. 지석은 삼양과 오회에 그대로 꽂혀 있었다. 이내 태자의 눈썹이 먼저 꿈틀거리자 중서자 범괴를 비롯해 방 안에 있던 사람들이 웅성거리기 시작했다.

편작은 오회의 침부터 하나씩 거두었다. 그러자 태자는 경기를 하듯이 움찔움찔 몸을 떨었다.

"살아나고 있습니다. 태자께서 소생하고 계십니다."

중서자 범괴가 소리를 지르고, 곽나라 임금은 눈물을 흘렸다.

얼마나 시간이 흘렀을까? 드디어 태자의 의식이 돌아왔다.

편작은 제자 자표에게 위慰, 고약의 종류 오푼五分, 절반과 팔감八減, 8가지 약의 약제를 섞어서 태자의 양쪽 겨드랑이에 붙이게 했다. 그리고 또 한나절이 지나자 태자는 거짓말처럼 자리에서 일어났다.

곽나라 임금과 중서자 범괴가 편작에게 절을 했다. 태자도 자신이 죽었다가 살아났다는 말을 듣고 편작에게 공손히 절을 올렸다.

"선생께서 저를 살리셨으니 어찌 감사의 인사를 드려야 할지 모르겠습니다. 죽을 때까지 선생의 은혜를 잊지 않겠습니다."

"은혜라고 하지 않으셔도 됩니다. 의원은 사람을 살리는 것이 본업입니다."

편작이 조용히 대답했다. 그는 곽나라 왕궁에 머물면서 스무 날 봉안 태자에게 탕제를 복용하게 했다.

태자의 병이 완전히 낫자 괵나라 임금이 많은 상금을 주고 벼슬을 하사하려고 했으나 편작은 사양했다. 편작이 태자를 살렸다는 말은 순식간에 괵나라 도읍에 파다하게 퍼졌다.

"편작은 죽은 사람을 살리는 의원이다."

괵나라 사람들이 모두 말했다.

"의원은 죽은 사람을 살리는 것이 아니다. 의원은 스스로 병을 이기려는 의지를 갖고 있는 사람만 일어나게 해줄 수 있다."

전문 병원을 열어 백성을 살리고 의학 발전에 공헌하다

편작이 죽은 사람을 살린다는 소문이 파다하게 퍼지자 그는 황급히 괵나라를 떠나 진秦나라로 향했다.

진나라 함양에서는 어린아이들이 질병을 앓고 있었다. 편작은 다시 함양에 병원을 열고 아이들을 치료하면서 아이들을 위한 약을 만들었다. 편작이 아이들을 치료하자 금세 명의라는 소문이 진나라 전국에 나돌았다. 그러나 진나라의 태의령太醫令 이혜李醯가 편작의 의술을 시기하여 진왕에게 그를 모함하여 죽게 만들고 말았다.

이렇듯 편작은 안타까운 죽음을 맞았으나 부인과, 안과, 소아과, 노인과, 피부과 등 전문 병원을 열고 한방 의학 발전에 많은 공헌을 했다. '나보다 더 뛰어난 명의는 없다.'는 자신감 하나로 '동양의학의 신'이 된 것이다.

편작을 믿지 않아 목숨을 잃은
제나라 환후桓侯

편작의 전설은 죽은 괵나라 태자를 살린 일 말고도 제나라 환후에 대한 일화가 남아 있다. 편작은 제나라를 지나다 궁궐에 들어가 환후를 알현했고 그의 피부에 병이 숨어 있음을 밝혀냈다. 그러나 환후는 병이 없다고 잡아뗐다. 편작이 닷새 후 혈액에 병이 있다며 침석지법으로 고치겠다 했으나 오히려 환후는 병이 없다며 언짢아했다. 다시 닷새 후 편작은 환후의 병이 위와 장에 있다고 했으나 환후는 대답 없이 불쾌해했다. 그리고 또 닷새 후에는 환후를 보자마자 물러났다. 이미 골수에까지 병이 퍼져 있었기 때문이다. 그로부터 닷새 후 제나라 환후는 중병이 들어 사람을 보내 편작을 찾았지만, 편작은 이미 떠난 뒤였다.

기회를 포착하고
내 것으로 만드는 힘

역사상 가장 간 큰 장사꾼, 여불위

> **여불위**(呂不韋)
> 평범한 상인에서 나라의 재산과 권력을 모두 가진 승상이 된 인물. 조나라에 볼모로 잡혀 있던 진나라 공자 자초를 받들어 왕으로 만들었으며, 이미 자신의 아이를 가진 애첩을 자초에게 바쳤다. 진시황이 13세의 어린 나이로 왕위에 오르자 중부仲父로 불리며 왕을 도왔다. 후에 태후 조 씨의 밀통 사건에 연루되어 낙양으로 쫓겨났고, 피살될 것을 두려워해 독주를 마시고 자살했다. 《여씨춘추》를 편찬했다.

춘추전국시대는 권모술수의 시대로, 지략과 책략이 판치고 모략이 국가의 흥망을 좌우했다. 천하를 통일한 진시황도 한 책략가에 의해 기구하게 태어났다. 그는 한낱 장사꾼의 핏줄이었으나, 생부의 지략과 책략으로 강대한 진나라의 왕이 되었고, 중국 최초로 천하를 통일하여 시황제로 불렸다. 그 생부가 바로 조나라의 장사꾼 여불위였다.

한 나라의 대권을 잡으면 얼마의 이익을 얻을까

여불위는 조나라 양적 출신으로 젊어서부터 장사를 하여 거상이 되었다. 그가 하루는 한단의 총대에 갔다가 우연히 조나라에 인질로 와 있던 진나라 소양왕의 손자 이인異人을 보았다. 이인은 공손건과 함께 한 객점에서 식사를 하고 있었다. 옷차림이 화려하고 눈빛이 깊어서 한눈에 귀인임을 알 수 있었다.

'이곳에서 뜻밖에 귀인을 만나는구나. 관상을 보니 부귀를 누릴 사람이다.'

여불위는 장사 일로 공손건과 친분이 있었기 때문에 자리로 찾아가 정중히 인사를 나누었다. 그러자 이인은 먼저 돌아갔다.

"함께 계시던 귀인은 무얼 하시는 분입니까?"

여불위가 차를 마시면서 공손건에게 물었다.

"아직 모르셨소? 우리나라에 와 있는 소양왕의 손자 이인이오."

공손건이 웃으며 대답했다. 여불위가 진나라 왕손이 무엇 때문에 조나라에 와 있는지 묻자, 공손건은 그가 인질이라고 대답해주었다.

진나라와 조나라가 면지에서 회견정상회담을 했을 때 인상여가 맹렬하게 활약하는 것을 보고 감탄한 진의 소양왕은 조나라와 친선을 돈독히 하기 위해 이인을 인질로 보냈다. 그러나 인상여와 염파가 죽자 진나라는 기다렸다는 듯이 조나라를 침략했다. 조의 효성왕은 진나라가 신의 없음을 탓하며 이인을 죽이려고 했으나 대신들이 만류하여 총대에 집을 주고 공손건에게 감시를 맡겼다. 하지만 여러 해가 지난 지금 이인은 비록 왕손이나 불우한 세월을 보내고 있었다.

"인품은 훌륭한 분인데 조와 진이 원수처럼 지내는 바람에 돌아가지 못하고 있습니다."

여불위는 공손건에게 왕손 이인에 대해서 자세히 들을 수 있었다. 이인은 진나라 태자 안국군의 아들이었다. 안국군은 성비인 화양부인에게 소생을 얻지 못했으나 후궁들에게서는 20여 명의 아들을 낳았다. 이인도 하희라는 후궁에게서 태어난 왕손이었는데, 하희는 이인을 낳은 뒤에 바로 죽었다.

'진소양왕이 죽으면 태자인 안국군이 왕이 되겠지. 태자비에게서는 아들이 없으니 후궁이 낳은 아들 중에 하나를 태자로 삼을 것이다.'

여불위는 이인의 앞날을 깊이 생각해보았다. 진나라는 욱일승천의 기세로 주변 여러 나라를 공격하여 가장 강대해져 있었으므로 이인이 진나라 왕이 된다면 천하를 좌우할 수 있다는 생각이 들었다.

"아버님께 여쭐 말씀이 있어서 왔습니다."

여불위는 아버지를 찾아가 절을 했다.

"무슨 일이냐?"

"아버님, 농사를 지으면 몇 배의 이익을 얻을 수 있습니까?"

"열 배의 이익을 본다."

"그러면 옥이나 금 같은 귀금속 장사를 하면 얼마의 이익을 얻을 수 있습니까?"

"백 배의 이익을 얻을 수 있다."

"만약 한 나라의 대권을 잡으면 얼마의 이익을 얻을 수 있습니까?"

"세상에서 가장 큰 장사가 권력을 얻는 것이다. 하기에 따라서 천만 배의 이익을 얻을 수도 있을 것이다."

"저도 그렇게 생각합니다. 저는 이제 천하를 다스릴 사람과 거래를 하겠습니다. 아무래도 천금을 써야 할 것 같습니다."

"큰 뜻을 품었으면 반드시 이루도록 하라. 집안의 장사는 내가 맡겠다."

여불위의 아버지가 말했다.

왕손을 진나라 태자로 만들기 위해 공작을 펼치다

아버지의 허락을 받은 여불위는 원대한 계획을 세우고 실천에 들어 갔다. 공손건을 자주 찾아가서 교분을 나누고 이인과도 친하게 지냈다. 여불위가 공손건과 이인을 만날 때마다 예의를 다하여 받들고 많은 선물을 했기 때문에 그들은 여불위를 은인처럼 생각했다.

"저는 그대의 문호^{門戶, 집}를 크게 일으키는 데 신명을 바치려고 합니다. 어떻게 생각하십니까?"

하루는 여불위가 웃으면서 이인의 의중을 떠보았다.

"하하하! 우선 당신의 문호를 일으킨 뒤에 나의 문호를 일으키는 것이 어떻겠소?"

이인은 장사꾼이 자신을 위해 목숨을 바치겠다고 하자 대수롭지 않게 생각했다. 네 일부터 잘하라고 가볍게 밀어낸 것이다.

"저는 장사꾼입니다. 반드시 이익이 남지 않으면 장사를 하지 않습니다. 저희 집 문호는 왕손의 문호를 크게 일으켜야 비로소 넓힐 수 있습니다."

여불위가 정색을 하고 말했다.

"그대가 과연 나의 문호를 넓힐 수 있겠소?"

"사람이 뜻을 세우면 못할 일이 없습니다. 저는 지금부터 왕손을 진나라로 귀국시키고 진나라의 태자가 되도록 공작을 하겠습니다."

"내가 진나라 왕이 된다면 나라의 반이라도 그대에게 드리겠소."

이인이 벌떡 일어나서 여불위에게 넙죽 절을 하고 말했다.

"약조를 잊지 않으시기 바랍니다."

여불위는 웃으며 황금 5백 금을 이인에게 내놓았다. 그리고 거리에 나가서 진기한 보물을 사들인 뒤에 수레에 싣고 진나라 함양으로 갔다. 그는 태자의 정비인 화양부인을 만날 수가 없어서 화양부인의 언니 집을 찾아가 뇌물로 하녀들을 매수한 뒤에 은밀하게 화양부인에게 선물을 전하고 싶다고 청했다. 하녀들은 여불위의 선물을 화양부인의 언니에게 전했고, 화양부인의 언니는 여불위를 화양부인에게 소개했다.

"저는 조나라 공관에서 왕손을 가까이 모시고 있는 사인舍人입니다. 왕손께서는 일찍이 생모가 돌아가셨기 때문에 화양부인을 생모처럼 그리워하고 계십니다. 어릴 때 화양부인께서 불러서 무릎에 앉히고 머리를 쓰다듬어주신 일이 있다고 하는데, 그 일을 지금껏 기억하시고 오로지 화양부인께 효를 바치고 싶어하십니다."

여불위가 화양부인에게 공손하게 절을 하고 말했다.

"저런…… 생모가 일찍 죽었으니 나를 어머니처럼 따르는 것도 당연하지. 그래, 왕손은 어찌 지내고 있소?"

화양부인이 측은해하면서 물었다.

"볼모로 지내는 처지라 곤궁하기 짝이 없습니다. 또 진나라와 조나라가 자주 전쟁을 하는 탓에 조나라에서는 왕손을 죽이려고까지 했습니다. 조나라의 이름 높은 빈객들이 충간해서 겨우 살아 있다고 할 수 있습니다."

여불위가 울면서 말했다.

"쯧쯧, 그랬구려. 그런데 조나라 빈객들이 어찌하여 우리 진나라의 왕손을 보호하려 하오?"

"왕손의 효성이 지극하기 때문입니다. 예로부터 어진 사람은 효로써 그 행실을 알 수 있다고 했는데, 왕손께서 화양부인을 사모하고 그리워하는 것은 친자식의 마음을 능가합니다. 조나라 대신들이 그 점을 모두 알고 있어서 감히 현자를 죽이지 못하는 것입니다."

"왕손의 효성이 참으로 지극하구나."

"왕손은 외국에 볼모로 있는 몸이라 고국에 돌아와 화양부인에게 효성을 바칠 길이 없다고 탄식을 하다가 저에게 말하시기를, 화양부인을 찾아가 이러한 사정을 아뢰고 선물을 전해달라고 부탁했습니다. 이 옥함에 마련한 선물은 왕손이 화양부인을 그리워하면서 하나씩 준비한 것입니다. 이제 옥함이 가득 차자 저에게 전하라 했습니다."

여불위는 화양부인에게 바치는 선물과 서찰을 내놓았다.

화양부인은 기뻐하면서 서찰을 읽었다. 왕손 이인이 보냈다는 서찰 역시 화양부인을 사모하는 효성이 구구절절 배어 있었다. 화양부인의 아름다운 눈에서 눈물이 방울방울 굴러 떨어졌다.

"내가 왕손 이인을 무릎에 앉힌 것을 기억하다니, 놀랍기 그지없다."

옥부에 이인을 후계자로 삼는다는 맹서를 새기다

여불위는 그날부터 두 달에 한 번씩 진나라와 조나라를 왕래하면서 왕손 이인의 선물과 서찰을 전했다. 그렇게 몇 년이 흐르자 화양부인은 주렴도 치지 않고 여불위를 만나게 되었다.

"송구스러운 말씀이나 화양부인께서는 슬하에 자녀를 몇이나 두셨습니까?"

하루는 여불위가 화양부인에게 물었다.

"나는 태자마마의 총애를 받고 있으나 불행히 자녀를 누지 못했소.

"그러하오면 소인이 죽을 각오를 하고 말씀을 올리겠습니다. 예로부터 화무십일홍이요, 월만즉휴라 하여 열흘 붉은 꽃이 없고 달도 차면 기운다고 했습니다. 화양부인은 지금 태자마마의 총애를 받고 계십니다. 그러나 총애가 언제까지 계속될지 알 수 없으니 후사를 생각하셔야 합니다. 기왕 화양부인께서 아들을 생산하시기 어렵다면 후궁들의 여러 아들 중에서 가장 총명하고 효성이 지극한 아들을 골라서 양자로 삼으셔야 합니다. 이제 진왕께서는 연로하시어 조만간 태자께서 왕위를 계승하실 것입니다. 이때 후궁의 소생들 중 한 왕손이 태자로 책봉될 터인데, 그렇게 되면 화양부인의 자리도 위태로워지지 않겠습니까?"

여불위의 말에 화양부인의 안색이 변했다.

"나도 항상 그 점을 걱정하고 있었소. 그래, 무슨 계책이 없겠소?"

"왕손 이인은 화양부인을 남달리 사모하고 효성이 뛰어납니다. 화양부인께 효성이 지극한 이인을 양자로 삼으면 이인이 태자가 될 테고, 이인이 왕위에 오르면 화양부인께서는 태후가 되십니다. 그러면 화양부인의 부귀도 영원무궁하게 이어질 것입니다."

"참으로 현명한 계책이오."

화양부인은 무릎을 치고 감탄했다.

여불위가 돌아가자 화양부인은 태자 안국군을 찾아갔다.

"첩은 오랫동안 태자마마를 섬겨왔으나 불행하게도 소생이 없습니다. 이는 죽어 마땅한 대죄입니다. 당연히 정실의 자리에서 물러나야 할 것이니 태자마마께서는 첩을 궁 밖으로 내치십시오."

화양부인이 서럽게 울면서 말했다.

"내가 부인을 사랑하는데 어찌 내치라는 말이오?"

"자식이 없는 첩이 정실의 자리에 있는 것이 바늘방석입니다. 태자마마께서 정녕 첩을 사랑하신다면 왕손 이인을 첩의 친아들로 정해주시고 적자로 삼아주십시오."

"이인은 조나라에 인질로 잡혀 있지 않소?"

"그러니 더욱 곤궁하고 가련합니다. 게다가 이인의 생모가 죽고 없으니 첩에게 안성맞춤입니다."

"문제는 그를 귀국시킬 수 없다는 사실이오."

"귀국시키기만 하면 이인을 저의 아들로 해주시겠습니까?"

"하하하! 그것이 무어 어려운 일이겠소. 부인의 청대로 이인을 적자로 삼을 테니 눈물을 거두오."

"그러하오면 옥부^{玉符}에 맹서^{盟書}를 새겨주십시오."

안국군은 웃으며 옥부에 적사이인^{嫡嗣異人}이라는 맹서를 새겨서 주었다. 이인을 후계자로 삼는다는 뜻이었다.

무슨 가르침을 주었기에 상부라 칭하는가

조나라로 돌아온 여불위는 애첩 조희가 잉태했다는 사실을 알게 되었다. 그런데 그가 진나라에서 돌아왔다는 소식을 듣고 이인이 찾아왔다. 여불위는 간소한 주연을 마련해서 조희에게 술을 따르게 했다. 이인은 여불위의 애첩을 보자 한눈에 반해 눈길을 떼지 못했다. 여불위는 음흉하게 웃었다.

'이인이 조희에게서 눈을 떼지 못하는구나.'

여불위는 자신의 아이를 잉태한 조희를 이인에게 보냈다. 조희가 가지 않겠다고 했으나 여불위가 장차 진나라 왕이 될 인물이라며 달래서 보냈다. 이인은 첩까지 자신에게 준 여불위가 더욱 고마웠다.

여불위는 치밀한 공작으로 이인을 진나라로 돌려보냈다. 그리고 안국군과 화양부인이 귀국한 이인을 양자로 삼으면서 그는 태손이 되었다. 진나라 왕이 죽자 안국군이 왕이 되고 이인은 태자가 되었다. 그리고 조희는 태자비가 되어 여불위의 아들을 낳았다. 얼마 지나지 않아 안국군도 죽고 이인이 즉위했다. 여불위의 애첩 조희는 왕비가 되었으며, 여불위는 진나라로 옮겨 가서 일약 출세를 하여 좌승상이 되었다.

이 무렵 진나라는 매우 강대해져 중국의 여러 나라들을 침략하면서 땅을 넓히고 있었다. 이인이 죽자 그의 아들, 아니 여불위의 아들 정이 진나라 왕이 되었다. 그리고 그는 중원의 모든 나라를 멸망시켜 천하를 통일했다. 여불위는 진나라에서 무소불위의 권력을 휘두르게 되었다.

태후가 된 조희는 여불위를 태후궁으로 불러들여 정을 통했다. 여불위는 음란한 조태후가 걱정되었다. 시황제는 여불위와 조희의 소생이었으나 역대 어느 왕보다 총명하고 강력한 군주였다. 하여 여불위는 자신과 조태후의 관계를 시황제가 알면 위험하다고 생각했다. 그는 조태후와 거리를 두려고 했으나 조태후는 그를 놓아주지 않았다.

여불위는 어느 날 성기로 수레바퀴를 돌린다는 노애라는 장사를 조태후에게 천거했다. 조태후는 노애를 만나자 음욕을 주체하지 못해 밤이나 낮이나 함께 뒹굴어 아들을 둘이나 낳았다. 결국 노애는 시황제가 알면 살아남기 어려울 것 같아 반란을 일으켰다. 시황제를 죽이고 조희에게 낳은 자신의 아들을 진나라 왕으로 추대하려고 한

것이다. 그러나 사전에 누설되어 노애는 토벌군에게 죽었다. 시황제는 노애의 두 아들을 자루 속에 넣고 몽둥이로 때려 죽였다. 조태후는 연금되었다.

…… 경은 진나라에 무슨 공로가 있기에 10만 호의 봉읍을 갖고 있으며, 경은 과인에게 무슨 가르침을 주었기에 감히 상부^{上父}라고 칭하는가. 과인은 경에게 은혜를 베풀었는데 경은 어찌하여 시정잡배인 노애로 하여금 역란을 일으키게 했는가. 그대로 인하여 과인은 군주로서 치욕스럽고 견디기 어려운 고통에 시달리고 있다. 그대는 가족을 데리고 촉군^{蜀郡}으로 떠나라. 비성^{郫城}을 그대에게 줄 것이니 그곳에서 여생을 마치라…….

여불위는 시황제의 편지를 받고 손을 부들부들 떨었다. 촉군의 비성은 가장 척박한 땅으로 하루 종일 흙바람이 부는 황량한 벌판이었다.

'아, 내가 아들을 진나라 왕으로 만들었으나 소용이 없구나.'
여불위는 인생이 일장춘몽 같았다.
'나는 장사꾼 주제에 한 나라의 승상이 되어 국정을 좌우하고 아들을 왕으로 만들었다. 그러나 내가 한 일은 부도덕한 짓이었으니 오늘 쫓겨나는 것은 당연하다.'
여불위는 두말없이 척박한 촉 땅으로 떠났고, 그곳에서 황량한 바람 소리를 들으며 지내다가 독주를 마시고 자결했다.

춘추전국시대는 책략과 모략의 시대다. 여불위는 기회를 포착하고 내 것으로 만드는 능력으로 역사상 가장 간 큰 장사꾼으로 남을 수 있었다. 그 자신이 일개 상인이었으나 아들을 중국에서 가장 강력한 진나라의 왕으로 만들고 자신은 승상이 되었다. 하지만 너무 과욕을 부린 탓일까. 그의 말년은 비참했다.

그는 수천 명에 이르는 문객들을 거느리고 《여씨춘추^{呂氏春秋}》를 집필하게 하기도 했다.

"이 책에서 하나라도 틀린 글자를 찾아내면 천금을 줄 것이다."

여불위가 《여씨춘추》를 만들었을 때 천하에 내린 포고령이다. 이리하여 '일자천금^{一字千金}'이라는 고사성어가 유래되었다.

전국시대 백가쟁명을 하나로 모아 정리한 《여씨춘추^{呂氏春秋}》

여불위가 문객 3천 명을 모아 편찬한 사론서. 십이기^{十二紀}, 팔람^八^覽, 육론^{六論} 등 총 26권 1백 60편에 모두 2만여 자에 달하는 내용이다. 유가, 도가, 묵가, 법가, 병가, 농가, 종횡가, 음양가 등 각각의 사상을 하나로 모았기 때문에 '잡가'라고도 한다. 또한 춘추전국시대의 시사^{時事}에 관한 것도 수록되어 있어 그 시대를 알 수 있는 중요 자료가 되고 있다.

비록 시작은 미미하나 꿈은 크게 가져라

가난뱅이 서생에서 중국 최고의 부자가 된, 의돈

> **의돈(依頓)**
> 중국에서 부자의 대명사로 쓰이는 '도주공의돈부陶朱公依頓富' 일화의 주인공. 양이 너무 많아서 골짜기 수효로 양을 헤아렸다는 목축업자이다. 노나라 출신으로 원래 가난한 선비였으나, 가족들의 의식주조차 해결하지 못하자 학문을 포기하고 돈을 벌기 시작했다. 농업에서 목축업, 이후 소금 무역을 하는 거부가 되어 역사상 이름을 남긴 큰 부자가 되었다.

사마천은 〈사기열전〉을 집필하면서 영웅이나 성인뿐만 아니라 다양한 인간 군상을 등장시켰다. '유협열전'에서는 협객을, '편작창공열전'에서는 의원을, '혹리열전'에서는 가혹한 관리를, '골계열전'에서는 불의와 타협하지 않는 관리를, '화식열전'에서는 부자들을 다루었다. 특히 수많은 부호들과 부의 원리가 등장하는 화식열전에는 오늘날의 관점에서 볼 때도 유용한 지혜가 많이 담겨 있다.

"상대방의 부가 나보다 열 배가 많으면 그에게 비굴해지고, 백 배가 많으면 두려워하여 꺼리게 되고, 천 배가 많으면 사역을 하고, 만 배가 많으면 노예가 된다."

사마천은 화식열전에서 부의 속성을 이렇게 설파했다. 부는 권력의 속성을 갖고 있어서 누구든지 부자에게는 약해진다는 것이다.

가족을 위해 책을 불태우다

중국에서는 부자를 흔히 도주공의돈부陶朱公依頓富나 만고일부석숭萬古
一富石崇이라고 부른다. 도주공의돈부는 도 땅의 주공범려과 의돈의 부
를 말하고, 만고일부석숭은 만고에 하나뿐인 부자 석숭을 일컫는다.

  말년에 주공으로 불린 범려는 월나라에 인구 증산 정책을 실시하
여 나라를 부강하게 만들었고, 나이가 들어 도 땅으로 이사한 뒤에는
천금을 세 번이나 벌어 재신財神이라는 별명까지 얻은 인물이다.

  도주공의돈부의 또 다른 주인공인 의돈은 춘추시대 노나라에서 태
어나 학문을 하던 선비였다. 노나라는 공자가 태어난 나라로, 제나라
와 함께 일찍부터 현자들이 많았다. 의돈은 지주나 관리가 아니었기
때문에 가난하게 살았다. 젊었을 때부터 많은 공부를 했으나 관리가
되지 못해 끼닛거리가 떨어질 정도로 궁핍했다.

  사마천이 무능한 남자의 전형이라고 질타한 것처럼 아궁이에는 불
을 때지 못하고 쌀독에 쌀이 떨어졌는데도 마땅한 돈벌이를 하지 않
았다. 그는 오로지 학문으로 성공할 생각밖에 없었다. 그러다가 마침
내 부모가 남겨준 재산까지 다 떨어지고 부인이 바느질을 하거나 품
을 팔아서 근근이 연명하는 지경까지 이르렀다. 아이들은 배가 고프
다고 울고, 천장에서는 비가 새고, 부인마저 병들어 학문을 계속할
수 없게 되었다.

  '학문을 해도 누가 알아주지 않고, 가속이 곪수리는데 언제까지

이러고 있을 수는 없다. 하다못해 농사를 지어서라도 가족을 굶기지 말아야 한다.'

의돈은 학문을 해도 소용이 없다고 생각하고 돈을 벌기로 했다.

"부인, 나는 이제 학문을 그만두고 돈을 벌어야겠소. 가족이 모두 굶어 죽은 뒤에 높은 벼슬을 얻으면 무엇 하겠소?"

"학문을 하던 선비가 어떻게 돈을 벌겠습니까?"

부인이 의돈을 안쓰러워하면서 말했다. 평생 동안 학문만 해온 사람이 돈을 번다는 사실을 믿을 수가 없었다.

"농사를 지으면 가족이 굶주리지는 않을 것이오."

"제가 병이 나으면 다시 삯바느질을 하겠어요."

"아니오. 이제는 더 이상 당신을 고생시킬 수가 없소."

의돈은 책을 모두 불태우고 팔을 걷어붙였다. 병을 앓는 부인은 하염없이 눈물을 흘렸다.

부자가 되는 법을 배우고자 가르침을 청하다

의돈은 이튿날부터 부지런히 농사를 짓기 시작했다. 새벽에 일어나 밤이 될 때까지 황무지를 개간했다. 부인도 몸이 조금 낫자 다시 삯바느질을 하거나 누에를 키우고 베를 짰다. 그들은 해가 뜰 때부터 해가 질 때까지 하루 종일 열심히 일을 했다. 평생 동안 글만 읽어온 의돈이 황무지를 개간하기 위해 괭이질을 하자 며칠 되지 않아 손에 물집이 생기고 허리가 아파왔다. 그래도 의돈은 피땀을 흘리며 열심히 일을 했다.

그러나 그들 부부가 아무리 열심히 일을 해도 돈은 벌리지 않았다. 황무지를 개간하여 많은 농토를 마련했으나 가뭄이나 홍수로 1년 농사를 다 망칠 때가 많았고, 누에를 키워 베를 짜는 일도 부인이 잇달아 아이들을 낳으면서 제대로 할 수가 없었다. 의돈의 가족은 10년이 지나도 여전히 궁핍하게 살았다.

'내가 학문까지 포기하면서 이렇게 열심히 일을 하는데도 가난한 것은 무슨 까닭인가? 나는 어찌하여 부자가 되지 못하는가?'

의돈은 성실하고 부지런하게 일을 하는데도 가난을 면치 못하자 실망했다. 어떤 사람은 매일같이 놀면서도 이자 놀이를 하여 부유하게 살고, 어떤 사람은 부모에게 많은 재산을 물려받아 호화롭게 살았다. 세상에서 떵떵거리면서 사는 부자는 모래알처럼 많았다. 의돈은 자신이 10년 동안이나 근면하고 성실하게 일했는데도 부자가 되지 못하자 우울해졌다.

그 무렵 재신이라는 별명을 가진 도주공 범려가 의돈이 사는 마을을 지나게 되었다. 범려는 천금을 벌어 부호가 되자 많은 선행을 베풀어 천하에 그 이름이 널리 알려져 있었다. 의돈은 먼발치에서 도주공을 보고 부러워했다. 그가 사람들에게 둘러싸여 객사로 들어가는 것을 보고 집으로 돌아오던 의돈은 문득 걸음을 멈추고 생각했다.

'사람이 성실하고 부지런하다고 해서 돈을 버는 것은 아닌 모양이다. 도대체 돈을 버는 비결은 무엇일까?'

의돈은 집으로 향하는 발걸음이 떨어지지 않았다. 자신도 돈을 많이 벌어 도주공처럼 이웃에게 선행을 베풀고 싶었다.

'도주공에게는 무엇인가 비결이 있을 것이다. 그분을 찾아가 비결을 가르쳐달라고 하자.

의돈은 발걸음을 돌려 도주공이 머물고 있는 객사를 찾아가 공손하게 절을 올렸다.

"어찌하여 나를 찾아왔소?"

도주공이 의돈을 가만히 쳐다보았다.

"선생께 가르침을 청하고자 합니다."

의돈이 공손히 대답했다.

"장사꾼에게 무슨 가르침을 받고자 한다는 말이오?"

"부자가 되는 법을 가르쳐주십시오."

의돈은 다시 한 번 공손하게 절을 하고 청했다.

도주공은 한참 동안이나 아무 말도 하지 않고 의돈을 살폈다.

"사람은 누구나 부자가 되려고 하지요. 그대는 무엇 때문에 부자가 되려고 합니까?"

"저는 학문을 하던 사람입니다. 오랫동안 학문을 했으나 관리가 되지 못해 농사를 짓고 있습니다."

"농사를 성실하게 지었다면 가난을 면하게 되었겠군요?"

"그렇지가 않습니다. 새벽부터 밤늦게까지 열심히 일을 해도 농작물이 잘 되지 않습니다. 모처럼 농사를 잘 지어도 홍수나 가뭄으로 농작물이 소실되기 일쑤입니다. 이러니 어떻게 굶주림을 면하겠습니까?"

"그렇다면 당신이 농사를 짓는 땅을 한번 살펴봅시다."

도주공이 잔잔하게 웃으면서 말했다.

의돈은 도주공을 모시고 자신이 농사를 짓고 있는 땅으로 왔다.

생각을 바꾸어 돈을 벌다

도주공은 의돈이 농사짓는 땅을 천천히 둘러보았다. 흙을 만져보고 지세를 살폈다.

의돈의 땅은 사토沙土였고 산비탈에 있었다. 황무지를 개간했으니 좋은 땅일 리 없었다. 땅은 거칠고 물을 공급하는 일도 쉬워 보이지 않았다. 비가 내리면 순식간에 비탈을 따라 흘러가버리고 가뭄이 들면 농작물이 말라죽는 것이 당연해 보였다.

"무조건 씨앗을 뿌리면 농사가 잘될 것이라고 생각합니까? 이 땅은 농사를 짓기에 적합하지 않습니다. 봄에 아무리 좋은 종자를 뿌려도 가을에 제대로 수확할 수가 없습니다. 사토에서 어떻게 벼가 자라겠습니까?"

도주공이 흰 수염을 쓰다듬으면서 말했다.

의돈은 도주공의 말을 듣자 눈앞이 환하게 밝아지는 기분이었다. 그동안 그렇게 열심히 일했는데도 부자가 될 수 없었던 이유를 비로소 알 수 있었다.

"선생의 말씀을 들으니 제가 어리석었다는 것을 알겠습니다."

의돈은 도주공에게 깊은 절을 올렸다.

실제로 의돈이 농사를 짓는 땅은 척박하고 목초 지대가 많았다. 이런 땅에서는 아무리 열심히 농사를 지어도 수확을 올릴 수 없었다. 의돈은 도주공이 돌아가자 이 땅에 양을 키우기 시작했다. 의돈이 하는 일은 낮에 양을 방목하고 밤에 양을 몰아서 우리 안에 넣는 것뿐이었다. 양은 여러 마리의 새끼를 낳았다. 양의 젖을 짜서 식량으로 삼거나 양털을 깎아서 수입을 올릴 수 있었다.

의돈은 열심히 양을 돌보았다. 한 해가 지나고 두 해가 지나면서 양 한 마리가 열 마리가 되고, 열 마리가 1백 마리가 되었다. 의돈은 성실하게 일했기 때문에 그가 사육한 양들은 살이 찌고 털에 윤기가 흘렀다.

의돈은 이내 부자가 되었다. 그러나 마을의 부자로 만족하지 않았다. 그는 제나라에서 생산되는 소금을 거래하여 마침내 중국 제일의 부자가 되었다. 부자가 된 뒤에도 그는 절약하는 습관을 버리지 않았다. 하늘에서 떨어지는 한 방울의 빗물도 소홀히 하지 않았고 땅에 떨어진 어떤 물건도 반드시 주워서 집으로 가지고 왔다.

비록 시작은 미미했을지라도 깨달음을 얻고 생각을 바꾼 그는 꿈을 크게 가지게 되었다. 그리고 그 꿈을 이루고 남을 정도의 큰돈을 벌었다.

사마천의 화식열전에는 이 밖에도 대단한 부자들의 이야기가 많이 실려 있다.

중국에서 상업의 아버지 또는 상인의 조사祖師라고 불리는 백규는 박리다매를 하여 많은 돈을 벌었다.

제나라의 조간은 노비나 죄수들에게도 인간적인 대우를 하면서 장사를 하여 부자가 되었다. 조간의 하인들은 나라의 관리가 되기보다 조간의 점원이 되기를 더 바랄 정도였다.

오지의 나라는 인물은 목축업자였다. 그는 가축이 많아지자 비단을 잔뜩 사서 융족 왕에게 선물했다. 융왕이 크게 기뻐하면서 그 값의 열 배에 이르는 양을 나에게 주었다. 융왕이 준 양들이 많기도 했지만, 그 양들이 새끼를 계속 낳아서 나중에는 양의 숫자를 세지 못해 방목하는 골짜기의 숫자를 헤아려야 할 정도가 되었다.

부와 재물에 관한 명언

纖嗇筋力섬색근력, **治生之正道也**치생지정도야, **而富者必用奇勝地**이부자필용기승지 : 아껴 쓰고 부지런한 것은 생업의 정도이지만, 부자가 되려면 반드시 기묘한 방법을 사용해야 한다.

富無經業부무경업, **貨無常主**화무상주 : 부자가 되는 데는 정해진 직업이 없고, 재물 또한 정해진 주인이 없다.

無財作力무재작력, **少有斗智**소유두지, **旣饒爭時**기요쟁시, **此其大經也**차기대경야 : 재물이 없는 사람은 힘껏 일하고, 재물이 조금 있는 사람은 지혜를 짜내며, 이미 부자인 사람은 이익을 좇아 시간을 다투나니, 이것이 바로 치부의 큰 줄기이다.

주요 사기 연보

춘추전국^{春秋戰國}시대 (BC 770 ~ BC 221)

BC 770 주나라 평왕이 도읍을 낙읍^{洛邑}으로 천도하고, 양공을 제후로 봉함. 동주 시작됨.

BC 707 주나라 환왕^{桓王}이 정나라를 친히 정복하려 나갔으나 패함.

BC 704 초^楚의 무왕^{武王}이 왕호를 참칭하고, 이후 제후들이 칭왕하기 시작함.

BC 697 제^齊나라 양공^{襄公} 즉위.

BC 686 제나라 무지^{無知}가 신하에게 암살당하고, 공자 소백이 군위에 올라 환공^{桓公}
이 됨.

BC 679 제나라, 송나라, 진^陳나라, 위^衛나라, 정^鄭나라가 회맹하여, 제나라의 천하쟁
패가 시작됨.

BC 651 제나라 환공이 제후들을 계구로 소집하여 회맹^{葵丘會盟}하고, 제1대 패자가 됨.

BC 645 제나라 재상 관중이 죽고 후임에 포숙아^{鮑淑牙}가 옴.

BC 636 중이^{重耳}가 진^秦나라 목공^{穆公}의 도움으로 진^晉나라 군위에 올라 문공^{文公}
이 됨.

BC 632 진^晉 문공이 초나라와 성복전투를 벌여 크게 이기고, 제2대 패자가 됨.

BC 613 초^楚나라 장왕^{莊王} 즉위. 3년간 방탕생활을 하면서 간신과 현신을 눈여겨 봄.

BC 597 초^楚 장왕이 진^晉나라 군사를 격퇴하고, 제3대 패자가 됨.

BC 546 초나라가 진을 비롯한 13제후와 회맹하고 평화협정을 맺음.

BC 507 초나라 평왕^{平王}이 오사^{伍奢}와 그 아들을 죽임. 오자서는 복수를 위해 오^吳로
망명.

BC 512 초평왕이 죽고, 나라에 내란이 일어남. 오왕 요^僚는 이 틈을 타 초를 공격함.

BC 505 오왕 합려^{闔廬}가 초의 수도를 함락하고, 오자서는 초평왕의 묘를 파헤쳐 시신
에 매질함.

BC 496   오나라가 월나라를 공격했으나 참패하고, 오왕 합려는 중상을 입고 죽음.

BC 494   오나라 왕 부차夫差가 월나라를 공격해 대승을 거둠.

BC 484   오왕 부차가 참언에 속아 오자서에게 자살하도록 명함.

BC 482   오나라와 진晉나라가 자웅을 겨룬 끝에 오왕 부차가 황지黃池에서 회맹하고
          패자霸者가 됨.

BC 479   공자가 서거함.

BC 473   월나라가 오나라를 고소姑蘇에서 멸망시킴. 오왕 부차 자살함.

BC 453   진晉나라가 한韓·위魏·조趙 씨의 삼가三家로 분할됨.

BC 412   위나라 문후가 변법을 시행해 강대국이 됨.

BC 403   주나라 황제가 한·위·조 씨를 제후로 봉함.

BC 389   초나라 오기吳起가 변법을 시행함.

BC 356   진나라 상앙이 좌서장으로 임명되어 변법을 시행함.

BC 353   제나라가 계릉에서 위魏나라 군대를 대파하고 조나라를 구함.

BC 341   제나라의 전기와 손빈이 마릉전투에서 위나라 군을 크게 격파하자, 위의 대
          장군 방연 자살함.

BC 293   진秦나라 장수 백기가 한나라와 위나라 연합군을 대파함.

BC 287   소진이 연나라, 조나라, 제나라, 초나라, 한나라, 위나라를 합종책으로 연합하
          여 진나라를 공격함.

BC 284   연나라 장수 악의가 5국 연합군을 이끌고 제나라를 공격해 수도 임치 점령.

BC 260   진나라 장수 백기가 장평전투에서 조나라를 대파하고, 항복한 군사 40여 만
          명을 생매장함.

BC 249   진나라 장양왕이 여불위를 상국으로 임명하고 동주를 멸망시킴.

BC 240   여불위가 《여씨춘추》를 편찬함.

BC 228   진나라 장수 왕전이 조나라 수도 한단을 함락함.

BC 223   진나라 군이 초나라 수도 수춘을 공격해 멸망시킴.

BC 222   진나라 장수 왕분이 요동을 공략해 연나라 멸망시킴.

BC 221   진나라 장수 왕분이 제나라 수도 임치를 공격해 멸망시킴.

진秦나라 (BC 221 ~ BC 206)

BC 221   진나라 왕 영정이 6국을 통일한 후 '시황제'라 칭함.

BC 215   몽염 장군이 북방의 흉노를 정벌함.

BC 214   남월을 평정한 후 계림, 남해, 상을 군郡으로 삼고, 북쪽 변방에 만리장성을
         쌓음.

BC 213   분서갱유 사건 벌어짐.

BC 210   진시황이 병사하자 환관 조고와 승상 이사가 유서를 조작하여, 호해를 2세 황
         제로 앉히고 부소와 몽염을 죽게 함.

BC 209   진승과 오광이 9백 명의 죄수들을 군사로 삼아 대택향에서 반란 일으킴.

BC 207   항우가 거록巨鹿에서 진나라 군을 대파함.

BC 206   유방이 진나라 멸망시킴.

서한西漢 (BC 202 ~ BC 87)

BC 202   유방이 항우를 사면초가에 빠뜨리고 자결케 함. 이후 한나라 건국.

BC 195   유방이 죽은 뒤 여태후의 섭정이 시작됨.

BC 180   여태후가 죽은 뒤 여 씨 일가가 몰락하고, 문제 즉위.

BC 157   경제 즉위.

BC 154   오초칠국의 난.

BC 141   무제 즉위.

BC 134   무제, 백가를 배척하고 유학만을 숭상함.

BC 127   위청의 흉노 정벌 시작됨. 하남전투에서 크게 승리함.

BC 121   곽거병이 흉노를 공격해 하서전투에서 큰 승리 거둠.

BC 119   위청과 곽거병이 막북에서 흉노군 대파함.

BC 104   사마천 《사기》 저술 시작.

BC 91   사마천 《사기》 저술 완료.

BC 87   무제가 죽고 소제 즉위.

꿈꾸는 20대,
사기史記에
길을 묻다

1판 1쇄 인쇄 2010년 4월 30일
1판 1쇄 발행 2010년 5월 7일

원저자 사마천
편저자 이수광
펴낸이 고영수
펴낸곳 추수밭

등록   제406-2006-00061호(2005.11.11)
주소   135-816 서울시 강남구 논현동 63번지
        413-756 경기도 파주시 교하읍 문발리 파주출판도시 518-6번지
            청림아트스페이스
전화   02)546-4341
팩스   02)546-8053

www.chungrim.com
cr2@chungrim.com

ISBN 978-89-92355-56-8 03900

잘못된 책은 바꿔 드립니다.